NIMBY GOVERNANCE
CONTEXTS AND RESPONSE OF URBAN NIMBY RISKS

邻避治理

城市邻避风险的情景识别及应对

王佃利 王玉龙 于 棋 等著

本书是国家社科基金重点项目"城市治理中邻避风险处置机制研究"（17AZZ010）的最终成果

北京大学出版社
PEKING UNIVERSITY PRESS

图书在版编目（CIP）数据

邻避治理：城市邻避风险的情景识别及应对/王佃利等著.—北京：北京大学出版社，2023.12
ISBN 978-7-301-34694-5

Ⅰ.①邻⋯　Ⅱ.①王⋯　Ⅲ.①社会管理—风险管理—研究—中国　Ⅳ.①C916

中国国家版本馆CIP数据核字（2023）第239703号

书　　　名	邻避治理：城市邻避风险的情景识别及应对 LINBI ZHILI：CHENGSHI LINBI FENGXIAN DE QINGJING SHIBIE JI YINGDUI
著作责任者	王佃利　等著
责任编辑	朱梅全
标准书号	ISBN 978-7-301-34694-5
出版发行	北京大学出版社
地　　　址	北京市海淀区成府路205号　100871
网　　　址	http://www.pup.cn　新浪微博：@北京大学出版社
电子邮箱	zpup@pup.cn
电　　　话	邮购部 010-62752015　发行部 010-62750672　编辑部 021-62071998
印　刷　者	北京溢漾印刷有限公司
经　销　者	新华书店 730毫米×980毫米　16开本　21.25印张　306千字 2023年12月第1版　2023年12月第1次印刷
定　　　价	78.00元

未经许可，不得以任何方式复制或抄袭本书之部分或全部内容。
版权所有，侵权必究
举报电话：010-62752024　电子邮箱：fd@pup.cn
图书如有印装质量问题，请与出版部联系，电话：010-62756370

为人民而治

（代序）

早在2017年，佃利教授率先出版了邻避著作——《邻避困境：城市治理的挑战与转型》，得到了学界广泛赞誉，至今记忆犹新。在为该书作序时，我拟制了"这是一个理性而又沸腾的时代"的主标题，以此表达与该书的共鸣。

近年来，在见证日新月异的城市化进程的同时，我和团队研究的一个重点逐渐聚焦到"人民性"这一中国城市发展的核心命题上，并不断思考，如何才能更好地保障城市生活中"人民"的利益诉求。事实上，当代中国所面临的诸多挑战，早已不是城市规划或环境保护等单一问题，而是已经深刻触及社会正义、公共参与和治理体系等深层因素。因此，立足改革开放不断向纵深推进的发展态势，持续探寻中国城市风险治理的有效方案，无疑是回应人民所愿、时代所期的必答题。

从世界范围来看，邻避问题的复杂性，无不源自所在社会、经济和政治环境，同时更涉及广泛利益相关者之间的多方博弈。中国的经济环境、社会样态与治理体系有其特殊性，城市有效治理进程中的邻避问题，必须根植中国场景妥善谋划中国方案。作为团队长期耕耘的研究结晶，佃利教授适时出版的《邻避治理：城市邻避风险的情景识别及应对》，不仅是对原有研究的超越，也体现了他们对于中国城市化进程和公共治理问题的深刻洞察。

对于邻避问题的持久关注，已然成为研究者公共情怀的直接"证据"。

针对邻避现象所带来的一系列挑战，尽管国内外学者已经做出了丰富的理论贡献，但这本新作，将为我们展示长期聚焦、持续深耕邻避问题的独特魅力。本书持续跟踪城市发展过程中的邻避现象，聚焦风险感知、风险演化、风险防范、风险处置等关键环节，明确了邻避治理的公共价值愿景和体系建设内容，通过深入的理论探索和丰富的实证分析，为我们提供了理解和应对这一复杂问题的新视角。由此，本书很可能成为学界探索城市风险治理和社会矛盾解决机制的标志性进展，值得更多期待！

持续耕耘，必然带来对研究问题的精准把握。佴利教授及其团队将风险识别及其应对举措视为内容原点，不仅显示了他们在理论探索上的深度，也凸显了该团队具备实现理论与实践相结合的能力。通过深入的案例研究和系统的理论分析，本书能够从微观到宏观层面全面解读邻避问题，彰显出了研究时代"大问题"的责任。

在理论层面，本书丰富了邻避风险治理的学术讨论，为理解城市化进程中的社会冲突和风险管理提供了新的理论框架。特别是在公共价值管理方面的探讨，为推动中国城市治理转型提供了新的方向。这一点，无疑与我个人所主张的"人民城市"是遥相呼应的。

在实践层面，本书通过详细分析不同类型的邻避事件和多样化的治理响应活动，尽可能列举了一系列实用的工具和策略，为实践中的政策制定和治理提供更加实用的参考依据。尤为关键的是，本书通过深入分析政府等关键主体在邻避治理中的功能角色，很好地揭示了相关活动者在防范和应对邻避风险中的关键作用。这对于理解中国城市变迁中的主体博弈过程乃至推动治理体系现代化而言，至关重要。

同时，本书以巧妙的方法选用，立体化描绘了中国之路、中国之治、中国之理。首先，通过构建"中国城市邻避案例库"，收集和分析了大量关于邻避事件的实证数据。这不仅为邻避研究提供了丰富的实证基础，而且为理解邻避风险的多样性和复杂性提供了新视角。其次，团队采用跨学科的研究方法，将社会学、政治学、城市规划和公共管理等多个学科的理论和方法融合在一起，这使得更全面地呈现中国邻避治理的本土经验和成就成为可能。当然，本书对于中国城市风险治理内在逻辑的系统阐述，更值得仔细品读。

时隔六年，两本邻避主题专著的接续出版，倾注了佃利教授及其团队的诸多心血，更展现了作者团队对邻避治理这一复杂问题的系统思考。感谢佃利教授持续邀约，让我见证学者在构建中国自主知识体系过程中的精诚努力，更让我不断感慨，在中国城市化进程中，总有这么一群人，始终用坚持与情怀在不断回答"如何为人民而治"的城市命题。

时代如此，已然奔腾不止！

中国人民大学"杰出学者"特聘教授
2023 年 11 月 29 日

目 录

第一章　城市发展与邻避问题凸显　001
  第一节　城市化进程中的邻避风险　003
  第二节　邻避治理面临的挑战　012
  第三节　邻避治理的分析思路　016

第二章　邻避研究的演进与诉求　021
  第一节　邻避研究的理论演进　023
  第二节　邻避研究的主题聚焦　040
  第三节　邻避治理的立场和面向　059

第三章　邻避事件的分布及其特征　063
  第一节　邻避案例库的构建　065
  第二节　邻避事件的结构分析　069
  第三节　邻避事件发展的特征　087

第四章　风险感知：公众话语中的邻避议题演进 　093
  第一节　基于类型学的邻避舆情分析　095
  第二节　污染类邻避设施风险的议题演进　097

第三节　风险集聚类邻避设施的议题演进　106
第四节　心理不悦类邻避设施风险的议题演进　115
第五节　污名化类邻避设施风险的议题演进　119
第六节　风险感知中主体的互动与互构　124

第五章　风险演化：邻避情境中的地方政府应对逻辑　133
　　第一节　基于扎根理论的地方政府邻避应对策略　136
　　第二节　地方政府行动策略的范畴提炼与模型构建　142
　　第三节　地方政府行动的"情境—表达—结局"模型
　　　　　　的分析　150
　　第四节　地方政府邻避治理行动策略的再反思　155

第六章　风险防范：邻避设施的行业监管　159
　　第一节　基于典型设施的行业监管政策　161
　　第二节　大型基础设施的行业监管　163
　　第三节　小型基础设施的行业监管　172
　　第四节　工业类设施的行业监管　177
　　第五节　特殊文化类设施的行业监管　187
　　第六节　防范邻避风险的行业监管经验　194

第七章　风险处置：突发邻避事态下的应急行动　201
　　第一节　基于案例研究的邻避风险处置模式　203
　　第二节　邻避风险处置的协同治理路径　205
　　第三节　邻避风险处置的行政问责路径　221

第八章　邻避治理的公共价值愿景　241
　　第一节　作为现代治理新范式的公共价值管理　244
　　第二节　公共价值失灵：邻避风险的本质及其诊断　248
　　第三节　邻避治理与公共价值共创　261

第九章　面向城市高质量发展的邻避治理体系建设　271
　　第一节　邻避治理的制度安排　274
　　第二节　邻避治理的策略选择　280
　　第三节　邻避治理的工具应用　294

结　语　305

参考文献　311

后　记　328

第一章
城市发展与邻避问题凸显

第一节
城市化进程中的邻避风险

城市承载着人们对美好生活的向往,人类对于城市的追求源远流长。在数千年岁月的雕刻中,城市不断变换并丰富着自己的形式和内涵,它颠覆了人类的生活,也形塑着历史。自工业革命以来,现代意义上的城市化进程逐渐开启,多元化的城市议题竞相上演,在不同的时代中奏响属于自己时代的独特序曲。当前,全球化、信息革命、消费社会等为城市未来的发展增添了无限可能,同时也带来了更多的不确定性。换言之,人类正在进入风险社会,而这些风险主要来源于人类的决策与行为本身,并且人为风险已经超过自然风险成为风险社会的主导内容[①],由邻避设施引发的邻避风险正是风险社会的一种典型表现。

邻避风险通常包括客观风险、感知风险和社会风险等,它是在城市化进程中的特定阶段出现的,是邻避设施的客观负外部性、人们的主观感知以及其他社会因素综合作用的结果。全球城市化发展的历史不断表明,不同时代中城市都会面临自身独特的城市问题,从发达国家到发展中国家都难以避免城市化进程中出现的各种挑战。为了更好地满足人类对城市发展的需求,作为城市治理的主体,政府必须寻求一条健康、持续、包容的可持续城市发展之路,这也是从20世纪下半叶以来全球范围内各个国家和地区以及各种全球组织所达成的共识。风起云涌的社会变迁,更加需要政

---

① 〔德〕乌尔里希·贝克.风险社会[M].何博闻,译.南京:译林出版社,2004:18—19.

府精准研判、科学应对,满足走向和留在城市中的人对美好生活的向往。

一、波澜壮阔的城市化

肇始于18世纪下半叶英国的工业革命,推动了人类社会从农业社会向工业社会的转变;与此同时,现代意义上的城市化进程也得以开启。城市化,最通常的意义是乡村人口向城市集聚,从而使得城市人口在总人口中的比例不断提升,并且推动乡村社会逐步变为城市社会。联合国人口基金会在《1996年世界人口状况报告》的卷首语中提道:"在21世纪,城市的增长将对发展产生最大的影响。"①包括联合国在内的各种国际组织,以及世界各国和地区各研究领域内的专家学者,都将城市化视为影响21世纪人类社会的重大议题。如今,全人类都正见证着这样的历史。

(一)全球城市化浪潮与城市风险的出现

根据美国北卡罗来纳州立大学和佐治亚大学专家统计显示,在2007年5月23日这一天,世界城市人口为33亿399万2253人,农村为33亿386万6404人,这标志着城市人口有史以来首次超过农村人口。② 根据联合国人居署发布的《2022年世界城市报告》,2020年全球城市人口达到43.78亿,城镇人口占比56.2%;2025年全球城市人口预计将达到47.74亿,城镇人口占比将达到58.3%。③ 从工业革命到21世纪的今天,两个半世纪的时间,在生产力的推动下,全球城市发展取得的成就已超过人类历史上的任何一个时期。越来越多的人进入并居住在城市,享受着城市提供的优质服务,体验着城市带来的美好,尤其是快速增长的大城市,它接纳了不同地域、社会和文化背景的人。多元的社会元素在城市中交融,释放出的社会活力对于城市创造力而言无疑具有不可替代的价值。然而,城市可

---

① UNFPA. The State of World Population 1996:Changing Places:Population, Development and the Urban Future[M]. New York:UNFPA,1996:1.
② 闫超. 美国研究表明世界城市人口超过农村人口[EB/OL]. (2007-06-02)[2023-03-10]. http://news.sina.com.cn/w/2007-06-02/102713136714.shtml.
③ UN-Habitat. World Cities Report 2022:Envisaging the Future of Cities[R]. Kenya:Nairobi,2022:5.

以提供对多元价值观的包容,同样可能导致社会矛盾的尖锐化。在这样相对短的时间内,人口大量涌入城市,推动城市空间和社会阶层发生了众多的变化,进而导致形形色色的城市问题,比如环境污染、交通拥堵、社会阶层的冲突等等。

城市化发展的历程表明,当城市化水平高于50%时,社会就很容易陷入动荡不安的风险之中。[①] 当然,城市问题和城市化发展的特定阶段是相适应的,在先行工业化的国家和地区,由于启动城市化发展的进程较早,各种类型的城市问题如邻避现象也会更早出现,这些问题对社会的负面影响会被社会更早地感知,因此政府也更早采取了措施予以应对。后发工业化国家的城市化进程更为迅速,城市人口的快速增加导致城市治理的压力增大,形形色色的城市问题会在短期内集中爆发,比如在部分拉美国家,虚高的城市化水平掩饰不了城市中并不乐观的物质生活图景。当前,不管是发达国家还是发展中国家,城市发展都会面临各自的现实问题,因此,如何应对好城市化带来的挑战,是全球层面都需要予以思考的议题。

1996年,第二届联合国人类住区会议(以下简称"人居二")在土耳其伊斯坦布尔举行,会议探讨的全球议题之一便是"在不断变化的世界中建设可行的人类住区并实现全面城市化"。在城市化加速发展的年代,"人居二"的召开说明城市问题已经被纳入世界各国和地区的政策议程中。20年后,在厄瓜多尔的基多,由来自142个国家和地区代表参加的第三届联合国住房和城市可持续发展大会(以下简称"人居三")通过了《新城市议程》,这是涉及城市规划和城市治理的新纲领,描绘了更优良、可持续的城市发展的共同愿景,从而指明了城市化世界未来的发展方向。联合国人居会议对于全球城市发展的关注,是在全球化背景下探讨城市议题的一个缩影。而在人居会议之外,从南到北、从东到西的不同国度,也上演了一幕幕城市化舞台剧,有的刚刚响起序曲,有的则已经进入高潮。

[①] 陈功. 警惕社会风险警戒线[J]. 中国报道,2013(4):103.

(二)城市发展的"中国奇迹"

中国是世界上城市发展历史最悠久的国家之一,但是在很长一段时间里,中国城市的发展并未能引起足够重视。由于历史上的种种原因,中国错过了第一、二次工业革命的契机,在工业化进程和城市化发展的道路上和发达国家的差距明显。改革开放后,中国积极参与到全球化的浪潮中,在百舸争流的时代里沉着应对,演绎着城市化的中国故事。

作为一个自古以来就重农的国度,尽管有如《清明上河图》中宋都汴京的繁华,但是在中国古代的历史上,城市并不耀眼。在被西方列强打开国门以后,中国又一直被内部的纷乱和外部的殖民势力所困扰,城市的发展同样举步维艰。中华人民共和国的成立是中国历史上开天辟地的大事。然而,从1949年到20世纪80年代前的大部分时间里,我国主流的城市发展策略是限制农村人口进城。当然,这也是由我国特殊的国情决定的:该时期我国的工业化水平不高,生产活动以农业为主,同时还有外部因素的限制等等。因此,在内外部因素的综合作用下,这一阶段我国的城市化水平进展缓慢且水平低下,城乡差别也促使二元社会的形成。

1978年,中国政府作出改革开放的伟大决策,开始主动走向世界并积极参与到第三次工业革命的浪潮中。改革开放后,生产力的提升,产生了大量的农村剩余劳动力;同时,工业化的发展对劳动力也有着巨大的需求。在这样的时代背景下,政府开始逐步放开城乡流动的户籍限制,浩浩荡荡的进城运动拉开序幕。

数据显示,改革开放之初,中国的城镇化水平只有17.92%;2011年,中国的城镇化正式超过50%,达到51.27%,城镇人口有史以来首次超过总人口的一半,这标志着中国开始步入城市时代;2017年,中国城镇化水平突破60%,达到60.24%;到2020年年末中国的城镇化水平已达到63.89%,在城市中生活的人口由改革开放之初的1.7亿增加到9亿以上(见图1.1)。这样短时间内的城市人口快速增长在整个人类历史上都是独一无二的。

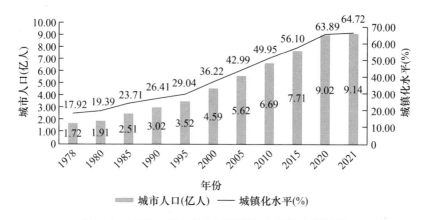

图 1.1　1978—2021 年中国城镇化人口及水平情况
资料来源:根据中国统计年鉴与国民经济和社会发展统计公报数据整理。

改革开放以来,中国走过了发达国家数百年的城镇化历程,这样的成就不可谓不大。随着城镇化的发展,大量人口进入城市寻找就业机会,参与到城市的建设和发展中,享受着城市发展所带来的现代化文明成果,体验着城市带来的种种便利。但是,作为世界有机体的组成部分,中国的城镇化发展同样摆脱不了城市发展的窠臼,尤其是在短时间内实现了如此高程度的城镇化,城市发展质量不免受到"城市病"的困扰。在改革开放前期,以经济发展为导向的战略主导着城镇化的进路,城市大肆扩展,建成区面积飞速增长。但是,城市不仅仅是物质空间的变迁,而且是政治、经济、社会、文化等多元要素的结合体。以资源过度消耗和环境污染为代价的城镇化发展路径在新的时代背景中已经难以为继,中国的城镇化发展面临转型的挑战。

麦肯锡公司曾在 2008 年 3 月发布的一份研究报告《迎接中国十亿城市大军》中预测,中国的城市人口将在 2030 年突破 10 亿。① 单从城镇化规模这一点来看,中国在未来 20 年将会面临诸多挑战,其中两个核心的问题

---

① 王优玲. 麦肯锡:2025 年中国将出现 8 个巨型城市[N]. 新华每日电讯,2008-03-25(002).

是:中国城市未来的面貌究竟如何？中国的十亿城市居民将过上怎样的生活？[①] 2015年年末中央城市工作会议召开,而上一次的全国城市工作会议还要追溯到1978年3月。时隔37年,中国已经历了足够多的风风雨雨,在中华大地上业已见证了足够多波澜壮阔的奇迹。这些岁月里,中国的城市建设获得了令世界瞩目的成就,也正是在这个过程中,我们逐渐认识到城市的发展不仅仅是摩天大楼带来的视觉震撼。面对环境污染、交通拥堵、城市贫困、公共服务短缺、资源紧张、就业压力等城市问题,社会需要更加多元、健康、包容、可持续的理念和行动,以更好建设城市并接纳选择在城市落脚的人们。2015年的中央城市工作会议正是对时代呼唤的及时回应。该会议指出:"我国城市发展已经进入新的发展时期",要"转变城市发展方式,完善城市治理体系,提高城市治理能力,着力解决城市病等突出问题,不断提升城市环境质量、人民生活质量、城市竞争力,建设和谐宜居、富有活力、各具特色的现代化城市,提高新型城镇化水平,走出一条中国特色城市发展道路。"[②]这是在新的时代背景下对中国城市未来发展方向作出的指引,明确了在当前和今后一段时期内中国城市建设和发展的基本思路:确立了以人为核心的城市化理念,要求尊重市民作为城市建设和发展的主体,让全体市民参与到城市的治理中来。因此,要在盘活存量、优化增量的基础上,努力提高城市发展的持续性、宜居性。

二、邻避风险的出现与扩散

在发达国家城市化的发展过程当中,出现过形形色色的城市问题,包括环境污染、人口膨胀、住房拥挤、城市贫困、就业困难等等,这些问题制约着城市发展质量和人们幸福感的提升。所谓的城市问题,通常指的是城市的各个阶级和阶层不再只是在生产过程中发生冲突,而且也围绕城市空间

[①] 汤姆·米勒.中国十亿城民[M].李雪顺,译.厦门:鹭江出版社,2014:3.
[②] 中央城市工作会议在北京举行 习近平李克强作重要讲话[N].人民日报,2015-12-23(01).

及其资源进行竞争。① 在中国,快速的城镇化推动了人口的大量聚集,既有的城市规划、功能定位和城市治理方式难以满足快速城市化的需求。这样,人们对城市生活的预期和既有现实之间产生了巨大落差,这就为社会埋下了诸多不稳定的因素。这种理想和现实之间的落差所导致的典型社会问题之一,便是在中国城市中频发的邻避风险问题。

(一)邻避风险的内涵和表现

邻避风险并非指已经发生损害的风险,而是一种潜在的威胁,即发生邻避行为及其负面后果的可能性。② 从时间维度来看,邻避风险存在于从人们对可能或者已经造成危害的邻避设施产生恐惧与不安心理,对政府决策失去信任,到潜在的不满变成实际抗争事件各个阶段。而一旦邻避风险演化成邻避冲突或群体性事件,就会进一步引发社会危机。因此,邻避风险是指邻避设施带来的社会危机发生及造成损害的可能性。邻避风险的出现与邻避设施密切相关,邻避设施的负外部性与成本收益的非均衡性是邻避风险产生的重要前提。③ 综合来看,邻避风险至少有两个基本前提:一是风险有着明显的"时间"要素,是一种面向未来的可能的危险,具有一定的不确定性;二是风险是一种能够带来损害后果的可能性,是人们所不愿意看到的或违背人们意愿的有害事件或危害结果出现的概率。④ 邻避风险通常可以分为三类:客观风险、感知风险、社会风险。客观风险指的是邻避设施本身存在的风险,不同的邻避设施的客观负外部性导致其产生特定的客观风险;感知风险具有主观性,指的是由于客观风险的生产和分配导致设施附近的居民主观感知到的风险;⑤ 社会风险亦称社会稳定风险,

---

① 朱健刚. 国与家之间:上海邻里的市民团体与社区运动的民族志[M]. 北京:社会科学文献出版社,2010:228.
② 杨雪锋,章天成. 环境邻避风险:理论内涵、动力机制与治理路径[J]. 国外理论动态,2016(8):81—92.
③ 邓集文. 中国城市环境邻避风险治理的转型[J]. 湖南社会科学,2019(3):60—68.
④ S.O. Hansson. Risk and Safety in Technology[M]// A. Meijers, ed. Handbook of the Philosophy of Science, Vol. 9:Philosophy of Technology and Engineering Sciences. Elsevier,2009.
⑤ 侯光辉,王元地. "邻避风险链":邻避危机演化的一个风险解释框架[J]. 公共行政评论,2015(1):4—28+198.

是客观风险和感知风险进一步演化形成的风险。①

邻避问题缘起于20世纪60年代的美国,中国对邻避问题的关注则是进入21世纪之后。以2007年厦门PX事件为起点,中国城市开始步入"邻避时代"。邻避设施的选址、建设或运营引发设施所在地周边居民的反对,因为诸如垃圾焚烧发电站、核电站、化工厂、养老院等邻避设施尽管会对整个区域的社会发展产生积极作用,但是其不可避免的负外部性却由小部分人来承受。通俗点来讲,即邻避设施带来的好处被大多数人享受而成本和风险却由少数人承担,基于"经济人"假设,设施周边的居民认为这不是一种理性的选择,因此他们通过制度化或者非制度化的途径来表达自己的反对,进而引发一桩桩邻避事件。

(二)邻避风险产生和扩散的影响因素

根据世界城镇化的发展规律,当城镇化率在30%—50%时,"城市病"处于显性阶段;城镇化率为50%—70%时,"城市病"可能会集中爆发。②2011年,中国城市化水平正式超过50%,进入"城市中国"时代,这样的时间节点和世界城市化的发展规律不谋而合。在邻避事件此起彼伏的背后,是多方面因素综合作用的结果。

第一,快速城市化对邻避设施的需求。人们为了更好的生活而留在城市,而满足人们对美好城市生活的向往则需要配备各种类型的公共设施。从公共服务的立场来看,城市是优质公共服务资源高度聚集的地理空间,城市的本质和发展都有赖于优质公共服务的供给。③ 随着城市化的快速推进,大量人口涌入城市,直接后果就是对城市公共服务需求的提升。为了更好地满足城市居民对美好生活的向往,推进城市发展质量的提升,诸如垃圾焚烧发电站、养老院、高架桥等邻避设施的建设和运营被纳入政策议程。

---

① 邓集文.中国城市环境邻避风险治理的转型[J].湖南社会科学,2019(3):60—68.
② 田俊荣,吴秋余."城市病"缘何而生?(特别报道·大城市的纠结①)[N].人民日报,2014-05-12(17).
③ 杨宏山.澄清城乡治理的认知误区——基于公共服务的视角[J].探索与争鸣,2016(6):47—50.

第二,权利意识觉醒。马歇尔(Thomas Humphrey Marshall)关于公民身份的理论认为,公民拥有公民权利、政治权利和社会权利,与此相对的具体化表现可以是公民言论和结社的自由、投票和选举的权利以及享有平等就业机会等的权利,其中前两项则成为在邻避事件中公众持反对意见的理论解释。由于中国的行政决策体制具有一定的封闭性,公众在长时期的社会发展中全程参与的机会并不充分。随着权利意识的觉醒,公众逐渐认识到自己有权利参与到城市发展的过程当中;而近些年颁布的法律法规也强调公众参与以实现决策的民主化,这进一步强化了公众作为城市主人翁的地位,使得城市居民有更多的合法性和正当性来质疑甚至反对封闭性的行政决策。

第三,环境意识提升。改革开放以来,以经济发展为导向的理念成为社会的主流话语。而今,中国经济总量已经跃居世界第二,但是长期经济发展优先的后果开始逐渐显现,环境污染尤其被公众所诟病。随着物质生活水平的提升,公众越发关注自己的生活环境。作为承载着人们美好生活期望的城市,被诸如PM2.5等类型的环境污染蒙上阴影,这必然会威胁到公众生存和发展的权利。因此,公众构建起一套保护城市环境的话语来表达对邻避设施的反对。

第四,风险感知强化。邻避设施的负外部性是客观存在的,这既是无法否认也是无法避免的,政府和运营商能够做到的只是通过技术的提升将邻避设施的负面影响最小化。对此,国家也出台了一系列的标准,试图以科学的证据来表明,只要在合理的参数范围内,诸如核电站、发电站、变电厂等设施的辐射是对人体没有危害的。但是,人们对于风险的主观感知并不会因为技术参数的存在而降低,哪怕有1‰的风险也要尽可能避免。换言之,城市居民对于风险的容忍度比较低,这就使得任何带有负外部性的公共设施都会成为被诟病的对象。

第五,自媒体时代与舆论传播。自媒体时代的到来给信息的制造和传播带来了极大的便利,与此同时,在这个全民皆是信息制造者的时代也充斥着诸多让人不安的信息。发生在某个地方的邻避事件经由媒介的传播在几秒内可以被全网的使用者知晓，这无疑在某种程度上加剧了公众对于邻避设施的反对情绪。尤其媒体的放大作用会引导舆论的发展方向，对于处在千里之外屏幕前的信息接收者而言，由于缺少足够的真实信息，也就难以辨识出孰对孰错。但是在传统的思维惯性作用下，公众相对于邻避设施运营方或者政府通常会成为弱势群体，因此"同情票"也就更倾向于投给抗争的公众，这又会进一步影响到邻避问题的最终走向。

城市的发展不仅仅是冰冷的钢筋水泥搭建成的高楼大厦，更为核心的是城市内涵的提升。恰恰是在追求城市发展转型的时期，公民权利意识和环境意识的觉醒、公众对于风险的敏感以及自媒体时代信息传播对舆论的影响，共同推动了邻避风险的扩大化。这种风险扩散的趋势无论是从公众的微观日常生活立场来看，还是从城市发展的宏观视角来看都是弊大于利，而这正是时代给政府提出的现实挑战。

第二节
邻避治理面临的挑战

古希腊先贤亚里士多德在《政治学》中提道，人们来到城市，是为了生活；人们居住在城市，是为了生活得更好。[①] 当前，中国的城市化发展正处在转型时期，在从"外延式"的粗犷型发展模式转向"内涵型"的精细化发展模式的过程中，以邻避设施为代表的城市设施对于提升城市发展的质量而言必不可少，而基于"不要建在我家后院"的心理而发起的邻避抗争可能会延缓中国城市化发展进程，进而影响到人们城市愿景的实现。另外，对城市政府而言，公众的反对意味着政府决策不被公众理解和接受，容易导致在政策执行过程中遭遇各种各样的阻力。

---

① 唐亚林，陈水生.世界城市群与大都市治理[M].上海：上海人民出版社，2017：1.

一、邻避时代的城市发展挑战

改革开放以来,中国的城镇化发展经历了前所未有的巨变,城镇化的水平和城市人口的数量快速增长,创造了人类历史上城市化的奇迹。在为中国城镇化取得的成就感到骄傲的同时,必须认识到当前中国的城镇化发展进入到了重要的转型时期,在这一时期里,城市社会中不同的利益群体已经形成,各种利益冲突日益明显,而近年来频发的邻避事件就是这种转型时期矛盾和利益冲突的集中体现。风险社会理论宣称人类正在进入风险社会,贝克(Ulrich Beck)认为,"今天,它们的基础是工业的过度生产……它们是现代化的风险……可以被界定为系统地处理现代化自身引致的危险和不安全感的方式"[①]。今日的世界,风险的产生和存在是普遍的,工业化生产的过程、决策和现代文明构成了风险社会的滥觞。[②] 改革开放以来,在经济发展导向优先的战略理念指引下,中国城镇化浪潮也滚滚向前。但伴随着中国城镇化的快速发展,诸如公共服务短缺、环境污染等挑战日益严峻。为了解决城市问题而规划、建设和运营的邻避设施,却因其客观负外部性以及风险社会中易于放大风险的社会心理导致邻避风险的产生,进而给政府在提供公共服务、促进经济发展、维护社会稳定以及提升城镇化发展质量等城市治理领域都带来了巨大的挑战。

因此,从某种程度上可以说,工业化的发展使我们进入了一个风险的社会;而对于中国而言,城市在不断发展转型之中,正在经历一个邻避风险集聚的时代。近年来,国内邻避现象逐渐呈现出新的态势,也提出了新的治理挑战。从宏观上看,有研究表明,近年来邻避冲突尽管对抗性有所缓和,但其数量经历过快速增长后仍居高不下,同时邻避设施类型多元化,邻避风险分布扩散化,邻避现象从大城市向中小城市和农村扩散,从东部地

---

① 〔德〕乌尔里希·贝克. 风险社会[M]. 何博闻,译. 南京:译林出版社,2004:18—19.
② 王丽. 全球风险社会下的公共危机治理:一种文化视阈的阐释[M]. 北京:社会科学文献出版社,2014.

区向中西部地区扩散。① 从微观上看,邻避风险正在向城市建设发展领域广泛渗透。2016年河南省18个省辖市市区拟新增110千伏及以上变电站371座,但超过1/3面临邻避现象导致的落地难问题;② 湖北省在2015年共有1473个通信基站建设遇阻,接近全省新建基站总量的1/10,其中828个是由于地方居民展开的邻避抗争而受阻;③ 2016年仅江苏省南京市市区就因居民抗争而搁浅了4个养老院建设项目。④ 邻避风险的扩散和转变,已经超越了风险本身所激化的抗争、冲突的"维稳"主题,一方面成为制约城市产业布局与升级、阻碍城市基础设施和公共服务提升的显性阻力,另一方面则制约着城市建设、发展中制度优势向治理效能的充分转化。

二、城市发展中的政府治理变革

面对邻避风险等城市发展挑战,对政府而言深化治理变革就成为必由之路。2013年11月,党的十八届三中全会提出:"全面深化改革的总目标是完善和发展中国特色社会主义制度,推进国家治理体系和治理能力现代化。"⑤十八届三中全会强调要推进国家治理体系和治理能力现代化,说明中国现存的治理体系和治理能力还相对落后,跟不上社会现代化的步伐,不能满足人民日益增长的政治、经济、社会、文化和生态的需求。⑥ 作为一个有机的系统,国家治理现代化是包含了城市治理与农村治理一体化、顶层治理与基层治理协同化等四个层面的内容,⑦城市治理作为国家治理体

---

① 郑旭涛.改革开放以来我国邻避问题的演变趋势及其影响因素——基于365起邻避冲突的分析[J].天津行政学院学报,2019(5):28—37.
② 宋敏.变电站为何面临"落地难"[N].河南日报,2016-10-11(06).
③ 汪亮亮.去年湖北1473个通信基站建设受阻 伪装成树仍遭抵制[EB/OL].(2016-04-04)[2023-03-10].http://jiangsu.china.com.cn/html/2016/hubnews_0404/5111387.html.
④ 马道军.南京今年主城区4个小区养老项目被迫停建[EB/OL].(2016-09-12)[2023-03-10].http://js.people.com.cn/n2/2016/0912/c360303-28985975.html.
⑤ 中国共产党第十八届中央委员会第三次全体会议公报[N].(2013-11-12)[2023-03-10].http://politics.people.com.cn/n/2013/1112/c1024-23519136.html.
⑥ 俞可平.推进国家治理体系和治理能力现代化[J].前线,2014(1):5—8.
⑦ 严小龙.国家治理体系和治理能力现代化:一个系统结构的四维特征[C]//中国国际共运史学会2014年年会暨学术研讨会论文集,2014:574—584.

系中的一个重要组成部分，通常意义上指的是以城市政府为核心的多元主体共同参与城市公共事务管理的过程。作为政府的一项重要职能，城市治理的目标是追求城市的"善治"，在当前的语境下即为在尊重城市居民城市权利的基础上，让居民分享更多社会经济发展和城市建设的成果，拥有更多的获得感，从而满足城市居民对美好生活的向往。2015年年末的中央城市工作会议指出城市工作是一个系统性的工程，做好城市治理工作，需要"建立健全党委统一领导、党政齐抓共管的城市工作格局。……要健全依法决策的体制机制，把公众参与、专家论证、风险评估等确定为城市重大决策的法定程序"①。2021年发布的《中华人民共和国国民经济和社会发展第十四个五年规划和2035年远景目标纲要》中强调，"建设人人有责、人人尽责、人人享有的社会治理共同体"②。以上论断，不仅确立了新时期中国城市治理工作的领导体制，还明确了城市工作的决策机制和工作重点。

三、邻避时代政府何以应对

邻避问题的出现和邻避风险的扩散给既有城市体制机制提出了重大挑战，更是对政府的考验。邻避风险带来的时代挑战与政府治理变革的时代趋势相互交织，使得考察邻避时代中政府的应对之道就显得尤为必要。在城市化发展转型的时代背景下，作为城市治理的核心，政府亟须在厘清邻避风险发展现状、特征、政府既有行动措施及其成效等要素的基础上，探求并优化城市邻避风险的处理机制，为顺利推进城市化水平和质量的提升，也为实现国家治理体系和治理能力现代化的全面深化改革总目标添砖加瓦。

政府亟须在城市治理的体制、机制、能力等方面作出应变，以寻求邻避风险的化解之道。邻避风险治理的理论和实践表明，政府部门在很大程度

---

① 中央城市工作会议在北京举行 习近平李克强作重要讲话[N]. 人民日报，2015-12-23(01).
② 中华人民共和国国民经济和社会发展第十四个五年规划和2035年远景目标纲要[M]. 北京：人民出版社，2021：152.

上既是邻避风险形成、扩散、升级、爆发的"系铃人",又是削弱、消解邻避风险的"解铃人"。前者在国内外大量关于邻避风险形成逻辑、演化机制的研究中被广泛涉及;而对后者的研究主要基于个案或跨案例的描述,或作为邻避治理的对策与展望进行探讨。而事实上,不同的社会文化背景、差异化的目标群体结构、多元化的抗争动机、牵一发而动全身的治理环节交织等因素,使得作为"解铃人"角色的政府邻避风险治理过程往往更为复杂。这也是本书关切的问题:面对城市转型发展中邻避风险带来的新的时代挑战,政府在邻避风险处置中如何进行治理回应?对这一问题的回答,建立在厘清当前政府在城市发展转型中所面临的邻避风险治理问题的前提之下,建立在考察十余年来邻避风险治理中的政府运作特征的基础之上,建立在探讨深化面向新时代城市发展转型的邻避风险治理路径之中。

第三节
邻避治理的分析思路

本书第一部分围绕邻避风险带来的治理议题展开探讨。邻避风险治理既是当前城市治理领域中一项突出的理论问题,也是当前地方管理者在推进城市建设、促进地方发展、深化社会管理中所面临的突出现实挑战。中国作为邻避风险的后发国家,邻避风险治理不仅需要充分实现同国外既有研究成果、治理实践之间的对话、借鉴与转化,同时还需要精准回应本土化治理情境下邻避风险呈现出的新问题、新态势、新挑战,理论和实践的交织共同定位了当前邻避风险治理中政府部门的问题面向和治理任务。

本书第一章在简要回顾国内外城市发展进程的基础上,考察我国城镇化进程中邻避风险的缘起与近年来逐渐扩散升级的历程。第二章和第三章分别从理论和实践两个层面展开分析:第二章基于对邻避研究文献的计量分析与观点梳理,描绘邻避研究的全球图景与本土研究脉络,总结和提炼目前邻避研究的理论焦点,据此分析邻避治理在理论上的发展面向;第三章在系统梳理 300 起国内邻避事件资料的基础上,构建案例库,并通过对案例库数据的描述性统计分析，识别邻避风险的分布特征，据此分析中国邻避风险发生的原因及趋势特征。

本书第二部分关注邻避风险情景中政府行动的特征和逻辑。邻避风险处置中的政府行动，是一个多维度、多层次相互结合的治理过程，具体从四个层面展开。

一是邻避风险建构和扩散中的政府回应，即在当前"风险"作为一个具有建构性特征的概念的前提下，城市发展中设施的"邻避风险"如何被公众逐渐建构出来，进而形成政府需要回应的治理问题。第四章关注邻避风险建构中的公众话语和议题特征，基于国内研究中对邻避设施的经典分类，选择污染类、风险集聚类、污名化类、心里不悦类四种设施类型，从案例库中分别就各类邻避事件中的代表性案例进行跨案例比较分析，在此基础上通过总结和提炼，分析邻避风险建构中的议题特征及其治理要求。

二是邻避风险演进中的政府行动策略，即随着邻避风险逐渐形成、扩散与升级，政府部门在邻避风险治理中采取的普遍性的策略选择和工具使用。第五章关注政府在邻避风险演化中的政策与行动，基于案例库全部案例中关于政府行动的文本资料，进行扎根分析，构建解释当前地方政府邻避风险治理行动策略和逻辑的理论模型，并在此基础上对当前政府邻避风险的治理行动逻辑进行反思和讨论。

三是高邻避风险行业中的政府监管，即政府部门的邻避风险处置，如何在邻避风险集中渗透的典型行业领域，逐渐通过常态化、制度化的治理机制建设予以固化并不断发展。第六章关注邻避风险扩散中的行业监管与政策演进，包括城市基础设施、城市工业设施、作为文化符号表征而存在的特殊文化类城市设施等不同规模、影响各异的邻避设施，涉及城市发展转型中的重要行业领域，这些领域同样也是邻避风险集聚的典型行业。本章对以上行业领域中的政府监管政策进行文本分析，在此基础上通过系统比较、梳理和提炼，分析邻避风险治理的政策演进特征。

四是邻避风险爆发导致的突发公共事件的应急处置，即在常态化治理失效的情况下，如何实现或重塑以地方政府为主体的邻避风险治理。第七章关注风险集中爆发下的邻避事故处置与治理机制,考察城市既有的邻避设施由于安全事故所激化的邻避风险抗争,分析政府治理在此情境之下何以进行。在这一过程中,研究选择了两起公开报道的典型案例,这两起案例尽管性质类似,但在处置过程中地方政府展现了不同的处置方法及其背后的治理机制特征,本章通过对两起案例的经过及政府处置的行动进行分析,试图详细呈现这一区别,进而考察风险爆发下政府处置邻避事故的治理机制的内在逻辑。

本书第三部分探讨面向城市高质量发展的邻避治理路径。作为城市转型中突出的一类治理挑战,邻避风险的治理意味着在风险所内蕴的"破坏性"冲突功能之中,识别、发挥和固化风险本身与治理举措中促进社会整合、共识塑造等方面的积极性治理因素。由此,邻避风险治理的深化是一个从治理理念到治理机制的系统性变革。本部分研究对这一问题的回答从两方面展开。

一方面,本部分探讨基于公共价值理论的邻避风险治理理念,将邻避风险治理从"平衡公益和私利之间的张力"的讨论,进一步延伸到"弥合由于多元治理主体所持价值之间的分歧而导致的公共价值失灵",从这一角度探讨深化邻避风险治理的理念。在第八章中,本书试图表达一个基本观点,即邻避治理在理论和实践上日益呼唤超越"邻避"本身以及"利益分析"的公共价值回归。

另一方面,本部分探讨邻避治理的机制建设。在第九章中,本书试图分析邻避风险治理机制的深化,涉及宏观、中观、微观层面的系统性治理变革过程,也是涵盖制度设计、策略优化、工具创新等治理体系与治理能力全面提升的转型过程。

在各部分研究中,本书采用了多种研究方法与数据分析技术。

一是案例研究法。本书实证资料的重要依据来自课题组收集、整理的"中国城市邻避案例库",案例库涵盖了截至2017年年底全国有公开记载的共300起邻避案例,作为后续描述统计、文本挖掘和案例分析的资料基础,本书第三章介绍了案例库构建的依据和过程;本书第二部分在对邻避风险建构中的议题演进、城市高邻避风险行业领域中的治理政策演进、邻避风险爆发下的治理机制与治理行动的考察中，分别对反映不同设施类型、行业特征、事件特征的多起代表性案例进行了比较分析，即结合国内邻避风险的全景描绘和具体案例的详细考察进行分析。

二是文献计量分析。文献计量分析是利用数学、统计学方法对文献外部特征进行量化分析。作为一种应用于图书情报研究的方法，近年来文献计量分析逐渐广泛应用于科学研究活动。在第二章中，课题组使用文献计量分析技术，对国内外邻避文献进行描述性统计分析和关键词共现分析，试图从宏观层面呈现邻避问题的研究现状，在此基础上识别和挖掘邻避风险治理中主要的理论议题。

三是文本分析。文本分析主要用于研究邻避风险建构中的公众话语和议题特征，以及邻避风险扩散中的行业监管与政策演进。在针对前者的研究中，本书对典型案例中反映公众风险表达的微博评论文本进行语义网络分析，探究邻避事件发展中邻避风险建构的演进过程及其规律。在针对后者的研究中，本书对具代表性的高邻避风险行业领域中的发展政策进行文本分析，作为考察邻避风险治理运作的重要方面。

四是扎根理论。对于当前研究而言，在对邻避风险及其治理实践进行全面、普遍的考察基础上，系统提炼、总结政府治理行动的理论特征是十分必要的。本书在"中国城市邻避案例库"的基础上，以全部案例中的地方政府治理过程和行动为研究资料，通过扎根分析，系统总结和提炼当前政府在邻避风险治理行动中的逻辑特征。

第二章
邻避研究的演进与诉求

由于全球范围内城市化发展阶段的差异,邻避问题呈现出明显的区域性和时代性特征。邻避现象就像是在做一次"全球旅行",在影响了发达工业化国家的社会风俗之后,马不停蹄地奔向下一个城市化加速推进的国度,亦成为当前处于快速发展转型阶段的中国城市广泛面临的挑战。技术上的升级并不能完全消除公众主观上对邻避设施风险的焦虑,"不要建在我家后院"的邻避现象已成为影响社会秩序和制约城市发展的显见阻力。国内外学术界对此给予高度关注,也已经积累了丰富的知识。邻避问题的研究学者从传播学、政治学、公共管理学、心理学等学科对邻避风险的类型与特征、生成机理、演化路径及其化解作出了卓有成效的分析,邻避知识生产与积累在增强社会对邻避问题认识的同时,也对实践中邻避问题的化解提供了启示。《旧唐书·魏徵传》中唐太宗李世民有言:"夫以铜为镜,可以正衣冠;以史为镜,可以知兴替;以人为镜,可以明得失。"尽管邻避及其相关概念是舶来品,但邻避设施的性质不分国界,了解邻避问题在不同社会中演进的来龙去脉,才能对邻避问题有更为全面的认知和把握,从而有助于邻避风险的化解。

第一节
邻避研究的理论演进

本节利用文献计量分析,以"Web of Science""中国知网"两个学术文献数据库为基础,分别对全球范围内的邻避研究文献和国内邻避研究文献进行分析,据此考察邻避治理的全球图景和国内进展,从而在当前国内外理论研究的多重进路之中识别研究聚焦的议题,并梳理国内外邻避治理相关研究的脉络和特征。

一、邻避研究的全球图景

在 Web of Science 中,选择数据库"Web of Science 核心合集",引文索引类型选择"社会科学引文索引"(Social Sciences Citation Index,SSCI)。以"NIMBY"为检索词进行主题检索,检索截至 2021 年 12 月 31 日的所有文献。通过数据清洗,保留所有类型为"论文"的文献。经检索,最终共获取 626 篇文献。本部分针对这 626 篇文献的题录信息,从文献时间分布、地域分布、专业方向分布的描述性统计,以及基于关键词共现的聚类分析、突发性检测,识别并描绘邻避议题的全球图景。

(一)邻避研究的时间特征

对 626 篇邻避研究论文的统计分析发现,在 1977 年奥黑尔(Michael O'Hare)最早介绍并分析了"邻避"这一现象之后,[1]SSCI 在 1985 年第一次收录了以邻避为主题的研究。[2] 从 SSCI 收录文献的时间分布上看,可以说直到进入 20 世纪 90 年代,邻避现象才逐渐成为一个具有学术影响力、持续的研究议题。同时,全球范围内的邻避研究也呈现出较为明显的阶段性特征(见图 2-1)。

1991—2006 年,每年邻避研究论文在相对较低但稳定的发文量区间内波动,邻避研究在这一时期已成为一个显见和持续的理论议题,但全球范围内的研究规模仍较为有限。

2007—2015 年,全球邻避研究每年发文量总体呈现明显的增长态势。一个可能的原因在于,时间的推移和社会的发展。而另一个可能的原因则

---

[1] Michael O'Hare. "Not on My Block You Don't"—Facilities Siting and the Strategic Importance of Compensation [R]. Massachusetts Institute of Technology Laboratory of Architecture and Planning, 1977.

[2] Albert R. Matheny, Bruce A. Williams. Knowledge vs. NIMBY: Assessing Florida's Strategy for Siting Hazardous Waste Disposal Facilities[J]. Policy Studies Journal, 1985(1):70.

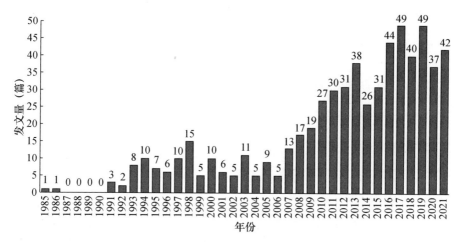

图 2-1　SSCI 收录的邻避研究文献时间分布特征
资料来源：作者自制。

在于，人们对邻避现象的认识不断深入，研究视角不断丰富，研究观点不断深化，从而拓宽了邻避研究的视域。①

而自 2016 年以来，全球邻避研究的每年发文量在一个更高的水平上波动。相较于 2007—2015 年发文量从 13 篇增长到 30 余篇，2016—2021 年年均 SSCI 期刊发文量在 40 篇以上。这也与中国学者自 2016 年以来在 SSCI 来源期刊邻避研究论文发表量的明显增加相吻合。换言之，在这一时期，不仅全球范围内邻避研究在高发文量区间相对稳定地波动，而且来自中国的邻避研究所贡献的学术影响也明显增加。这也意味着，识别中国本土的邻避问题焦点，总结提炼基于中国实践的邻避问题分析与治理思考，对于全球邻避研究而言亦十分重要。

（二）邻避议题的研究地域分布

对邻避研究的国家/地区分布特征进行统计分析，一方面可以反映出世界范围内邻避问题的地域分布，因为研究往往缘起于对现实问题的关

---

① 王佃利，王玉龙. "议题解构"还是"工具建构"：比较视角下邻避治理的进展[J]. 河南师范大学学报（哲学社会科学版），2020(4)：14—21.

切;另一方面,在某种程度上也可以折射出在邻避研究上不同国家和地区的研究能力特征。在 CiteSpace 中对全部 626 篇文献的国家/地区进行统计,①发现邻避研究文献共涉及 44 个国家/地区,累计 701 篇次。其中,发文量前 20 位的国家/地区如图 2-2 所示。

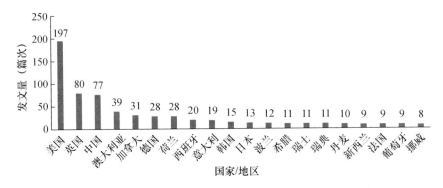

图 2-2　SSCI 来源期刊中邻避研究发文量前 20 位的国家/地区
资料来源:作者自制。

发文量前 20 位的国家/地区中,只有中国一个发展中国家。这一方面从侧面反映了中国社会发展的程度与居民权利意识的提升;另一方面也反映出,中国作为一个发展中国家,如何在新时代国家发展进程中寻求邻避问题的解决之道,实现社会发展与邻避治理的协调与互促,将成为中国邻避治理理论和实践的一个基本面向。

从数量上看,美国作为最早研究邻避问题的国家,以 197 篇次的文章数量独占鳌头,占比 28.10%;英国 80 篇次处于第 2 位,占比 11.41%;中国为 77 篇次紧随其后处于第 3 位,占比 10.98%。这三个国家贡献了全球范围内一半的邻避研究。由此可以进一步看出,基于国内实践进一步挖掘邻避问题的本土化解读与治理经验,对于中国解决城市邻避问题、提升城市发展品质与治理水平,乃至于为国际上化解邻避现象贡献中国方案,具

---

① 在数据处理过程中,将英格兰、苏格兰、威尔士、北爱尔兰的数据合并统计,记为"英国"(UK)。对于多个国家/地区学者合作完成的研究论文,各学者所属的国家/地区分别计算。

有重要的理论和实践意义。

(三) 邻避议题研究方向识别

邻避问题研究方向反映了学者们观察和理解邻避问题的视角。在SSCI来源期刊发表的相关研究论文中，一篇文章往往涉及多个专业方向，因此本书在分析时将所有文章涉及的全部研究方向均统计在内。经统计，SSCI期刊来源文章收录的全部626篇邻避研究论文，共涉及59个研究方向，累计1216篇次。其中，发文量在前20位的研究方向如图2-3所示。

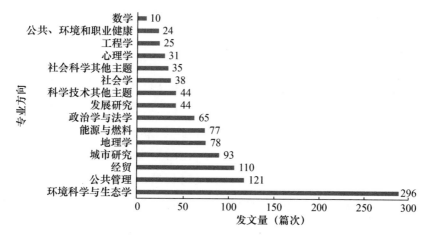

图 2-3　SSCI 来源期刊邻避研究发文量前 20 位的研究方向
资料来源：作者自制。

可以发现，环境科学和生态学方向是全球邻避研究最突出的视角，汇集了296篇次研究论文，占比接近1/4，达24.34%；随后是公共管理方向，汇集121篇次论文，占比接近10%，为9.95%，接着是经贸方向，发文量为110篇次，占比9.05%。城市研究、地理学、能源与燃料、政治学与法学的探讨也相对较多，此外还有心理学、社会学、发展研究、数学以及社会科学领域和科学技术领域的其他学科。整体来看，对于邻避问题的认知呈现出多元化的学科趋势，自然科学与社会科学相结合，技术视角与管理视角相结合，能源问题、发展问题、城市问题等多重研究焦点在邻避研究中交叉，多元学科视角极大地丰富了对邻避问题的理解。

（四）邻避研究的主题分布

关键词作为学术论文研究主题的精练表达，其关联性一定程度上可以揭示学科领域中知识的内在联系。本书利用CiteSpace软件对626篇文献的题录信息进行关键词共现和聚类分析。① 节点类型选择"关键词"，时间跨度设定为1985—2001，统计时以1年为时间切片，选择标准为"前10%"。

对SSCI来源期刊关键词词频的统计分析发现（见表2-1），全球范围内邻避研究关键词呈现出相对分散的趋势，即不存在词频显著突出、使用十分集中的关键词，关键词之间词频的差距相对而言也较小。这从一定程度上反映了全球范围内邻避研究在不同主题上广泛推进。

而根据学者们在文章中最初建构的关键词的意指，从前20位的关键词中同样可以大致对具有较高关注度的研究主题进行识别。一是邻避研究关注公众主观的心理态度，如"attitude""perception""acceptance""opposition""public acceptance""public attitude"等关键词，从不同概念建构中指向公众对邻避设施的心理感知、反对情结、自身态度、接受意愿等；二是邻避研究关注事件本身的属性，如"politics""policy""management""participation""community""framework"等概念，指向在社会科学视角下邻避事件属性的定性与分析框架，以及公众在其中的行动方式；三是邻避研究仍涉及邻避设施的自身影响，"risk""impact""facility"等概念指向设施及其带来的客观影响或潜在风险；四是能源领域中的邻避问题是全球邻避研究高度关注的对象，在不涉及近义词合并的情况下，可以看到研究者们普遍使用了"power""energy""renewable energy""wind power""wind energy"等概念，以表达各自邻避研究具体的情境指向。最后，从高频词的内涵上看，国外邻避研究的高频词汇中，很少涉及基于NIMBY而构建的词组，相反则是以邻避为切口，扩展至较为广泛的实践领域和理论概念。

---

① 为避免检索词本身对分析的干扰，在统计时删除了"NIMBY"这一关键词节点。同时，基于客观呈现和分析研究者写作时的考虑和想法，统计时并未对意义相近的关键词进行合并。

表 2-1　SSCI 来源期刊中邻避研究前 20 个关键词

序号	关键词	含义	词频	序号	关键词	含义	词频
1	attitude	态度	81	11	wind energy	风能	40
2	politics	政治	80	12	impact	影响	37
3	perception	认知	73	13	opposition	反对	36
4	power	力;能源	64	14	facility	设施	33
5	acceptance	接受	62	15	management	管理	33
6	policy	政策	61	16	participation	参与	32
7	energy	能源	57	17	community	共同体	31
8	renewable energy	可再生能源	55	18	public acceptance	公众接受	30
9	risk	风险	51	19	public attitude	公众态度	28
10	wind power	风力	42	20	Framework	框架	27

资料来源:作者自制。

随后在前述基础上基于关键词共现进行网络分析。生成的网络共包含 271 个节点、1726 条连线,网络密度为 0.0472,进行聚类分析后,模块化聚类 Q 值(modularity Q)为 0.4189,平均轮廓系数(weighted mean silhouette)为 0.7897,调和平均数[harmonic mean(Q,S)]为 0.5474。利用对数似然估计提取聚类关键词,共有 9 个主要聚类。结合聚类标签及代表性节点可以看出邻避研究的主题特征(见表 2-2)。总的来说,全球范围内邻避研究主题主要围绕两个方面展开:一方面是从不同分析视角和分析方法切入邻避研究,进行学理性的解读,如"环境正义"(environmental justice)、"支付意愿"(willingness to pay)、"比例风险"(proportional hazards)模型[①]聚类标签所反映的关键词指向;另一方面则是针对具体的问题导向,从典型的邻避风险情境中,基于邻避现象相关的分析工具和概念原理,探讨解决具体领域内邻避风险的思路和对策,这一研究倾向有更多的聚类体现,如"风能"(wind energy)、"莱斯博斯岛"(lesbos)、"核废料"(nuclear waste)、"气候变化"(climate change)、"保障性住房"(affordable housing)、"有害废弃物"(hazardous waste)、"癌症"(cancer)等标签,在识别的各聚类标签之内,许多关键词则涉及与该议题相关的学理概念,作为

---

① 比例风险模型是事件史分析中常使用的一类分析模型。

开展研究的概念工具。这一特征也反映出全球范围内,邻避问题不仅仅是作为一个专门的研究领域而存在。"邻避"既是问题本身,其研究发现亦成为回应更广泛的全球发展问题的理论工具。这也意味着,邻避治理不应仅定位于防范与化解邻避风险本身,更重要的是通过邻避风险治理推动建立长效治理机制,推动社会自我调和分歧、纾解风险的动态、长效治理机制,以推动社会经济的可持续发展。

表 2-2 全球范围内邻避研究的主要议题

聚类	规模	部分高频关键词节点
#0 wind energy	54	attitude; politics; perception; power; acceptance; energy; renewable energy; wind energy; public acceptance; public attitude
#1 environmental justice	41	management; facility; participation; community; public participation; movement; perspective; conflict; environmental justice; waste
#2 lesbos	36	opposition; value; space; science; urban; city; nimby facility; network; quality of life; Edynamics
#3 nuclear waste	30	risk; trust; nimby syndrome; decision making; collective action; storage; waste disposal; siting; facility; scale; repository
#4 climate change	26	policy; risk perception; climate change; governance; public perception; construction; fracking; technology; protest; place
#5 affordable housing	23	impact; property value; knowledge; poverty; affordable housing; conflict management; planned behavior; property; expertise; segregation
#6 willingness to pay	22	wind power; willingness to pay; compensation; preference; contingent valuation; benefit; capacity; location; choice experiment
#7 hazardous waste	20	model; hazardous waste; noxious facility; efficiency; prospect theory; taxation; partnership; choice; jurisdiction; incomplete information
#8 proportional hazards	8	determinant; economic development; solution set; diffusion
#9 cancer	7	health; program; service; hazardous substance

资料来源:作者自制。

(五)邻避研究议题的演进特征

通过对关键词进行突发性检测,共识别 11 个突发性关键词节点(见表 2-3)。将这些突发性关键词同全球邻避研究的总体趋势相结合,也可在一定程度上进一步分析邻避议题演进的趋势特征。首先,在 20 世纪 90 年代初期,即全球邻避研究稳定开展之初,研究的前沿议题主要来自邻避现象自身所表现出的外在特征,如最早兴起研究对周边居民进行"补偿",但很快又进入分析邻避"风险"本身,此后则进入对于解构邻避"设施"以及居民"反对"内在逻辑的长期研究热潮之中。而与 2007 年以来全球邻避研究快速发展所相应的,则是许多早先已经存在的关键词上升为新的研究热点,包括对公共部门"政策"的研究、对居民"态度"的研究、对"公共舆论"的研究,而每一个突发性关键词背后都有着相应的学科立场和理论原理,从而进一步深入挖掘了邻避内在的逻辑。而在邻避研究逐渐进入较高发文量区间且相对稳定波动时,既有代表新的发展实践关切的能源问题的关键词在 2015、2016 年前后成为研究热点,又有理论性的研究如公众"参与"和"公众接受度"成为研究热点。

表 2-3 基于关键词突发性检测的全球邻避研究前沿议题识别

关键词	含义	词频	突发性	起始年份	终止年份	时间跨度	半衰期
compensation	补偿	8	4.0333	1993	1994	2	0.5
risk	风险	51	6.3663	1995	1999	5	19.5
facility	设施	33	7.0084	1998	2009	12	10.5
opposition	反对	36	6.2264	1999	2008	10	17.5
policy	政策	61	4.9112	2007	2015	9	16.5
attitude	态度	81	5.8882	2007	2012	6	21.5
public opinion	公共舆论	11	3.8595	2012	2017	6	3.5
power	能源	64	4.3711	2015	2017	3	10.5
participation	参与	32	4.335	2016	2019	4	14.5
renewable energy	可再生能源	55	4.9075	2016	2017	2	10.5
public acceptance	公众接受度	30	4.1911	2018	2021	4	7.5

资料来源:作者自制。

二、邻避研究的本土进展

在中国知网中以"邻避"为检索词进行主题检索,可发现截至2021年年底,中文期刊共发表邻避相关研究文章1496篇,其中"中国社会科学引文索引"(CSSCI)来源期刊文章506篇;邻避相关主题的学位论文644篇,其中硕士论文598篇,博士论文46篇。本部分对国内邻避研究的计量分析总共涉及三个方面:其一,对全部中文期刊文章、学位论文的时间分布进行描述性统计,以识别国内邻避研究的宏观脉络特征;其二,对全部中文期刊文章和学位论文所涉及的学科进行统计,以识别目前邻避研究的领域分布特征;其三,对其中CSSCI来源期刊的论文题录信息进行基于关键词的计量分析,从而通过对代表性研究文献的研究,挖掘国内邻避研究在具体议题上的特征。

(一)邻避研究的时间特征

对中国知网中以"邻避"为主题的全部1496篇期刊文章进行统计后可以发现(见图2-4),国内邻避研究总体上呈现出明显的增长态势,但2019—2021年相关研究数量有所下降,有待进一步深化研究并突破逐渐浮现的研究瓶颈。从历时性上看,国内邻避研究大致经历了三个阶段。第一阶段,从2006年出现明确以"邻避"为主题的研究[①]直到2012年,邻避研究年均发文量在这一时期总体上保持平稳,且略有上升。第二阶段,2012年起,邻避研究呈现出加速发展的态势,其中2017年年度发文量达到最高值217篇,2018年年度发文量仅比2017年少3篇。这一特征与前文提到的我国2011年城镇化率突破50%、进入城市病及其治理问题集中凸显期的解释相匹配,邻避现象作为城市快速发展中的突出问题之一,成为理论研究的重要议题。第三阶段,2019年起,我国邻避研究年度发文量逐渐下降,分别降至2019年的162篇、2020年的145篇和2021年的122篇。引

---

① 何艳玲."邻避冲突"及其解决:基于一次城市集体抗争的分析[J].公共管理研究,2006:93—103.

起这一变化的原因有很多,其中一个重要方面是,在邻避研究快速增长的同时,现有研究的局限性逐渐浮现。邻避问题的研究者们发现,现有研究存在的"镜面逻辑""质类不均""局域关怀""偏重研究"等特征与邻避情境的多样性、差异性并不完全匹配,①我国对邻避问题的关注点仍较宏观,对具体领域的邻避设施建设研究较为薄弱,②"邻避"概念边界逐渐模糊从而降低了理论解释力,③等等。

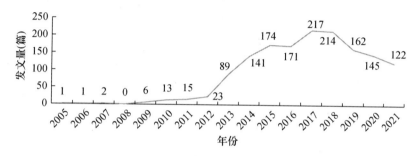

图 2-4　邻避研究中文文献的时间分布
资料来源:作者自制。

学位论文是另一个反映邻避研究关注度的指标。对检索得到的 644 篇硕博论文统计发现,知网收录的最早一篇文章是 2007 年的硕士学位论文,自 2012 年起,硕博论文的数量开始快速上升,这一增长趋势与期刊文章的增长趋势基本吻合。同时,整体上看博士学位论文的数量较少,主要的增长量集中在硕士学位论文(见图 2-5)。

(二)邻避研究的学科特征

经过十余年的发展,国内邻避研究的跨学科趋势日益明显。一方面,邻避现象是自然科学领域与人文社科领域中的多元学科和专业共同关注

---

① 王刚,宋锴业. 邻避研究的中国图景:划界、向度与展望[J]. 中国矿业大学学报(社会科学版),2016(5):56—68.
② 孙涛,丁美文. 国外"邻避"冲突研究的理论流变及学术动态[J]. 上海行政学院学报,2017(4):13—21.
③ 胡象明,刘浩然. 邻避概念的多重污名化与工程人文风险框架的构建[J]. 理论探讨,2020(1):155—160.

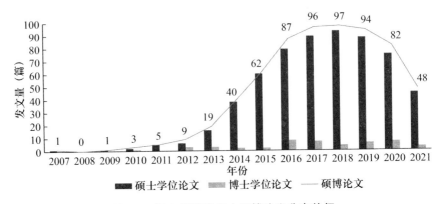

图 2-5　国内邻避研究中硕博论文分布特征

资料来源：作者自制。

的研究对象；另一方面，邻避研究中的学科交叉趋势也日益明显，提供了十分重要的智识资源。

从中国知网统计的期刊文章学科分布特征看（见图 2-6），在发文量较高的前 20 位学科领域中，行政管理专业与环境科学专业的发文量明显高于其他专业，也恰好呈现出人文社会科学与自然科学在邻避议题中的理论关怀。其中，"行政学及国家行政管理"专业累计发文量最高，达到 540 篇次，占比 29.14%；"环境科学与资源利用"专业累计发文量达到 406 篇次，占比 21.91%。此外，政治学、公安、建筑学、经济学、电气、社会学、法学、传播学、核科学技术、化工、数学等领域学科专业也为邻避研究贡献了重要的智识。

与学术期刊文章的科学分布有所不同的是，国内学位论文中的学科专业更显集中。在学位论文数量较高的学科专业中（见图 2-7），社会科学相关专业的学位论文占据了绝大多数，其中又以行政管理和公共管理专业的学位论文最为集中，累计 248 篇，占比 61.39%，对邻避问题给予了最高的关注度。此外，管理科学与工程、法学、政治学、新闻传播、马克思主义理论、社会保障、城市规划、环境科学等专业也有着相对较高的学位论文数量。

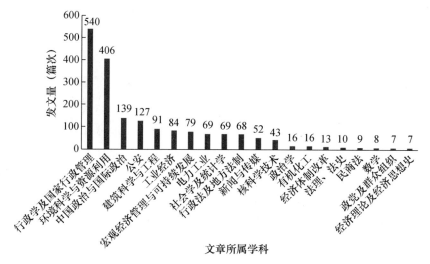

图 2-6　邻避研究期刊文章中前 20 位学科分布

注：交叉学科的研究，在各学科中分别计算。
资料来源：作者自制。

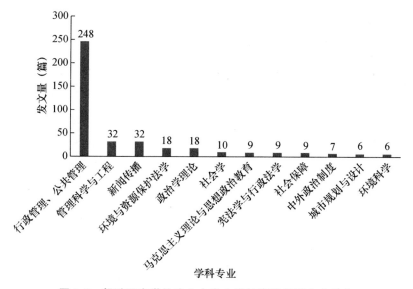

图 2-7　邻避研究学位论文中发文量较高的学科专业分布
资料来源：作者自制。

丰富的学科视角也从侧面反映出邻避问题的高度复杂性。其一,邻避现象是政府面临的突出管理挑战,国家政治和行政管理是邻避研究的"主战场"之一,政府的角色定位、行动逻辑与治理行为等是理论与实践应回答的关键问题。其二,目前邻避效应仍突出表现为公众对邻避设施环境影响的感知与焦虑,因而成为环境科学相关专业的研究焦点,邻避现象及其治理必须回应复杂的环境问题及其治理关切。其三,邻避现象成因十分复杂,政治学、经济学、社会学、传播学、法学、管理学都能从各自学科侧面对邻避现象给予解释,这也从客观上反映了理解与治理邻避问题的难度。其四,目前邻避现象渗透进越来越多的科学技术和工程行业之中,仅从发文量较高的建筑、电力、核能、化工等专业领域便可管窥一二。这些专业领域各自的具体情境、设施特征、行业规范、管理体制等各不相同,这使得邻避现象的具体情境特征各异,各自领域中邻避治理的政策环境、治理任务也不可避免地呈现出多元性和差异性。而这些来自不同侧面的复杂性,最终都为邻避治理的多方主体,特别是处于关键地位的政府部门带来了不可回避的治理压力。

(三)邻避研究的主题分布

本研究在以"邻避"为主题检索到的 1496 篇文章基础上,进一步选择 CSSCI 来源期刊发表的 506 篇文献,并对这 506 篇文献进行数据清洗,删除其中消息、书评、兼评、专栏导语、访谈等文章,以及作者、摘要、关键词等题录信息不完全的文献,共保留 481 条文献。利用 CiteSpace 软件对这 481 条文献题录信息进行关键词共现和聚类分析。[①] 节点类型选择"关键词";由于 CSSCI 来源期刊最早刊载的"邻避"主题研究发表于 2007 年,时间跨度选择"2007—2021",考虑到国内邻避研究较短的发展历史,统计时以 1 年为时间切片;选择标准为"前 10%"。

统计发现,国内邻避研究关键词呈现出明显的集中趋势(见表 2-4)。

---

① 为避免检索词本身对分析的干扰,在统计时删除了"邻避"这一关键词节点。同时,基于客观呈现和分析研究者写作时的考虑和想法,统计时并未对意义相近的关键词进行合并。

一是研究关键词向少数概念术语"集中"。"邻避冲突"是使用最集中的概念,词频高达120次,是词频第二位"邻避设施"的三倍,可见国内邻避治理的目标十分明确,致力于缓解由邻避现象导致的敏感社会冲突。二是研究关键词以"邻避"为核心进行概念的建构。在词频较高的前20个关键词中,有接近一半的关键词是以"邻避"为基础衍生出的概念,且分别用以界定邻避问题的不同侧面:"邻避冲突""邻避运动",侧重于描述"邻避""邻避事件"这一概念本身所蕴含的冲突属性;"邻避设施""邻避项目",前者侧重于引发邻避问题的客观设施实体,后者则更强调进入政府的政策议程;"邻避效应""邻避现象"更侧重于描述公众所受到的影响以及作出的反应;"邻避治理"则侧重于表达解决邻避问题的学术立场。这些概念对"邻避"进行话语转换和现象描述,形成了"邻避概念丛林"的现象。

表 2-4 国内邻避研究前 20 个高频关键词

序号	词频	关键词	序号	词频	关键词
1	120	邻避冲突	11	8	邻避治理
2	40	邻避设施	12	8	风险沟通
3	39	公众参与	13	8	城市化
4	35	邻避效应	14	8	风险认知
5	27	邻避运动	15	7	风险感知
6	14	治理	16	7	邻避风险
7	13	环境治理	17	7	环境保护
8	12	邻避项目	18	6	邻避现象
9	9	邻避事件	19	6	环境正义
10	9	公民参与	20	6	公共价值

资料来源:作者自制。

随后在此基础上基于关键词共现进行网络分析。生成的网络共包含157个节点、322条连线,网络密度为0.0263,进行聚类分析后,模块化聚类Q值为0.6631,平均轮廓系数为0.9057,调和平均数为0.7656。利用对数似然估计提取聚类关键词,共有9个主要聚类,其中"♯0邻避设施""♯1邻避效应""♯2公众参与"规模较大,是更为主要的聚类,各聚类的主要关键词如表2-5所示。

表2-5 国内研究关键词聚类及主要节点

聚类	关键词节点
#0 邻避设施	邻避冲突、邻避设施、邻避运动、城市化、环境风险、演化博弈、环境正义、环境污染、邻避危机、社会治理、制度化、环境补偿
#1 邻避效应	邻避效应、公民参与、风险认知、风险沟通、邻避治理、风险感知、地方政府、邻避现象、利益补偿、公共政策
#2 公众参与	公众参与、环境治理、环境保护、公共价值、城市治理、空间正义、数字治理
#3 邻避风险	治理、邻避风险、外部性、环境协商、风险交流、期望差异
#4 利益对立	环境冲突、信息错位、污染冲突、利益分歧、信息闭塞、利益对立、资源稀缺
#5 政府回应	邻避事件、政府回应、环境抗争、社会抗争、负性情绪、政府信任、舆情传播
#6 风险社会	风险社会、内生逻辑、协商治理、现代性、政治风险
#7 邻避项目	邻避项目、社会资本、政府决策、信任危机、社会公众、新媒体、演化机理
#8 邻避抗争	邻避抗争、基站冲突、风险建构、科技风险、机会结构

资料来源:作者自制。

结合文献和相关聚类标签下的代表性节点可以看出邻避研究的主题特征。一方面,针对邻避问题不同侧面进行具体解构,关注"邻避设施"选址的技术与程序、造成的冲突影响及这一过程中的影响因素,探讨"邻避效应"如何为公众感知和扩散以及如何予以化解,研究"邻避风险"建构、升级的机理以及化解之策,考察作为一项公共政策的"邻避项目"需要考虑的外部因素与决策挑战;分析邻避抗争涉及的场域和要素。另一方面,从不同理论视角切入对邻避问题进行研究,关注邻避治理中的"公众参与"问题,关注主体之间"利益对立"的形成及其带来的影响,关注对公众采取的抗争行动如何进行"政府回应",关注如何从"风险社会"角度理解当前的邻避风险及其应对。

（四）邻避研究的议题进展

通过对关键词进行突发性检测，共识别出四个突发性关键词，反映了国内邻避研究中前沿议题的变化趋势（见表2-6）。

表2-6　基于关键词突发性检测的国内邻避研究前沿议题识别

关键词	词频	突发性	起始年份	终止年份	时间跨度	半衰期
公民参与	9	3.6067	2011	2015	5	2.5
公共价值	6	2.9847	2018	2019	2	0.5
风险感知	7	3.8861	2019	2021	3	0.5
邻避治理	8	3.7453	2019	2021	3	0.5

资料来源：作者自制。

随着2011年后邻避研究的快速发展，从"公众参与"的切口解读邻避问题并分析其治理之策，是研究者们早期关注的前沿问题。他们将公众参与渠道不畅视作邻避问题的重要成因，直面公众诉求、吸纳公众参与、畅通制度渠道成为政府应对邻避问题时的必选项。2018年以来，邻避研究的理论视角有了进一步的扩展，2017年年底至2019年年底，基于"公共价值"理论视域的邻避研究集中出现，解释邻避设施的建设如何引发了价值冲突[①]和公共价值的失灵，[②]认为政府应在邻避问题的治理中实现价值整合，[③]通过邻避设施建设过程重新创造公共价值，[④]为丰富邻避研究的理论视角做出了重要的学术贡献。近年来，邻避现象中的"风险感知"又进入理论舞台的中央，相关研究集中增长，详细考察公众风险感知的形成及其对

---

① 钟俊驰，马永驰. 基于邻避型群体性事件的"价值—过程"框架构建与验证：来自公共价值视角的分析[J]. 中国软科学，2019(11)：64—73.
② 王佃利，王铮. 城市治理中邻避问题的公共价值失灵：问题缘起、分析框架和实践逻辑[J]. 学术研究，2018(5)：43—51.
③ 于鹏，陈语. 公共价值视域下环境邻避治理的张力场域与整合机制[J]. 改革，2019(8)：152—159.
④ 王冰，韩金成. 公共价值视阈下的中国邻避问题研究——一个整合性理论框架[J]. 中国行政管理，2017(12)：74—78.

抗争行为所带来的影响,[①]从中分析风险感知、公众参与和邻避现象之间的模式路径和内在逻辑,[②]并据此就创新政府治理策略提出思考,[③]从而形成了许多具有影响力的学术成果。与此同时,"邻避治理"也成为近年来研究的前沿问题。"邻避治理"自作为一个学术概念使用以来,[④]其学术内涵和指向也日益明确和丰富,意味着政府在回应邻避问题时,应采取区别于传统理念、方法的行动方式。[⑤]

第二节
邻避研究的主题聚焦

对国内外邻避问题研究文献的计量分析有助于从宏观层面初步把握邻避问题研究的全貌,但是围绕邻避议题学者都具体做了哪些工作、取得了什么样的研究成果、他们的观点是相似还是有对立,这些只能通过文献内容的进一步梳理才能给出答案。本节即是对国内外学者关于邻避风险问题研究内容的梳理,尝试呈现出既有的研究图景,并在此基础上识别可能的研究留白。

---

① 张郁. 公众风险感知、政府信任与环境类邻避设施冲突参与意向[J]. 行政论坛,2019(4):122—128.
② 陈红霞,邢普耀. 邻避冲突中公众参与问题研究的中外比较:演进过程、分析逻辑与破解路径[J]. 中国行政管理,2019(9):130—136.
③ 刘冰. 复合型邻避补偿政策框架建构及运作机制研究[J]. 中国行政管理,2019(2):122—127.
④ 王佃利,王玉龙,于棋. 从"邻避管控"到"邻避治理":中国邻避问题治理路径转型[J]. 中国行政管理,2017(5):119—125.
⑤ 相关研究可参见:颜昌武,许丹敏,张晓燕. 风险建构、地方性知识与邻避冲突治理[J]. 甘肃行政学院学报,2019(4):85—94+127. 王英伟. 权威应援、资源整合与外压中和:邻避抗争治理中政策工具的选择逻辑——基于(fsQCA)模糊集定性比较分析[J]. 公共管理学报,2020(2):27—39+166. 王佃利,王铮. 中国邻避治理的三重面向与逻辑转换:一种历时性的全景式分析[J]. 学术研究,2019(10):63—70. 胡象明,杨正,刘浩然. 中国式邻避治理的整体性与类型化思维的系统比较[J]. 城市问题,2019(11):79—87. 何兴澜,杨雪锋. 多学科视域下环境邻避效应及其治理机制研究进展[J]. 城市发展研究,2020(10):28—33. 李亚东,邹安琼. 邻避项目公众—政府代理人博弈模型——基于公平感知视角[J]. 管理评论,2021(7):313—325. 王佃利,于棋. 高质量发展中邻避治理的尺度策略:基于城市更新个案的考察[J]. 学术研究,2022(1):56—62+178.

一、研究起点：邻避设施的负外部性及其风险扩散

邻避问题并不是突然出现的，而是有着一定的缘起和演进路径。尽管邻避及其相关的概念出现的时间相对较晚，但是在前邻避时期已经有邻避的具体实践。在国外，早在19世纪中叶就有居民针对铁路设施对周边地区风景环境可能造成的影响展开讨论，这也成为"邻避"概念的雏形①，继而人们的关注点从铁路扩展到运河、公路和航空机场等公共基础设施。但是，在前邻避时期，对工业化和经济发展的关注超出对环境的顾虑，居民的环保和权利意识也相对薄弱，对于诸如此类设施的风险感知和潜在影响认知有限，因此在设施的负外部性上并没有形成共识，故而对邻避设施的态度也更温和、宽容。20世纪70年代，随着石油危机的爆发，欧美国家的社会经济也遭遇挫折，社会矛盾频发，在这样的社会背景下，邻避现象开始频繁出现并逐渐进入人们的视野。1977年，美国学者奥黑尔的研究引发学术界关于邻避问题的研究热潮。20世纪八九十年代，国外的学者们综合运用跨学科的知识来解释邻避现象，既有对邻避概念的界定，又包含邻避问题的成因分析和解决对策的研究。这一阶段，加拿大、欧洲以及日本也逐渐兴起对邻避议题的关注。至此，欧美等发达国家整体上关于邻避问题的研究逐渐进入相当成熟的阶段，不仅在理论层面上形成了较为完善的邻避问题知识体系，同时也能够将理论更好地付诸实践，在邻避设施的选址、建设和运营过程中发挥指引作用，更好地化解城市化进程中的邻避风险。

在国内，关于邻避设施的抗争事件最早见于20世纪80年代的台湾地区。进入90年代以后，台湾地区学者围绕邻避抗争事件，逐渐开展对邻避现象的研究，彼时多以个案研究的方式从居民的心理认知、经济补偿现状及成效以及社会政治过程出发对邻避问题进行探讨。② 在大陆，学界对邻避问题的关注某种程度上要早于社会公众对邻避问题的关注，郭巍青在

---

① 周亚越,李淑琪,张芝雨. 正义视角下邻避冲突主体的对话研究——基于厦门、什邡、余杭邻避冲突中的网络信息分析[J]. 浙江社会科学,2018(7):89—98+158.
② 刘晶晶. 国内外邻避现象研究综述[J]. 生产力研究,2013(1):193—196.

2003年的文章中就提到了"邻避"的概念,但仅仅是简单提及将其作为改变政策议程的决策,①尚未对其进行深入的探讨;到2005、2006年,何艳玲在对后单位制时期街区集体抗争进行分析时②,才算是在相对完整意义上对邻避问题的第一次探讨。当时间的指针指向2007年,厦门PX事件正式拉开了中国"邻避时代"的序幕,以此为起点,国内邻避事件逐渐增多,其直接结果是学界和实践界对邻避问题的关注度开始逐渐提升。尤其是2011年之后,邻避事件的爆发频率更高,在信息时代的推动下,其影响范围也更广泛。整体来看,在时间维度上,我国邻避问题的演变经历了萌芽(2006年之前)、快速兴起(2007—2016年)和转型(2017年至今)三个阶段;在空间维度上,邻避问题呈现出从大城市向中小城市和农村蔓延、从东部向中西部地区扩散的演变趋势。③ 在此过程当中,从政治学、经济学、公共管理学、社会学、法学等多元学科视角出发,对邻避设施、邻避效应、邻避诉求、邻避决策、邻避冲突等议题进行了充分的探讨,业已取得累累硕果。尤其是在新时代的背景下,城市公共服务、能源问题、信息时代等多重因素将邻避问题的研究逐渐推向更高的阶段,研究的主题领域不断深化,研究重心也开始逐渐转移。

二、概念工具:邻避议题研究的概念丛林

"邻避"的相关概念最早起源于20世纪70年代,奥黑尔首次提出"Not on My Block",用来指代那些"能够带来整体性社会利益但对周围居民产生负面影响的设施"④;1980年,一名英国记者在报纸上第一次提出

---

① 郭巍青. 政治文明标尺下的公共决策制度[J]. 中山大学学报(社会科学版),2003(3):54—56.
② 何艳玲. 后单位制时期街区集体抗争的产生及其逻辑——对一次街区集体抗争事件的实证分析[J]. 公共管理学报,2005(3):36—41+54+94.
③ 郑旭涛. 改革开放以来我国邻避问题的演变趋势及其影响因素——基于365起邻避冲突的分析[J]. 天津行政学院学报,2019(5):28—37.
④ Michael O'Hare. "Not on My Block You Don't"—Facilities Siting and the Strategic Importance of Compensation [R]. Massachusetts Institute of Technology Laboratory of Architecture and Planning,1977.

"NIMBY"(Not in My Backyard)的说法,用来描述当时的美国人对于化工垃圾的反抗,此后"NIMBY"就成为"邻避"概念的词源,围绕"NIMBY"衍生出的新概念如雨后春笋般出现(见表 2-7),如"LULU""NIABY""NIMBL"等。在这些概念中,邻避者被认为是想保护他们家园的居民,而邻避运动则是指社区居民面对在他们社区附近拟建不受欢迎的设施时所采取的策略和行动。① 从社会效果角度对邻避运动进行的定义认为,邻避运动是对于危害社区居民的生活和环境权利的工业或公共服务设施建设的消极抵制或者反对。② 而邻避设施则被视作一种产生的效益为全体社会所共享,但其负外部效果却由附近的民众来承担的设施。③

表 2-7 英文语境中的邻避概念表述及中文翻译

英文全文	英文缩写	中文直译
Not in My Backyard	NIMBY	不要建在我家后院
Locally Unwanted Land Use	LULU	地方不期望的土地利用
Not in Anybody's Backyard	NIABY	不要在任何人家后院
Not on Planet Earth	NOPE	不要在地球上
Build Absolutely Nothing at All near Anybody/Build Anything Not at All near Anybody	BANANA	绝对不要靠近任何人建设
Better in Your Backyard Than in Mine	BIYBYTIM	建在你家后院好过建在我家后院

---

① Michael Dear. Understanding and Overcoming the NIMBY Syndrome[J]. Journal of the American Planning Association,1992(3):288-300.
② M. E. Vittes, P. H. Pollock, S. A. Lilie. Factors Contributing to NIMBY Attitudes[J]. Waste Management,1993(2):125-129.
③ R. W. Lake. Planners' Alchemy Transforming NIMBY to YIMBY: Rethinking NIMBY[J]. Journal of the American Planning Association,1993(1):87-93.

(续表)

英文全文	英文缩写	中文直译
Not in My Term of Office	NIMTOO	不要在我的办公室花园内
Not in My Bottom Line	NIMBL	不要越过我的底线
Not over There Either	NOTE	那边也没有

资料来源：作者自制。

尽管这些概念的表达方式不尽相同，反映出居民对此类设施在"自家后院、他人家后院甚至于在地球上"的反对，但是它们所蕴含的意义基本一致：邻避设施作为一种产生的效益为全体社会所共享但负外部效果却由附近的民众来承担的设施，其风险分配的不公正性使得设施周边的民众无法接受，进而发起邻避运动。① 从这个意义上来讲，尽管邻避的相关概念在不断更新，但始终没有超出奥黑尔最初所界定的范畴。当邻避的概念传播到中国以后，中文的词汇对于邻避的阐释也丰富多彩（见表2-8），从最初的邻避设施衍生出邻避效应、邻避情节、邻避危机、邻避冲突、邻避困境等多种表述，这些概念贯穿于邻避事件发展进路的各个阶段。邻避事件起点是邻避设施，它是指"服务广大地区民众，但可能对生活环境、居民健康与生命财产造成威胁，以至于居民希望不要设置在其家附近的设施"②。出于对邻避设施风险的担忧，会进一步形成邻避效应，即民众出于对住地环境的担忧，对具有邻避性质的工程项目产生抵触情绪而发起的集体反对行为，包括游行、控告或请愿等。③ 在此基础上，民众会提出自己的邻避诉求，尤其是注重对环境利益和健康诉求的关注，而要想实现自己的邻避诉求，最有效的办法就是通过邻避决策将诉求纳入政策议程，以维护自己的环境权利和政治权利等。但是，在相对强势的政府面前，邻避诉求往往难

---

① Michael Dear. Understanding and Overcoming the NIMBY Syndrome[J]. Journal of the American Planning Association,1992(3):288-300.
② 李永展.邻避症候群之解析[J].都市与计划,1997(1):69—79.
③ 彭小兵.环境群体性事件的治理：借力社会组织"诉求—承接"的视角[J].社会科学家,2016(4):14—19.

以得到及时、合理的回应，最终引发了邻避冲突。所谓的邻避冲突，通常指的是在现代化进程中，由于民众担心邻地的建设项目对自己的居住环境产生负面影响，从而产生抵触情绪，以致引起的群体抗议行为。[①] 通过对邻避事件演进过程的梳理，可以发现，关于邻避概念的表述方式虽然存在差异，但是其核心依然是公众担心邻避风险进而引发的对邻避设施建设和运营的反对。

表 2-8　邻避相关概念及其内涵界定

概念	内涵
邻避设施/邻避项目	能够带来社会福利但会对周边居民带来负面影响的设施
邻避效应	出于对居住地环境的担忧而对工程项目产生抵触情绪继而发起的集体反对行为
邻避情节	随着公众环境和权利意识的提升，邻避设施的设置出现困难，是一种自利的意识形态或政治倾向
邻避冲突/邻避危机	公众聚集以反对邻避设施的建设
邻避困境	为社会发展需要和周边群体反对的"发展困境"
邻避现象	城市化进程中的必要公共设施因负外部性引起周边居民的反对与抗争
邻避风险	客观风险、感知风险、社会风险

资料来源：汤京平，翁伟达. 解构邻避运动："国道"建设的抗争与地方政治动员[J]. 公共行政学报，2005(14)：125—149. 丘昌泰. 从"邻避情结"到"迎臂效应"——台湾环保抗争的问题与出路[J]. 政治科学论丛，2002(4)：33—56. 程惠霞，丁刘泽隆. 公民参与中的风险沟通研究：一个失败案例的教训[J]. 中国行政管理，2015(2)：109—113. 王佃利，王庆歌. 风险社会邻避困境的化解：以共识会议实现公民有效参与[J]. 理论探讨，2015(5)：138—143.

此外，在完成对邻避问题的相关概念进行基本界定的基础上，学者们进一步对作为"罪魁祸首"的邻避设施的类属进行了划分。就邻避设施的种类而言，李永展、何纪芳通过对台北都市圈内服务设施的调查与分析，根

[①] 周亚越，周鹏飞，俞海山. 邻避设施选址决策中的供需分析[J]. 浙江社会科学，2016(6)：89—94.

据邻避效果的大小将都市服务设施分为四个等级(邻避指数为 0—100,指数越大,邻避效果越大),如表 2-9 所示。① 陶鹏和童星则以"预期损失和不确定性"两个维度将邻避设施划分为污染类、风险集聚类、心理不悦类、污名化类四种(见图 2-8)。② 此外,有学者对邻避问题的特征进行了总结,如何艳玲认为当前我国发生在特定地域内的邻避冲突的特征为成本或收益高度集中化、高度动员性、高度不确定性、跨区域性,③ 张向和则从邻避现象发生的范围、抗争的城乡差异、抗争的途径、抗争对制度演化的作用四个方面进行了概括。④

表 2-9　邻避设施的邻避效应等级

等级	邻避效果	邻避指数	设施名称
一级	不具邻避效果	0 或接近 0	邻里小区公园、图书馆等
二级	具轻度邻避效果	0—18	文教设施、各级学校、车站、公园、医疗与卫生设施、购物中心、邮电设施
三级	具中度邻避效果	18—44	疗养院、性病防治中心、智障者之家、高速公路、市场、抽水站、自来水厂等
四级	具高度邻避效果	44—100	丧葬设施、垃圾焚化炉、污水处理厂、飞机场、屠宰场、核能发电厂、变电所、加油站

资料来源:李永展,何纪芳.台北地方生活圈都市服务设施之邻避效果[J].都市与计划,1995(1):95—116.

对邻避相关概念进行梳理后可以发现,在邻避问题的研究中已经形成诸多相互区别但又相互联系的"概念丛林",这凸显出邻避问题的复杂性。当然,从另一个角度也可以表明对邻避问题的研究不再局限于某一学科领域,而是可以从多元学科视角出发来探讨邻避问题。邻避实践为学术界的

---

① 李永展,何纪芳.台北地方生活圈都市服务设施之邻避效果[J].都市与计划,1995(1):95—116.
② 陶鹏,童星.邻避型群体性事件及其治理[J].南京社会科学,2010(8):63—68.
③ 何艳玲."邻避冲突"及其解决:基于一次城市集体抗争的分析[J].公共管理研究,2006:93—103.
④ 张向和.垃圾处理场的邻避效应及其社会冲突解决机制的研究[D].重庆大学,2010.

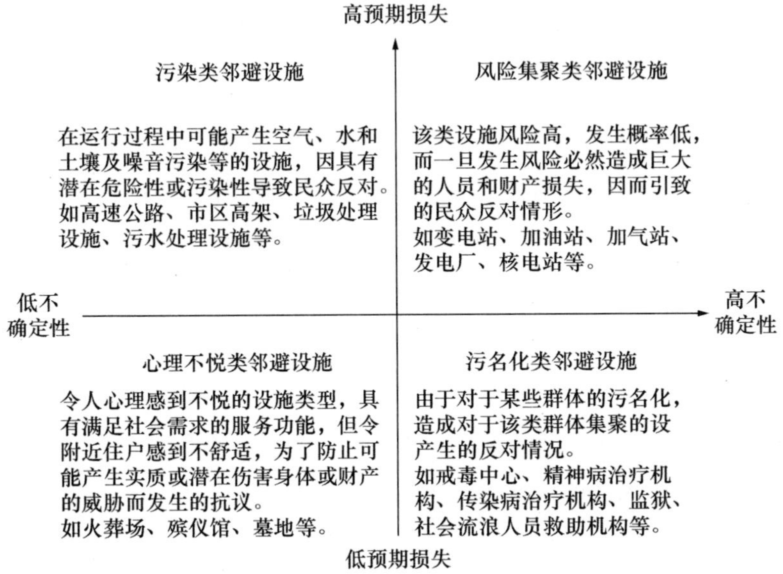

```
                        高预期损失
                           │
     污染类邻避设施          │    风险集聚类邻避设施
                           │
  在运行过程中可能产生空气、水和  │  该类设施风险高,发生概率低,
  土壤及噪音污染等的设施,因具有  │  而一旦发生风险必然造成巨大
  潜在危险性或污染性导致民众反对。│  的人员和财产损失,因而引致
  如高速公路、市区高架、垃圾处理  │  的民众反对情形。
  设施、污水处理设施等。         │  如变电站、加油站、加气站、
                           │  发电厂、核电站等。
 低不                       │                        高不
 确定性 ─────────────────────┼───────────────────────► 确定性
                           │
     心理不悦类邻避设施       │    污名化类邻避设施
                           │
  令人心理感到不悦的设施类型,具  │  由于对于某些群体的污名化,
  有满足社会需求的服务功能,但令  │  造成对于该类群体集聚的设施
  附近住户感到不舒适,为了防止可  │  产生的反对情况。
  能产生实质或潜在伤害身体或财产  │  如戒毒中心、精神病治疗机
  的威胁而发生的抗议。         │  构、传染病治疗机构、监狱、
  如火葬场、殡仪馆、墓地等。     │  社会流浪人员救助机构等。
                           │
                        低预期损失
```

图 2-8 "预期损失—不确定性"维度下邻避设施的分类

资料来源:陶鹏,童星.邻避型群体性事件及其治理[J].南京社会科学,2010(8):63—68。

研究提供了足够的素材,而学者研究的成果则反过来为理解和解决邻避问题提供了更多可能。

三、解释视角:多元视角下的邻避风险认知

对邻避风险问题的研究由来已久,跨学科视角对邻避风险的探讨已经达到一个相当成熟的阶段,这对于我们增加对邻避风险及其相关问题的认知提供了丰富的资源。本部分将选取在邻避风险研究中的风险社会、政策科学、信息传播和社会运动四个视角对既有的研究内容进行梳理,从而更好地了解学者在邻避风险问题上的观点与对话。

(一)风险认知的过程与影响

风险社会理论在邻避问题的研究当中被广泛运用,它通常包括风险

感知、风险放大、风险沟通等内容,尤其是风险感知发挥着重要的作用。[1]在邻避事件中往往存在风险治理与风险制造并存、越维稳越不稳的悖论现象,这种悖论产生的根源在于风险治理中不同环节的失当及其引发的公众风险感知加剧,[2]尤其表现为地方政府和居民获知的邻避项目信息不对称。[3] 但是在现实中,公众往往能够列出问题和收益以支持自己的风险感知,这表明公众并不总是像文献中说的那样凭借直觉或者在信息缺失的情况下就直接反对邻避设施。[4] 风险分配不公正、风险感知的客观主义与主观建构视角,客观上造成政府和公众对邻避设施完全不同的风险感知结果,[5]而政府和公众在"利益—风险"感知差异上的不同水平,可能会进一步对邻避项目的决策产生影响。[6]

公众对邻避风险的认知是多种因素综合作用的结果,且公众对邻避风险的认知与实际风险往往会存在偏差,这种偏差及对应的风险行为选择通常是导致邻避冲突的重要原因。[7] 在影响公众风险感知的因素中,公众需求满足度、邻避设施的负外部性都会影响公众的风险认知,而公众的风险认知又会进一步影响公众的邻避情绪。[8] 再者,异地媒体的不平衡与戏剧化表征及网民对其的污名化和语境化也是邻避风险被放大的重要机制,[9]

---

[1] Ji Bum Chung, Hong-Kyu Kim. Competition, Economic Benefits, Trust, and Risk Perception in Siting a Potentially Hazardous Facility[J]. Landscape and Urban Planning,2009(1):8-16.
[2] 谭爽,胡象明. 中国大型工程社会稳定风险治理悖论及其生成机理——基于对 B 市 A 垃圾焚烧厂反建事件的扎根分析[J]. 甘肃行政学院学报,2015(6):60—67+127.
[3] 夏志强,罗书川. 分歧与演化:邻避冲突的博弈分析[J]. 新视野,2015(5):67—73.
[4] Renée J. Johnson, Michael J. Scicchitano. Don't Call Me NIMBY: Public Attitudes Toward Solid Waste Facilities[J]. Environment and Behavior,2012(3):410-426.
[5] 邵青. 环境类邻避设施的风险感知与冲突治理策略分析[J]. 经济研究导刊,2018(20):171—173.
[6] 吕书鹏,王琼. 地方政府邻避项目决策困境与出路——基于"风险—利益"感知的视角[J]. 中国行政管理,2017(4):113—118.
[7] 刘智勇,陈立,郭彦宏. 重构公众风险认知:邻避冲突治理的一种途径[J]. 领导科学,2016(32):29—31.
[8] 龚泽鹏. 基于混合方法的公众邻避行为影响因素研究[D]. 电子科技大学,2017.
[9] 邱鸿峰. 环境风险的社会放大与政府传播:再认识厦门 PX 事件[J]. 新闻与传播研究,2013(8):105—117+128.

尤其是在自媒体兴起的社会背景下,以微博为代表的新媒体对邻避项目的风险感知更为敏感。① 此外,经济效益、生态环境、政治诉求②以及生活品质、环境污染、身体健康、补偿意愿③都影响着人们的风险认知程度和对邻避的态度。基于上海磁悬浮机场联络线的实证研究就证明了身心健康风险认知、经济风险认知和环境风险认知对邻避的态度有显著影响,④尤其是在环境类邻避设施中,风险感知与风险放大更是成为多数环境类群体事件的诱因。⑤ 面对公众的风险感知,地方政府、环评机构和运营企业在风险沟通场域中分别以规制话语、科学话语和技术话语来确立自身的位置,应对公众的质疑,并共同构建起邻避设施项目的合法化逻辑。⑥ 尽管风险感知在多数研究中被认为是人们接受风险的最重要因素,⑦但也有研究显示风险感知并不是导致公众对邻避设施态度差异的主要因素。一项关于城市邻避设施风险可接受度的研究显示,风险感知、公众参与和邻避设施的接受度为负向相关,政府信任及补偿措施与接受度是正向相关,⑧且对政府的信任还会进一步影响公众的公平感和感知利益。⑨ 刘冰的研究也证

---

① 项一嵚,张涛甫. 试论大众媒介的风险感知——以宁波 PX 事件的媒介风险感知为例[J]. 新闻大学,2013(4):17—22.
② 陶鹏,秦梦真. 联盟属性差异与邻避设施风险感知——基于透镜模型的实证分析及政策意涵[J]. 华南师范大学学报(社会科学版),2019(2):117—124.
③ 王锋,胡象明,刘鹏. 焦虑情绪、风险认知与邻避冲突的实证研究——以北京垃圾填埋场为例[J]. 北京理工大学学报(社会科学版),2014(6):61—67.
④ 丁进锋,诸大建,田园宏. 邻避风险认知与邻避态度关系的实证研究[J]. 城市发展研究,2018(5):117—124.
⑤ 汪伟全. 风险放大、集体行动和政策博弈——环境类群体事件暴力抗争的演化路径研究[J]. 公共管理学报,2015(1):127—136+159.
⑥ 卜玉梅. 邻避风险沟通场域中的话语竞技及其对冲突化解的启示[J]. 中国地质大学学报(社会科学版),2018(5):104—112.
⑦ Yunqing Wu, Guofang Zhai, Shasha Li, et al. Comparative Research on NIMBY Risk Acceptability Between Chinese and Japanese College Students[J]. Environmental Monitoring and Assessment,2014(10):6683-6694.
⑧ 骆丽,吴云清. 基于结构方程模型的城市邻避设施风险可接受度研究——以天长市为例[J]. 干旱区地理,2019(2):452—457.
⑨ Wei Li, Huiling Zhong, Nan Jing, et al. Research on the Impact Factors of Public Acceptance Towards NIMBY Facilities in China—A Case Study on Hazardous Chemicals Factory[J]. Habitat International,2019,83:11-19.

实了风险感知对塑造公众对危险邻避设施的态度起反向作用,而政府信任对公众态度起正向作用。① 来自韩国的研究也表明成本收益和政治过程因素要比风险感知更有解释力。② 不管是对于周边的还是更远距离外的居民,政府信任都会影响他们对邻避设施的风险和收益的判断,进而又会影响他们反对邻避项目的倾向。③ 此外,公众的世界观、对邻避设施将会产生收益的信念以及对安全性的关注,会增加或减少他们对风险的接受度。④

可以发现,进入风险社会之后,似乎公众都变成了"敏感人",这意味着公众对于工程项目所带来的环境变化反应过于敏锐,这可能源于公众对安全性因素、利益性因素和合法性因素等方面的风险感知。⑤ 研究发现,政府决策民主程度、媒体对邻避设施相关知识普及以及信息公示程度对风险感知有消解作用,⑥信任也是弥合邻避事件中利益相关者风险认知差异的关键因素。⑦ 基于风险社会的时代背景,解决问题的关键在于进行及时的风险沟通,但是要注意信任困境、沟通失范、风险放大对风险沟通效果的影响;⑧在分配正义的视角下,可以采纳共识会议的形式,⑨采取由下而上的参与决策方式,同时充分发挥媒体在邻避知识普及和项目信息宣传中的媒

---

① 刘冰. 邻避设施选址的公众态度及其影响因素研究[J]. 南京社会科学,2015(12):62—69.
② Ji Bum Chung, Hong-Kew Kim, Sam Kew Rho. Analysis of Local Acceptance of a Radioactive Waste Disposal Facility[J]. Risk Analysis,2008(4):1021-1023.
③ Bart W. Terwel, Dancker D. L. Daamen. Initial Public Reactions to Carbon Capture and Storage (CCS):Differentiating General and Local Views[J]. Climate Policy,2010(3):288-300.
④ Rachel M. Krause, Sanya R. Carley, David C. Warren, et al. "Not in (or Under) My Backyard":Geographic Proximity and Public Acceptance of Carbon Capture and Storage Facilities[J]. Risk Analysis,2014(3):529-540.
⑤ 胡象明,刘浩然. 敏感人:一项分析邻避效应的人性假设[J]. 理论探讨,2017(1):127—132.
⑥ 杨雪锋,何兴斓,徐周芳. 环境邻避效应感知风险的建构逻辑与影响因素[J]. 甘肃行政学院学报,2018(2):18—25.
⑦ 李小敏,胡象明. 邻避现象原因新析:风险认知与公众信任的视角[J]. 中国行政管理,2015(3):131—135.
⑧ 刘培,于晶. 风险沟通的关键因素与策略框架——基于2007至2016年中国邻避事件的观察[J]. 当代传播,2017(5):44—46.
⑨ 王佃利,王庆歌. 风险社会邻避困境的化解:以共识会议实现公民有效参与[J]. 理论探讨,2015(5):138—143.

介作用，重建公众对风险监管机构的信任，从而实现对邻避风险的妥善化解。①

(二) 风险决策中的主体行动

邻避设施的选址、建设和运营本质上是一项公共决策，即以政府为代表的增长联盟对于社会资源的一种分配，以公众为代表的社群联盟多认为在项目政策制定的过程中政府并没有提前与当地居民进行任何协商，整个过程都是在保密的环境下进行的，②但公众的参与程度、参与方式和时间安排都会对邻避问题产生影响。③费舍尔(Frank Fischer)也认为邻避实践反映了现代政府在运用专家辅助决策方面的合法性不足，④所以政府自身的决策及监管行为往往成为触发邻避风险的重要原因。⑤由于邻避设施的建设与运营对于周边居民来说是"成本集中—利益分散"，但对于政府与企业来说则是"成本分散—利益集中"，这两种情况都是政策利益分布结构失衡的表现。⑥正是由于在邻避设施生产过程中，在空间生产认知、决策过程和结果补偿中存在价值偏离，⑦因此邻避冲突可以被视为公众反对邻避设施建设的公众议程，试图打破原有的政策垄断的结果。⑧在业主群体等社会力量的兴起、政府相对封闭的决策过程与碎片化的回应策略、公众

---

① 王佃利，王庆歌，韩婷. "应得"正义观：分配正义视角下邻避风险的化解思路[J]. 山东社会科学，2017(3)：56—62.

② Sue Cowan. NIMBY Syndrome and Public Consultation Policy: The Implications of a Discourse Analysis of Local Responses to the Establishment of a Community Mental Health Facility[J]. Health and Social Care in the Community，2003(5)：379-386.

③ Linlin Sun, Dajian Zhu, Edwin H. W. Chan. Public Participation Impact on Environment NIMBY Conflict and Environmental Conflict Management: Comparative Analysis in Shanghai and Hong Kong[J]. Land Use Policy，2016，58：208-217.

④ Frank Fischer. Citizen Participation and the Democratization of Policy Expertise: From Theoretical Inquiry to Practical Cases[J]. Policy Sciences，1993(3)：165-187.

⑤ 陈玲，李利利. 政府决策与邻避运动：公共项目决策中的社会稳定风险触发机制及改进方向[J]. 公共行政评论，2016(1)：26—38+182—183.

⑥ 孟薇，孔繁斌. 邻避冲突的成因分析及其治理工具选择——基于政策利益结构分布的视角[J]. 江苏行政学院学报，2014(2)：119—124.

⑦ 王佃利，邢玉立. 空间正义与邻避冲突的化解——基于空间生产理论的视角[J]. 理论探讨，2016(5)：138—143.

⑧ 任丙强. 邻避冲突作为公众议程：一个描述性框架[J]. 地方治理研究，2017(4)：71—80.

对政府专家决策机制的信任危机等因素的综合作用下,邻避冲突频发。①当然,邻避风险涉及的利益相关者还包括邻避设施的建设和运营企业,不同主体对邻避风险的认知以及在政策制定过程中利益偏好的差异,会导致关联者之间产生信息流动壁垒与信任危机,最终也会引发群体性事件,而严格的维稳措施则又会进一步加剧利益相关者对邻避设施的反对。②

面对公众参与邻避决策的诉求,有学者用实证研究证明现在在美国兴建邻避设施遇到的阻力已经变得越来越少,原因在于法律允许的程序提供了更多公众参与邻避设施决策的机会,从而克服了选址中的社会和政治困难。③ 因此,化解邻避风险需要转变政策过程中公众参与的理念及实践模式。在理念方面,决策者要转变关于公众无知、非理性的偏见,应在开诚布公、相互尊重下进行交流;在实践方面,应改变过去的单向反馈性交流机制和流线型政策制定过程,而要将各层次的影响群体与政策制定过程相连,构建多样化的自下而上的参与方式,④按照具体情况采用诸如强制类、结构类、补偿类、劝服类等政策工具来处理邻避问题。⑤ 此外,政策营销是政府可以采纳的策略,它有利于精准识别城市邻避项目的政策目标群体,提升城市邻避项目政策的合法性并消解城市邻避项目政策执行的阻力。⑥至于邻避补偿政策及其作用则具有很强的情景依赖性,补偿政策是否有效取决于复合型补偿是否适应特定的邻避设施类型,是否通过合理的决策程

---

① 梁健欣. 中国式邻避抗争的制度与博弈[D]. 复旦大学,2013.
② Linlin Sun, Esther H. K. Yung, Edwin H. W. Chan, et al. Issues of NIMBY Conflict Management from the Perspective of Stakeholders: A Case Study in Shanghai[J]. Habitat International,2016,53:133-141.
③ R. Saha, P. Mohai. Historical Context and Hazardous Waste Facility Siting: Understanding Temporal Patterns in Michigan[J]. Social Problems,2005(4):618-648.
④ Patrick Devine-Wright. Public Engagement with Large-Scale Renewable Energy Technologies: Breaking the Cycle of NIMBYism[J]. Wiley Interdisciplinary Reviews: Climate Changes,2011(1):19-26.
⑤ Daniel P. Aldrich. Controversial Project Siting: State Policy Instruments and Flexibility [J]. Comparative Politics,2005(1):103-123.
⑥ 何炜. 政策营销在城市邻避冲突中的应用研究[J]. 内蒙古社会科学(汉文版),2018(2):36-42.

序有效平衡利益相关者的收益。①

（三）风险感知的传播与扩散

在信息时代，媒介在邻避事件中扮演的角色无疑是独特的。从话语建构到舆论引导的各个层面，媒介都在一定程度上影响着邻避事件的发展方向，因为大多数公众往往没有关于邻避设施的个人经验，他们所获得的信息大多来自大众媒体。② 在自媒体时代，新媒体联动与央媒支持性报道会形成媒体互激，促使邻避结果向抗争者偏好倾斜，③并且邻避风险在传播过程中经过个体、政府、社会的放大，往往会造成远超事件影响的涟漪效应。新媒体、污名化认知及政府信任的差序格局为邻避风险放大储备了社会环境。研究发现，邻避危机中政府信任的消解是信息失衡、回应失灵、政府强干预、政策妥协等多重因素叠加的结果。④ 不过，在邻避事件中，邻避设施风险引发的邻避效应是否会引爆为环境群体性事件，某种程度上取决于政府处置模式和大数据网络平台这两个主要引致变量的相互作用，即政府与公众的信息应对策略。⑤ 如果政府干预失当、回应机制失灵、信息不对称，加之政策妥协等，多重因素叠加很有可能导致群体性事件的爆发。⑥ 另外，近年来中国频频爆发的邻避事件背后的动力机制也有技术的污名化的原因。汤景泰等研究认为，以传播为"元过程"的技术污名化推动利益相关者在历次事件中完成了从"个体健康"到"社会安全"的认知衍化，并且

---

① 刘冰.复合型邻避补偿政策框架建构及运作机制研究[J].中国行政管理，2019(2)：122—127.

② L. M. Takahashi. Information and Attitudes Toward Mental Health Care Facilities: Implications for Addressing the NIMBY Syndrome[J]. Journal of Planning Education and Research,1997(2):119-130.

③ 万筠,王佃利.中国邻避冲突结果的影响因素研究——基于40个案例的模糊集定性比较分析[J].公共管理学报，2019(1)：66—76+172.

④ 辛方坤.邻避风险社会放大过程中的政府信任:从流失到重构[J].中国行政管理，2018(8)：126—131.

⑤ 彭小兵,谢虹.应对信息洪流:邻避效应向环境群体性事件转化的机理及治理[J].情报科学，2017(2)：10—15.

⑥ 辛方坤.基于风险社会放大框架理论的邻避舆情传播[J].情报杂志，2018(3)：116—121+181.

推动着群体行为由线上的转发围观,逐步演化成为线下的游行示威。① 新的社会环境和媒介情境对政府部门的风险沟通和危机处理能力提出了更高的要求,如何畅通公众的利益表达渠道,建立政府与公众之间平等、高效的沟通、对话机制是当前中国应对邻避冲突的重中之重。②

(四) 风险刺激下的冲突生成

社会运动理论在研究由邻避风险引发邻避冲突的议题中通常是很好的切入视角,通过对邻避事件中公众的组织、动员等集体性心理和行为的分析,揭示了邻避事件中的公众及其他利益相关者是如何抵制邻避设施的。邻避型群体性事件的发生可以划分为三大阶段,即前期蓄势阶段、中期造势阶段和紧急处理阶段,每个阶段都面临一定的治理障碍,包括政府决策的随意性以及公众利益表达机制的不畅通、风险预警系统的不完善和公共组织控制能力较弱等问题。③ 邻避抗争运动不仅需要规模效应以应对政府施加的压力、引起政府关注,还需要通过话语建构共识、合法性来进行资源动员,④共识动员将会有助于形成反对邻避设施的共同意识。⑤ 当前中国正处于城市发展的转型阶段,个体心理经由社会认同、情绪感染、去个体化效应自下而上推动社会心态的形成,而社会心态经由群体压力、从众效应、群体极化则会自上而下影响个体心理和行为。⑥ 所以,由邻避设施引发的群体性事件是一个利益诉求和情感宣泄不断相互交织的过程,它

---

① 汤景泰,星辰. 技术污名化的传播机制:基于系列邻避事件的分析[J]. 现代传播(中国传媒大学学报),2018(2):49—55+74.
② 秦静. 邻避运动中媒体的功效研究——基于中层组织理论视角[D]. 郑州大学,2014.
③ 皇甫鑫. 邻避型群体事件的生成机理及规避对策——以价值累加理论为视角[J]. 湖南行政学院学报,2017(6):21—24.
④ 汤玺楷,凡志强,韩啸. 行动策略、话语机会与政策变迁:基于邻避运动的比较研究[J]. 西南交通大学学报(社会科学版),2019(3):70—80.
⑤ Guang-she Jia, Song-yu Yan, Wen-jun Wang, et al. An Empirical Study on the Generation Mechanism of NIMBY Conflicts of Construction Projects[J]. Frontiers of Engineering Management,2016(1):39-49.
⑥ 李宇环;梁晓琼. 社会心态理论视阈下中国邻避冲突的发生机理与调适对策[J]. 中国行政管理,2018(12):102—107.

背后真正的原因是长久以来公众被积压的负面情感的累积爆发。① 此外，随着生产力的发展，以现代科技支撑的工业现代化的"副作用"日渐被人们意识到，其结果是日渐增加的对现代科技的负面影响的担忧以及抵制运动的出现。② 在这个意义上，中国的邻避抗争升级又可以被看作一个为争取科技公民权的政治过程，风险的定义争夺激活了科学理性与社会理性的对峙拉锯，激活以社会组织和行动公民为核心的社会团结，并持续要求体制赋予实质性的科技民主。③ 此外，社会背景也会形塑接受或者反对邻避风险的动机，而不是客观的风险测量。④ 在应对邻避困境时，传统邻避治理路径中公众的"经济理性"和"价值观念"的交织会使市场路径失去成效，而"权力惯性"与"权利抗争"的互构也会导致回应路径陷入歧途。⑤

以上从风险社会、政策科学、信息传播和社会运动四个视角对邻避风险研究内容进行了梳理。当然，这些研究视角只是认识邻避风险问题的部分呈现，其他也有从心理学、政治学、法学等视角切入对邻避风险的成因及化解进行探讨。多元化的视角揭示了邻避风险问题的多面性，在中国城市化转型的背景下，这种多元化的认知可以为政府化解邻避风险提供更多启示。

四、研究方法：从质性到量化的转变

从研究方法来看，围绕邻避风险问题开展的研究方法主要是以质性研究为主，量化方法在近年来的研究中比重也逐渐提升，最新的混合研究方

---

① 孙静. 群体性事件的情感社会学分析——以什邡钼铜项目事件为例[D]. 华东理工大学，2013.
② 〔德〕乌尔里希·贝克. 风险社会[M]. 何博闻，译. 南京：译林出版社，2004.
③ 陈晓运. 争取科技公民权：为什么邻避从抗争转向社会运动——以中国城市反焚事件（2009—2013年）为例[J]. 甘肃行政学院学报，2017(6)：77—92+127.
④ Rachel A. Wright, Hilary Schaffer Boudet. To Act or Not to Act: Context, Capability, and Community Response to Environmental Risk[J]. American Journal of Sociology, 2012(3)：728-777.
⑤ 王刚，宋锴业. 技术路径嵌入：邻避运动治理反思与路径拓展[J]. 北京理工大学学报（社会科学版），2018(1)：25—35.

法也逐渐开始被更多学者使用。

在质性研究方法当中,案例研究最为常见,尤其是单案例研究。具体来讲,质性研究主要有两个方面的侧重点,一方面是宏观层面对邻避问题本身的探讨,另一方面则是从微观层面对具体的邻避设施或者邻避事件进行分析。在宏观层面上,由邻避风险导致的邻避冲突成为学者关注的重点。例如,对邻避风险在传播过程中的分析表明风险往往会经历放大的过程,进而造成远超邻避实践本身的影响,[1]此外还有对邻避事件演化的阶段划分[2]及在不同阶段政府与公众两个主体之间对话壁垒的阐释,[3]对政府行为的特征[4]和公众资源动员的策略的研究[5],对邻避冲突权力和权利关系的辨析[6]以及对中国邻避问题演变趋势的梳理[7]。在微观层面上,有对群体性事件情感社会学分析来证明群体性事件背后真正的原因,是长久以来社会公众被积压的负面情感的累积爆发,[8]对PX事件中公众风险感知因素的分析,[9]对新媒体在风险感知中的角色分析;[10]以垃圾焚烧厂为研

---

[1] 辛方坤. 邻避风险社会放大过程中的政府信任:从流失到重构[J]. 中国行政管理,2018(8):126—131.

[2] 陆海刚. 从科层制管理到网络型治理——中国邻避冲突治理结构研究[D]. 南京大学,2016.

[3] 周亚越,李淑琪,张芝雨. 正义视角下邻避冲突主体的对话研究——基于厦门、什邡、余杭邻避冲突中的网络信息分析[J]. 浙江社会科学,2018(7):89—98+158.

[4] 崔晶,亓靖. 邻避事件中地方政府行为选择探析[J]. 南京工业大学学报(社会科学版),2017(4):28—39.

[5] 汤玺楷,凡志强,韩啸. 行动策略、话语机会与政策变迁:基于邻避运动的比较研究[J]. 西南交通大学学报(社会科学版),2019(3):70—80.

[6] 王刚,宋锴业. 技术路径嵌入:邻避运动治理反思与路径拓展[J]. 北京理工大学学报(社会科学版),2018(1):25—35.

[7] 郑旭涛. 改革开放以来我国邻避问题的演变趋势及其影响因素——基于365起邻避冲突的分析[J]. 天津行政学院学报,2019(5):28—37.

[8] 孙静. 群体性事件的情感社会学分析——以什邡钼铜项目事件为例[D]. 华东理工大学,2013.

[9] 邱鸿峰. 环境风险的社会放大与政府传播:再认识厦门PX事件[J]. 新闻与传播研究,2013(8):105—117+128.

[10] 项一嵌,张涛甫. 试论大众媒介的风险感知——以宁波PX事件的媒介风险感知为例[J]. 新闻大学,2013(4):17—22.

究对象,对设施选址事件中公众参与[①]、邻避冲突演化机理[②]和社会风险机制化解路径的分析[③];以及对核电项目引发的邻避型群体性事件的特征分析,[④]还有对殡仪馆的物理距离和风险感知关系的研究[⑤]以及对风能发电设施地方依恋的研究[⑥]。

  运用量化方法的研究主要集中于风险感知研究,以及考察邻避设施态度的影响因素。学者综合运用多元回归、有序回归、logit 模型等方法进行研究。如有学者利用多元回归分析,考察地方依恋在解释公众对邻避设施态度的作用,[⑦]以及考察哪些因素可能预测人们对邻避设施的态度;[⑧]有学者利用分层线性回归分析,研究受教育程度、居住年限等变量的作用;[⑨]有学者利用多项式 logit 分析研究公众对加油站的反对意见影响因素;[⑩]有学

---

  ① 侯璐璐,刘云刚. 公共设施选址的邻避效应及其公众参与模式研究——以广州市番禺区垃圾焚烧厂选址事件为例[J]. 城市规划学刊,2014(5):112—118.
  ② 毛春梅,蔡阿婷. 邻避运动中的风险感知、利益结构分布与嵌入式治理[J]. 治理研究,2020(2):81—89.
  ③ 郝亮,郭红燕,王璇. 由"破"到"立":动力学视角下中国环境社会风险化解机制研究——以杭州九峰、湖北仙桃垃圾焚烧发电项目为例[J]. 生态经济,2020(4):188—192+218.
  ④ 李文姣. 核电项目引发邻避型群体性事件的预防治理机制研究[J]. 领导科学,2018(23):54—56.
  ⑤ 骆丽,吴云清. 邻避空间与城市空间互动中的公共风险认知——以南京石子岗殡仪馆为例[J]. 江苏城市规划,2017(10):17—22.
  ⑥ Patrick Devine-Wright, Yuko Howes. Disruption to Place Attachment and the Protection of Restorative Environments: A Wind Energy Case Study[J]. Journal of Environmental Psychology,2010(3):271-280.
  ⑦ Patrick Devine-Wright. Place Attachment and Public Acceptance of Renewable Energy: A Tidal Energy Case Study[J]. Journal of Environmental Psychology,2011(4):336-343.
  ⑧ C.R. Jones, J.R. Eiser. Identifying Predictors of Attitudes Towards Local Onshore Wind Development with Reference to an English Case Study[J]. Energy Policy,2009(11):4604-4614.
  ⑨ Patrick Devine-Wright. Explaining "NIMBY" Objections to a Power Line: The Role of Personal, Place Attachment and Project-Related Factors[J]. Environment and Behavior,2013(6):761-781.
  ⑩ T. O'Garra, S. Mourato, P. Pearson. Investigating Attitudes to Hydrogen Refuelling Facilities and the Social Cost to Local Residents[J]. Energy Policy,2008(6):2074-2085.

者利用结构方程模型分析公众态度的影响因素[①]、公众参与的影响因素[②]、邻避设施风险可接受度的影响因素[③],以及考察政府和公众在公众参与方式上的认知差异并解释公众参与的重要性和有限性之间的矛盾关系。[④] 此外,还有学者运用量化方法研究,分析垃圾中转站和居民邻避效应的关系等。[⑤]

作为区别于定量研究和定性研究的第三种研究路径,混合方法是一种较为新颖的研究方法,它综合了定量研究和定性研究的优点,尽管也存在对混合方法的批评声音,但它仍不失为社会科学研究中的一种重要的研究取向。在混合方法的运用中,有以风能设施为例表明公众让邻避项目出名的信念压倒了对结果和过程方面的关切,[⑥]在潜在邻避反应的背景下,揭示空间邻近的重要性。[⑦] 针对邻避冲突成因,张广文的研究指出:当忽略互动中的环境因素时,政策与规范、公民参与以及社会组织的参与是邻避设施社会稳定风险得以控制的关键要素。[⑧]

研究方法是为研究问题服务的。在邻避风险问题的研究中,质性研究依然扮演着核心的角色,它用多样化的生动案例来揭示邻避风险的全貌;量化方法注重研究过程的严谨性,近年来量化方法的运用对邻避风险问题

---

① 陶志梅,祁春子.基于结构方程模型的邻避问题公众态度影响因素研究[J].城市发展研究,2018(5):101—108+116.
② 朱琳,洪亮.基于结构方程模型的公众参与邻避冲突影响因素研究[J].中国管理信息化,2020(9):174—176.
③ 骆丽,吴云清.基于结构方程模型的城市邻避设施风险可接受度研究——以天长市为例[J].干旱区地理,2019(2):452—457.
④ 黄振威,刘斌.邻避事件治理中的公众参与:基于领导干部调查问卷的结构方程模型分析[J].贵州社会科学,2020(10):52—60.
⑤ 陈佛保,郝前进.环境市政设施的邻避效应研究:基于上海垃圾中转站的实证分析[J].城市规划,2013(8):72—78.
⑥ Patrick Devine-Wright. Enhancing Local Distinctiveness Fosters Public Acceptance of Tidal Energy: A UK Case Study[J]. Energy Policy,2011(1):83-93.
⑦ Timothy Hawthorne, John Krygier, Mei-Po Kwan. Mapping Ambivalence: Exploring the Geographies of Community Change and Rails-to-Trails Development Using Photo-Based Q Method and PPGIS[J]. Geoforum,2008(2):1058-1078.
⑧ 张广文,周竞赛.基于定性比较分析方法的邻避冲突成因研究[J].城市发展研究,2018(5):109—116.

的解释让人们进一步认识到过去关于风险成因解释的观点可能是失之偏颇的;作为融合了定性和定量两种方法的混合途径正在冉冉升起,可以期待它对于邻避风险问题的解释可以兼顾深度与严谨的特征。

第三节
邻避治理的立场和面向

在全球范围内,国家发展中邻避风险带来的影响及其治理都被给予了足够的重视。越来越多城市设施存在的邻避风险被公众察觉和建构,不断扩散的邻避风险对国家经济社会发展带来的挑战日益凸显。与此同时,邻避风险的理论研究也不断发展,理论阐释逐渐深入,研究视角不断拓展,来自自然科学与人文社会科学领域的大量学科以各自独特的研究焦点、研究范式进入邻避风险及其治理研究的理论场域之中;而与理论研究的发展相对应,邻避风险的治理实践也在持续开展,地方政府在应对由邻避设施建设引发的公众抵制中竭尽心力。

尽管从全球视野看,中国的邻避现象出现得相对较晚,有关邻避现象的研究及其治理快速发展也不过十余年的时间,但就是在这十余年间,邻避风险以一种十分迅速的方式在国内扩散升级,"邻避"从一个相对陌生的学术概念,成为各地政府在社会发展中的常见问题,又成为当前基层公众生活中表达权利诉求的一类重要的议题场域。在全球范围内,中国的邻避研究规模已处于前列,更是作为为数不多的发展中国家,要在国家经济社会快速发展的客观进程中、在多元化社会矛盾与发展风险交织的现实背景下,回应社会公众在利益分化、诉求多元、权利意识提升、政治参与能力提升的发展阶段对邻避设施建设增加的敏感性。因此,无论是考虑到为全球邻避研究提供理论和经验,还是出于解决国内社会经济发展中的一类显著风险,都有必要关注邻避风险及其治理的现实情境特征,锚定中国邻避治理的立场和面向。

社会经济发展的客观需求、社会转型阶段风险与矛盾的高发性、改革开放以来社会经济建设成就,极大提升了社会利益的多元分化与公众权利意识和参与能力。与此同时,最近十余年来,邻避现象也从以多起PX事件为代表的、引起全国瞩目的大规模城市抗议活动,逐渐向地方性乃至社区层面上的居民抗议转变。由于自媒体的发展,看起来小规模的邻避风险也具有快速扩散与升级的可能。此外,邻避设施也由化工项目逐渐向多元化的公共服务设施拓展。

邻避风险发生的广泛性、多样性与基层化等特征,使邻避现象的治理从一种对突发事态的应急治理逐渐转变为社会发展常态化中社会矛盾与社会风险的动态治理。在前期相关研究中,有学者曾使用"邻避问题的常态化"来表述邻避风险发展的特征,而近年来这一趋势愈发明显。这也同时意味着,需要一种"常态化的邻避治理"思路与举措。而这一转变,首先指向作为邻避治理关键主体的政府部门,指向政府治理理念的转变与治理手段的创新。在中国,政府在邻避治理中扮演着重要的作用,政府不仅是国家治理体系中的关键主体,也是转变自身职能、动员多方治理主体、协调各类治理资源,推进治理现代化转型的枢纽。在邻避风险及其治理中,政府既是需要面对由自身决策与行动引发或加剧邻避风险的重要"系铃人",同时也是直面公众诉求与抗争行动,协调各方主体与资源来防范、化解邻避风险的关键"解铃人"。

邻避研究的全球图景与国内进展特征足以呈现出邻避风险及其治理的复杂性。从邻避研究所涉及的学科专业就能看出,邻避问题本身既有科学技术"天花板"的客观制约、更有"人"的主体性与复杂性;邻避问题的成因也高度复杂,政治、技术、心理、经济、社会等诸多因素交织。而从研究主题与研究焦点中也可以看出,邻避现象的性质复杂,不仅诸如能源升级、产业转型、社会福利和群体行为话题均与邻避相关,而且"邻避"本身就建构起涉及设施规划、心理感知、政府决策、群体行动等诸多环节的邻避概念丛林。此外,邻避风险演进过程亦充满变数,经济社会发展程度、群体差异、政策过程、政府行为、传播媒介等,都可能成为影响邻避风险加剧或缓和的变量。

邻避风险的复杂性对政府提出了更高治理挑战。城市的管理者已经意识到，邻避治理绝不仅是在"末端"对爆发的集体抗议采取应急式的回应，而是要从"末端"走向"前端"和"全过程"，目前政府的邻避治理行为已贯穿邻避风险的全过程。面对公众对于风险的建构和表达，政府同样依托舆论媒介传播关于邻避设施不一样的话语概念，试图在初期转变公众的认知方式。而在公众进行邻避抗争动员、表达诉求的过程中，政府也采取多元化的行动策略在各阶段同公众展开互动，以便尽可能同公众达成治理共识，或者至少尽可能控制风险的升级。此外，邻避风险也并非全然是一种独立呈现的社会风险表现与治理问题，目前已渗透进社会经济与公共服务的诸多行业领域之中，并与各行业自身的发展规律、行业特征相互结合，从而更加复杂。因此，邻避治理之于政府而言，也同样渗透进常态化的行业监管政策之中，这也意味着邻避研究同样需关注政府在行业监管中反映出的思想与行动。当前城市发展中的邻避风险呈现出新的特点，不仅越来越多的新建设施因为潜在的风险而被周边公众抵制，已有设施在生产运营过程中发生的安全事故也往往进一步加剧了公众的"邻避神经"，邻避风险的常态化治理与生产安全事故的应急治理相互交织，也成为邻避治理实践与理论关注的重要方面。

邻避风险的治理不应与社会的发展对立起来。尽管许多时候管理部门的妥协似乎能让公众在设施停建后快速停止抗议行动，但这也并非一种能够持续的、根本化解邻避风险的举措。在经济发展和社会运行的常态进程中，动态识别、回应并化解邻避风险，并以邻避风险的治理为突破点构建社会风险治理的长效机制，从而赋能社会经济发展的治理支撑，是当前邻避现象的常态化与常态化邻避治理的内在要求。对政府而言，在邻避治理的过程中，从战略上表述"做什么"和从战术上明确"如何做"同等重要，甚至前者从某种程度而言更为关键。正如马克·H.穆尔（Mark H. Moore，又译为"马克·H.莫尔"）在其《创造公共价值：政府战略管理》一书中所言："组织战略同时包括以下几层含义：(1) 规定了组织的总体使命和目标（用重要的公共价值表达出来）；(2) 指明了支持和合法性的来源，组织可以利用它们来争取社会的持续支持;(3) 阐明了组织应怎样安排和运作以达成目标。"[①]可以说,"邻避风险的治理能够为社会带来什么"是常态化邻避治理情境给政府提出的治理命题,不仅关系治理现代化进程中政府的责任和使命,也是增加政府信任、优化政府行为方式的重要依据。因此,从推动社会经济可持续发展而非平息冲突以维护社会刚性稳定的角度来思考邻避治理中的政府行动,也是管理者和研究者的共同立场和面向。

[①] 马克·H.穆尔.创造公共价值:政府战略管理[M].伍满桂,译.北京:商务印书馆,2016:100.

第三章
邻避事件的分布及其特征

我国的邻避风险治理实践正处于不断探索与发展阶段,对理论研究也提出了新的要求:如何从历史的角度,在宏观上把握我国邻避风险的演化过程和当前的发展趋势?如何在具有高度复杂性社会发展环境、高度异质性的邻避风险类型中,梳理和分析各类邻避风险的演变规律,以推动对不同类型邻避风险的靶向治理?如何从政府、企业、公众、专家学者、社会组织等各参与主体互动的角度来认识我国邻避风险治理的过程和要素?这些问题都需要对我国邻避事件进行一个宏观图景上的梳理、描述和分析。为此,本书在全面搜集和整理国内邻避案例的基础上,建立了"中国城市邻避案例库",通过对库中案例的统计分析,刻画国内邻避风险的现实特征。

第一节
邻避案例库的构建

为了从全方位把握我国众多的、性质各异的邻避事件特征,本书通过新闻报道、学术论文、研究报告等信息渠道,搜集整理了截至 2017 年年底、公开记载的具有影响力的邻避事件,形成了"中国城市邻避案例库"。案例库共收录邻避案例 300 起,每件案例具有详细且系统的分类和记载,在此基础上对案例库进行深入挖掘和详细分析。

一、案例库建设的理论基础

前期邻避研究的基本观点为案例库的基本架构提供了理论基础。①

(一) 基于"增长联盟"与"社群联盟"的主体分析

美国学者洛根(John R. Logan)和莫洛奇(Harvey L. Molotch)提出,城市本质上是"一个财富增长的机器"。他们从城市发展利益分化的角度,将城市中的利益群体视为两大相互对立的联盟:一个是"增长联盟",主要由地方政府和房地产商构成,致力于开发城市土地资源的交换价值。在这一过程中,城市政府旨在追求税收收入的增加以及城市竞争力的提升,房地产商则是为了从土地开发中获取商业利润。另一个是"反增长联盟",地方居民是这个联盟的主体。在土地开发过程中,为维护土地的使用价值,保障自身权利不受"增长联盟"的侵害而同其展开或长时间或短时间的博弈。国内学者杨宏山等基于中国话语和实践色彩,将"反增长联盟"进一步阐释为"社群联盟"。② 基于此,案例库的建设旨在体现邻避设施建设中两大联盟之间的利益分歧和利益博弈,且这种分歧和博弈贯穿于邻避事件发生的全过程。具体来看,土地的价值来源于所处区位被覆盖的公共服务,在传统基于土地开发的城市增长过程中,冲突的实质是附加公共服务升值后的土地利益在政府、开发商、原住民间的分配比例问题。邻避设施在区域范围内具有正外部性,因此邻避设施的建设能够推动城市空间地域的增值,在这一增值过程中,各城市主体在理论上均从中获益。但邻避设施同时对周边居民产生负外部性,由此形成了邻避设施受益和风险分配在空间上的失衡。基于此,两大联盟的冲突也集中于受益和风险分配的博弈与调试。

(二) "设施—效应—诉求—决策—冲突"的过程分析框架

邻避设施自身的属性特征以及其建设过程,是邻避事件的起始环节。

---

① 王佃利,等. 邻避困境:城市治理的挑战与转型[M]. 北京:北京大学出版社,2017.
② 杨宏山,李娉. 城市治理中的双重联盟与冲突解决. 学术研究,2018(5):36—42.

对于建设后对周边居民日常生活和健康已经造成或可能造成负面影响的公共设施,增长联盟和社群联盟的不同立场,反映了双方对于邻避设施空间生产结果的差异化认知,以及对于谁来控制、怎样控制邻避设施空间生产过程的不同主张。

邻避设施自身的特征引发了关于设施风险的认识,进而形成邻避效应。增长联盟和社群联盟在这一过程中差别化地建构对于邻避设施的风险认知,前者所谓的风险多是一种技术层面的风险,而后者更多的是建构一种主观心理层面感知的风险。

增长联盟和社群联盟均将各自对邻避效应的认知外化为利益诉求的表达。其中,增长联盟通常以邻避设施可能带来的整体效益作为支持建设的论据;社群联盟则诉诸邻避设施负外部性带来的影响及其背后的公共价值。

无论是增长联盟还是社群联盟,其诉求均需通过公共政策实现。在这一过程中,各方主体将感知的风险、自身的诉求外化于具体的行动,主要行动逻辑就体现在表达邻避诉求,并在决策环节施加影响力。

当诉求没有得到有效回应,公众才转向诉诸社会媒体或现在蓬勃发展的自媒体力量,从而酝酿并形成体制外的群体行动,导致邻避冲突。在社会稳定的要求和刚性治理的惯性下,决策者往往不惜以放弃邻避设施的建设为妥协,来换取公众群体行动的平息。

二、案例库的结构设计

基于已有的理论基础,本书拟从邻避事件的基本信息、性质、起因、过程、结果、影响程度以及资料来源七个维度来解析整个邻避事件,并构成案例库的基本结构。

邻避事件的基本信息包括邻避事件发生的时间、地点(涵盖省/自治区/直辖市一级以及省辖市/自治州/地级市一级)。

邻避事件的性质包括邻避设施属性、邻避效应、邻避诉求与邻避决策四个方面。邻避设施的基本属性包括邻避设施的具体位置、具体的邻避项目名称、邻避设施名称、邻避设施类属、邻避设施的规模大小。其中,邻避设施类属采取国内基于"预期损失"与"不确定性"划分的污染类、风险集聚类、心理不悦类和污名化类的分类方法。[①]

邻避效应主要包括邻避设施的积极影响与消极影响,常见的积极影响是可以提供紧缺的公共服务,满足部分公众的需求;常见的消极影响是附近居民遭遇安全隐患、生活环境质量下降、经济利益受损等。

邻避诉求与邻避决策就是邻避事件参与主体的诉求与行动,主要包括公众、政府部门、设施建设运营方、专家学者以及其他主体的诉求与行动。

邻避冲突过程包括事件起因、事件经过、事件结果。邻避事件的起因是邻避设施的外部效应,以及由此引发的多元利益主体之间的利益分歧。邻避事件经过是从邻避设施建设起,按照事件发展的重要转折点、公众邻避行动升级的主要时间节点及标志性行动划分为各个阶段,以便清晰地展现整个邻避冲突的发展过程。邻避事件的结果主要是邻避项目的处理结果,即是建成还是停建等等。

邻避事件的影响主要是该事件通过新闻报道、学术研究等方式,产生的全国或者地方的社会影响。

最后是资料来源,通常来源于新闻报道、学术论文、案例研究报告等。

三、中国城市邻避案例库的样本选择

为对我国邻避风险的全景进行细致的描述,本书选取了 1995—2017 年我国重大的 300 起邻避事件,并从时间与空间维度的比较分析视角进行梳理,具体分析邻避事件发生的年代、地点、数量、参与者、参与手段等,进一步审视我国邻避风险中的实践问题。本部分以 2017 年 12 月以前的新闻报道、网络信息数据为基础,筛选邻避风险案例的相关新闻,按照邻避风险发生的时间、地点、原因、参与者诉求与行动、经过、参与结果以及邻避设

---

① 陶鹏,童星. 邻避型群体性事件及其治理[J]. 南京社会科学,2010(8):63—68.

施类属等维度加以分类建档。上述案例主要通过互联网、电子报刊、学术出版物、微博、微信公众号等媒体、网络平台进行回溯搜索，剔除一些影响程度较低的集体冲突，共获得300起邻避风险案例。这些案例主要集中在2000年之后，其中一起为1995年发生的案例，但由于发生在上海并且持续时间长、影响范围较大，因此也纳入本案例库。"邻避"一词为"NIMBY"的音译词，邻避冲突主要是抗议邻避设施建设在自家门口，所包含的范围并不涉及反公害污染运动。本案例库搜集的邻避风险案例主要是环境污染前所进行的环境抵制活动，也包含少量的事后污染抵制活动，同时也包含一些邻避设施扩建的选址活动，如制药厂的扩建、垃圾处理厂的扩建、殡仪馆的扩建等所导致的邻避冲突。

第二节
邻避事件的结构分析

一、我国邻避冲突的时空分布

案例库中300起邻避事件的发生时间、地点、数量的分布特征，能够从时间维度与空间维度呈现出我国邻避风险的实践样态，进而为整体把握邻避风险的发展态势提供一定的现实依据。

（一）年代分布

1995年，上海杨浦区与宝山区建设500千伏输变电工程项目引起周边居民长达四年的信访与集体抗议，项目推进工作持续了近十年之久才得以实施，这是我国发生时间较早、影响较大的邻避事件。此后尽管陆续有类似事件见诸报端，但目前仍主要认为厦门PX事件使邻避现象广泛进入公众、决策者和研究者的视野当中。以时间为横坐标、以邻避事件数量与累计邻避事件数量为纵坐标，可以看出我国邻避事件分布的时间特征（见图3-1）。

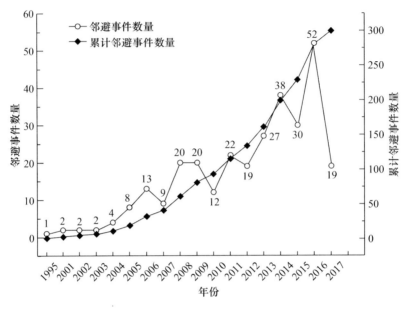

图 3-1　邻避事件的年代分布

资料来源:作者自制。

总体来看,我国邻避事件的发生量随着时间的推移呈上升趋势。这主要有两个方面的原因:第一,随着我国城市化进程的加快,城市的不断扩张与拓展以及大量人口聚集,对公共服务提出了更多的需求,政府与设施建设运营方为了持续增加公共服务供给,常常征地建设相应的公共服务设施。而在建设过程中,增长联盟与社群联盟往往在利益分割与补偿方面难以达成一致,从而导致更多邻避事件的产生。第二,本案例库中的邻避风险案例主要通过网络等渠道进行数据收集,因为随着微博等网络社交工具的发展,越来越多的邻避冲突事件出现在网络上。事实上,近 2/3 的邻避冲突事件最先显现于微博平台。[1] 2010 年被认为是中国的"微博元年",[2]

---

[1] 鄢德奎,李佳丽. 中国邻避冲突的设施类型、时空分布与动员结构——基于 531 起邻避个案的实证分析[J]. 城市问题,2018(9):4—12.
[2] 顾丽梅,翁士洪. 网络参与下的地方治理创新[M]. 上海:上海人民出版社,2015:51.

依托微博这一平台,信息传播的速度和规模均显著增加,因此,2011—2016年可查的邻避事件有较为明显的增长。

分时间段来看,1995—2007 年,每年的邻避事件发生量在缓慢增加,但基本维持在个位数,表明这段时间内我国邻避事件发生量较少。可能的原因是:一方面,在这段时间我国城市尚未进行大规模的发展与更新,公众尚未形成较强的抗争意识;另一方面,互联网尚未兴起以及网络媒体报道较少,社会大众未能及时关注相关信息,难以形成较大范围的邻避冲突。

相较于前一阶段,2008—2010 年的邻避事件发生量有显著增长,2008年与 2009 年各发生了 20 起较为重大的邻避事件,其中涉及垃圾处置与污水处理设施 15 起、核设施 7 起、交通设施 5 起、输变电设施 4 起、工业项目 4 起、殡葬设施 3 起、其他 2 起。与往年相比,2008 年与 2009 年发生的邻避数量显著增多,一方面缘于 2008 年全球经济危机导致我国出口额下降,政府出台了 4 万亿投资计划,投资兴建基础设施,其中包括高铁、垃圾处理厂、地铁、核电站等公共服务设施的建设,这是邻避事件大规模增加的客观原因;另一方面,2009 年网络舆论事件的增加,在社会上形成了广泛的共振并快速扩散,网络媒体的传播与报道使得更多的邻避冲突事件为社会大众所知。①

2011—2016 年共发生邻避事件 188 起,约占我国重大邻避事件的 2/3,平均每年发生邻避冲突事件 33 起,可见在这几年内我国邻避事件发生的频率有更为显著的增长趋势。综合来看,大部分邻避设施涉及建设成本与利益不匹配的问题,即大量的负向成本由周边居民所承担,但其提供的社会利益与公共服务却是由社会共享。从这个维度出发,近几年我国邻避事件猛增可能的原因是社会公众权利意识的觉醒,维权、维利方式的增

---

① 鄢德奎,李佳丽. 中国邻避冲突的设施类型、时空分布与动员结构——基于 531 起邻避个案的实证分析[J]. 城市问题,2018(9):4—12.

加,以及网络与媒体的推波助澜等等。

2017年较2016年有明显的下降趋势,邻避事件发生量从52起快速下降到19起,减少了33起,相当于前六年的年平均量。可能的原因是:一方面,2016年大量邻避事件的发生迫使政府从真正意义上开始重视社会发展与稳定的问题,将维护社会稳定与和谐作为地方政府发展的重要内容,同时国家治理现代化的要求让邻避设施的建设过程更多地吸纳公众参与,积极尝试用更有效、更符合民意的手段来开展工作;另一方面,近年来大规模的群体抗议逐渐减少,邻避冲突的对抗性有所缓和,[①]更多的事件表现为社区层面的小范围、小规模、制度化抗议,这些事件可能不太会为媒体所关注。

(二) 空间分布

1995—2017年的300起邻避事件共涉及我国30个省、自治区、直辖市。

从具体的省、自治区、直辖市来看,邻避冲突事件发生最多的区域是广东省,2005—2017年共发生了38起;其次是重庆市,共发生了25起;湖北省位居第三,有19起;第四位是江苏省,发生了17起;第五位是浙江省,有16起;山东省与北京市均发生了15起,并列第六位;四川省有14起,排名第八;上海市发生12起,位居第九;天津市和陕西省均发生11起,并列第十位。可以看出,我国30个公开可查有邻避事件记录的省、自治区、直辖市中,有1/3发生过10起以上有影响力的邻避事件。此外,各省、自治区、直辖市邻避事件发生数量与区域经济发展情况以及区域发展转型有较为直接的关系。一般而言,区域经济发展情况越好,区域或城市面临的转型情况越复杂,邻避事件就越容易发生。

---

① 郑旭涛.改革开放以来我国邻避问题的演变趋势及其影响因素——基于365起邻避冲突的分析[J].天津行政学院学报,2019(5):28—37.

表 3-1　邻避事件的空间分布特征

省、自治区、直辖市	事件数量(起)	省、自治区、直辖市	事件数量(起)
广东省	38	福建省	8
重庆市	25	河北省	8
湖北省	19	安徽省	7
江苏省	17	山西省	7
浙江省	16	河南省	7
山东省	15	江西省	5
北京市	15	甘肃省	5
四川省	14	贵州省	4
上海市	12	云南省	4
天津市	11	黑龙江省	4
陕西省	11	吉林省	4
湖南省	10	青海省	2
广西壮族自治区	9	新疆维吾尔自治区	2
海南省	9	内蒙古自治区	2
辽宁省	9	宁夏回族自治区	1

资料来源:作者自制。

二、邻避设施的类型特征

由于邻避事件的"引火线"常常是邻避设施的规划选址,所以邻避设施的类型划分是邻避事件预防与管理的前提条件。邻避设施所包含的范围因国情、地域的不同而有所差异,目前国内对于邻避设施的类型主要从邻避效应的程度、负面影响的表现形式、设施的功能等方面进行分析。结合本书的研究目的,基于邻避影响表现形式的类型分析,有助于分析"当前公众对于何种影响更加敏感"这一问题;基于邻避设施功能的类型分析,有助于识别"当前哪些城市建设项目易成邻避风险高发领域",从而更有针对性地反映出当前我国城市建设中邻避效应的特征。

（一）基于负面影响表现形式的类型特征分析

陶鹏、童星基于"预期损失—不确定性"二维视角，将邻避设施分为四类[①]：一是"高预期损失—低不确定性"的污染类邻避设施，主要表现为高速公路、市区高架、垃圾处理设施与污水处理设施等；二是"高预期损失—高不确定性"的风险集聚类邻避设施，主要表现为输变电站、加油/加气站、核电站等；三是"低预期损失—低不确定性"的心理不悦类邻避设施，主要是火葬场、殡仪馆、墓地等；四是"低预期损失—高不确定性"的污名化类邻避设施，主要集中在戒毒中心、精神病治疗机构、传染病治疗机构、社会流浪人员救助机构等。这一分类细致地解构了邻避效应的表现形式，成为目前国内邻避研究中具有重要影响力的类型学研究成果。

从"预期损失—不确定性"维度来看（见表3-2），我国邻避事件中污染类邻避设施最多，共180起，占总量的60%。由此表明，社会大众对于污染引起的身体伤害及财产损失存在较高的预期，且通常对这些邻避设施的忍耐度较低，往往容易发生大规模的邻避事件。其中，垃圾处理、垃圾中转、高危废物处置、污水处理等环保设施引发的邻避事件有118起，约占案例库全部邻避事件的39.33%。交通设施的噪声污染、电磁污染等引发的邻避事件有22起，约占案例库全部邻避事件的7.33%。风险集聚类邻避设施共89起，约占总量的29.67%。该类邻避事件越来越多的原因在于社会大众对于高度不确定性的风险的预估愈发强烈。具体来看，一般可能会带来高辐射的核电设施、输变电设施、通信基站以及带来爆炸等不安全因素的加油站、加气站等，均成为社会公众抗议的目标，其中数量最多的是能源设施，共有71起，占比23.67%。心理不悦类邻避设施与污名化类邻避设施数量较少，分别为26起与5起，分别占总量的比重为8.67%与1.66%，这两类主要是社会服务类设施，包括殡仪馆、火葬场、养老机构以及精神病、传染病医疗机构等。这两类邻避设施的共同特点是虽然预期损失较

[①] 陶鹏，童星.邻避型群体性事件及其治理[J].南京社会科学，2010(8):63—68.

少,但仍然会造成人们的不适感,因而常常遭到附近居民的抗议。

表 3-2 基于邻避效应表现形式的事件数量

邻避效应表现形式	数量(起)	比例
污染类邻避设施	180	60%
风险集聚类邻避设施	89	29.67%
心理不悦类邻避设施	26	8.67%
污名化类邻避设施	5	1.66%

资料来源:作者自制。

(二)基于邻避设施功能的类型特征分析

由于有的设施往往具有多种服务供给功能,因此本部分依据主要的服务功能将邻避设施划分为工业设施、环保设施、交通设施、能源设施、社会服务设施、通信设施以及其他设施(见表3-3)。①

表 3-3 基于服务功能的邻避设施分类

设施类型	范围
工业设施	一般的化工设施以及 PX 项目等
环保设施	垃圾处理设施、垃圾中转站、高危废物处置设施、污水处理设施等
交通设施	公路(城市公路、高架桥、国道、高速公路等)、铁路(普通铁路和高速铁路)、地铁(或轻轨)、磁悬浮、停车场等
能源设施	加油站、加气站、输变电设施、高压电塔、发电设施、核设施、供热设施等
社会服务设施	殡葬设施、养老服务机构以及医疗机构等
通信设施	主要为通信基站等
其他设施	包括安置社区、化学研究所等

资料来源:陈宝胜.邻避冲突基本理论的反思与重构[J].西南民族大学学报(人文社会科学版),2013(6):81—88。

---

① 陈宝胜.邻避冲突基本理论的反思与重构[J].西南民族大学学报(人文社会科学版),2013(6):81—88。

从分类统计的结果来看,涉及环保设施的邻避事件高达118起,涉及能源设施的邻避事件有82起,两者占所有邻避事件的2/3;其次是涉及工业设施的邻避事件36起,占邻避事件总量的12%;再次是涉及社会服务设施的邻避事件有30起,占总量的10%;涉及通信设施和其他设施的邻避事件数量共12起,尚不足邻避事件总量的5%。具体而言,从工业设施的细分类型来看,一般化工项目有27起,而PX项目仅有9起,前者是后者的3倍。从环保设施的细分类型来看,垃圾处置设施占了86起,垃圾中转站为21起,两者共计107起;涉及污水处理设施的邻避事件有9起,另外还有2起反对高危废物处置设施邻避事件。可见,垃圾处理仍是当前涉及环保设施的邻避事件的主要动因,这类设施的多发也与当前快速的城镇化进程以及人口大量涌入城市所导致的部分省市大量兴建垃圾处理设施有关。从能源设施的细分类型来看,与民众息息相关的用电设施有41起,占比13.67%,其中涉及输变电设施的事件有34起,占比11.34%;反对建设发电设施的事件有7起,占比2.33%。该类邻避设施的建设与当前各地用电量激增,原有用电设施无法有效满足居民的用电需求,促使用电设施兴建有关。此外,涉及加油站与加气站以及核设施的邻避事件分别有19起、18起,各占邻避事件总量的6.33%、6%,这也与我国城市面临能源短缺,部分公共服务供给不足有一定关系。从社会服务设施的细分类型来看,涉及殡仪馆、火葬场、墓地的邻避事件共计17起,占比5.67%;涉及养老服务设施的邻避事件有9起,占比3%;涉及特殊医疗机构如精神病、传染病医疗机构等的邻避事件有4起,仅占总量的1.33%。最后是涉及通信设施(基站)的邻避事件有9起,占总量的3%;其他数量较少,无法纳入上述几类邻避设施的其他邻避事件共3起,仅占总量的1%。

表 3-4　基于邻避设施服务功能的事件数量　　　　　　（单位：起）

1. 工业设施 36(12%)			
一般化工项目	27(9%)	PX 项目	9(3%)
2. 环保设施 118(39.34%)			
垃圾处置设施	86(28.67%)	垃圾中转站	21(7%)
高危废物处置设施	2(0.67%)	污水处理设施	9(3%)
3. 交通设施 22(7.33%)			
铁路	2(0.67%)	地铁	2(0.67%)
磁悬浮	4(1.33%)	公路	13(4.33%)
停车场	1(0.33%)		
4. 能源设施 82(27.33%)			
加油/加气站	19(6.33%)	输变电设施	34(11.34%)
核设施	18(6%)	发电设施	7(2.33%)
供热设施	4(1.33%)		
5. 社会服务设施 30(10%)			
殡葬设施	17(5.67%)	养老服务设施	9(3%)
医疗机构	4(1.33%)		
6. 通信设施(基站)9(3%)			
7. 其他设施 3(1%)			

注：案例总数为 300 起。
资料来源：作者自制。

三、邻避冲突的动员结构

邻避事件中的行动者是整个邻避冲突得以发生的关键因素。动员者的特质、行为模式以及政府与设施运营方的应对模式往往决定着整个邻避事件的走向。治理邻避冲突不仅需要了解邻避事件中的行动者身份，还需要了解冲突的暴力程度、行动者的行为方式等等。

（一）行动者身份

邻避冲突事件的行动者身份类型如表 3-5 所示。在所有邻避事件中，有 56.92% 的参与者是拟建设邻避设施附近的居民；其次是专家学者与新闻媒体，他们分别参与了 103 起与 81 起邻避事件，分别占行动者总量的 19.55% 与 15.37%；包括民主党派、民间组织、医生等在内的其他社会群体参与邻避事件 19 起，占比 3.61%；政协委员、人大代表与环保 NGO 参与邻避事件的数量较少，分别为 9 起、5 起、7 起，占比 1.71%、0.95%、1.33%。此外，境外媒体偶有关注我国的邻避事件，重点报道过 3 起，仅占行动者总量的 0.57%。从邻避设施类型来看，环保设施与工业设施的邻避事件参与者最为广泛，既包括附近居民、专家学者，也包括政协委员、人大代表、新闻媒体、环保 NGO 以及其他社会群体等；其次是能源设施与社会服务设施的邻避抗争参与者，除了人大代表与环保 NGO 成员外，其他身份的参与者基本都有涉及；交通设施与通信设施邻避事件的主要参与者是附近居民、新闻媒体、专家学者，而其他设施的邻避事件参与者主要为附近居民。邻避事件行动者的分布趋势既表明了不同类型邻避设施的环境风险的大小及其影响程度的不同，也印证了附近居民常常是邻避事件的主角。此外，随着知识经济时代的来临，越来越多的专家学者逐渐活跃于各邻避事件中，常常在各种相关场合、新闻媒体中发表自己的意见或者参与到整个邻避决策中去，往往成为邻避事件发展的重要引导者。需要注意的是，虽然我国有很多涉及与环境保护和工业污染有关的邻避事件，但是作为环境保护重要使者的环保 NGO 的参与仍显不足。这可能与我国社会组织力量不强、参与意识不强有直接关系。

表 3-5　邻避事件中行动者身份的类型

类型	附近居民	专家学者	政协委员	人大代表	新闻媒体	环保NGO	其他社会群体	境外媒体
工业设施	36(6.83%)	20(3.80%)	2(0.38%)	1(0.19%)	16(3.04%)	2(0.38%)	4(0.76%)	0
环保设施	118(22.39%)	33(6.26%)	2(0.38%)	4(0.76%)	28(5.31%)	5(0.95%)	6(1.14%)	2(0.38%)
交通设施	22(4.17%)	9(1.71%)	1(0.19%)	0	5(0.95%)	0	0	0
能源设施	82(15.56%)	33(6.26%)	2(0.38%)	0	21(3.98%)	0	5(0.95%)	1(0.19%)
社会服务设施	30(5.69%)	3(0.57%)	2(0.38%)	0	7(1.33%)	0	1(0.19%)	0
通信设施	9(1.71%)	4(0.76%)	0	0	2(0.38%)	0	2(0.38%)	0
其他设施	3(0.57%)	1(0.19%)	0	0	2(0.38%)	0	1(0.19%)	0
合计	300(56.92%)	103(19.55%)	9(1.71%)	5(0.95%)	81(15.37%)	7(1.33%)	19(3.61%)	3(0.57%)

注：案例总量为300，有效行动者编码数据N=527。
资料来源：作者自制。

（二）居民的抗争手段

鄢德奎、李佳丽将公众所有的抗争手段分为十四项，并以公权力介入与否和抗争冲突程度为分类标准，将抗争手段分为四类：(1) 有公权力介入，抗争冲突程度低；(2) 有公权力介入，抗争冲突程度高；(3) 无公权力介入，抗争冲突程度低；(4) 无公权力介入，抗争冲突程度高。① 具体的抗争手段如图 3-2 所示。

分析 300 起邻避事件中的民众行动方式可以发现，在这些冲突事件的

---

① 鄢德奎，李佳丽. 中国邻避冲突的设施类型、时空分布与动员结构——基于531起邻避个案的实证分析[J]. 城市问题，2018(9)：4—12.

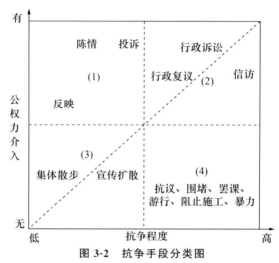

图 3-2　抗争手段分类图

资料来源:鄢德奎,李佳丽. 中国邻避冲突的设施类型、时空分布与动员结构——基于531起邻避个案的实证分析[J]. 城市问题,2018(9):4—12.

过程中,居民所使用的手段十分多样(见表3-6)。本部分将行动者的所有抗争手段按两个维度分为四类,事件中使用的抗争手段合计595种。平均每一起邻避事件中使用近两种手段。从冲突程度来看,居民使用"冲突程度低的抗争手段"要比"冲突程度高的抗争手段"多10.6%。从有无公权力介入来看,居民使用抗争手段中"有公权力介入"的要比"无公权力介入"的少39.86%。整体来看,抗争手段的选择往往会倾向于无公权力介入的救济途径,说明部分冲突中居民忽略了公权力介入这一救济途径,直接选取无公权力介入的私力救济形式,但是居民对于冲突程度高低的选择并没有明显的偏向。值得注意的是,是否选择公权力介入与冲突程度的高低往往在时间上有先后之分。居民通常会首先使用有公权力介入且冲突程度较低的抗争手段,当此类手段无效时,转而选择无公权力介入且冲突程度较高的手段。具体来看,采用"有公权力介入,冲突程度低"的抗争手段的邻避事件为111起,占比18.65%,其中"陈情"抗争手段使用最多,"反映"抗争手段使用最少。采用"有公权力介入,冲突程度高"的抗争手段的为68起,占比11.42%,其中"信访"与"行政诉讼"仍然是居民采取此类抗争手段的主要方式。采用"无公权力介入,冲突程度低"的抗争手段的为 218 起,占比 36.65%,其中以"宣传扩散"为主要手段的占比 32.61%。采用"无公权力介入,冲突程度高"的抗争手段的为 198 起,占比 33.28%,其中此类抗争手段使用最多的是"抗议",其次是"阻止施工""围堵""暴力""游行示威"等。

表 3-6　邻避事件中的抗争手段　　　　　　　　　　（单位:起）

权力救济来源				合计
有公权力介入		无公权力介入		
冲突程度低		冲突程度低		329(55.30%)
反映	9(1.51%)	集体散步	17(2.86%)	
陈情	69(11.60%)	宣传扩散	194(32.61%)	
投诉	33(5.54%)	静坐请愿	7(1.18%)	
小计	111(18.65%)	小计	218(36.65%)	
冲突程度高		冲突程度高		266(44.70%)
行政复议	4(0.67%)	抗议	70(11.76%)	
行政诉讼	10(1.68%)	围堵	36(6.05%)	
信访	54(9.07%)	罢课	1(0.17%)	
		游行示威	21(3.53%)	
		阻止施工	38(6.39%)	
		暴力	32(5.38%)	
小计	68(11.42%)	小计	198(33.28%)	
合计	179(30.07%)	合计	416(69.93%)	595(100%)

注:案例总数为 300 起,其中有 7 起尚不能确定居民的抗争手段;有效行动者编码数据 N=595。
资料来源:作者自制。

(三) 居民诉求

从居民抗争的目标来看,邻避抗争可以分为以环境保护为目标的"环境诉求"、以公众参与为目标的"权力诉求"、以社会公正为目标的"正义诉求"、以政府有效作为为目标的"作为诉求"、以居民自身安全为目标的"安全诉求"和以经济补偿为目标的"经济诉求"。通过对 300 起邻避案例中的公众诉求进行统计分析(见表3-7)后可知,300起案例中的居民诉求共有528个,平均一起案例中有近两种不同的诉求。从诉求类型来看,涉及环境诉求的邻避事件有129起,占比24.43%;涉及权力诉求的邻避事件有74起,占比14.01%;涉及正义诉求的邻避事件有64起,占比12.12%;涉及安全诉求的邻避事件有187起,占比35.42%,这是所有诉求中最多的,表明居民参与邻避事件的主要目的还是寻求自身安全;涉及作为诉求与经济诉求的邻避事件分别有36起、38起,占比6.82%与7.20%,是所有诉求中较少的。从邻避设施类型来看,风险集聚类邻避设施中,居民对安全诉求是最多的,其次是环境诉求、正义诉求、权力诉求,最少的是经济诉求与作为诉求;污名化类邻避设施中,居民对安全诉求仍然是最多的;污染类邻避设施中,对环境诉求与安全诉求是最多的,分别有103起、88起;在心理不悦类邻避设施中,居民对安全诉求是最多的,但是这种安全诉求是一种心理感知上的安全,较为间接。总体来看,在过去十几年里,民众参与邻避事件的主要目的仍是保护环境与维护自身安全,当然权力诉求与正义诉求也随着民众权利意识的觉醒与社会参与认知的增强而不断增加。此外,对政府官员合法合理的作为期待与经济补偿也是民众参与邻避事件的重要目的之一。

表3-7 邻避事件中居民诉求分布

居民诉求类型	风险集聚类邻避设施	污名化类邻避设施	污染类邻避设施	心理不悦类邻避设施	合计
环境诉求	21	1	103	4	129(24.43%)
权力诉求	16	1	51	6	74(14.01%)
正义诉求	17	0	41	6	64(12.12%)
作为诉求	9	0	26	1	36(6.82%)
安全诉求	72	4	88	23	187(35.42%)
经济诉求	6	0	24	8	38(7.20%)
合计	141(26.70%)	6(1.14%)	333(63.07%)	48(9.09%)	528(100%)

注:案例总数为300起,有效居民诉求编码数据N=528。
资料来源:作者自制。

（四）政府与设施建设运营方的回应方式

在邻避冲突事件中,根据政府的行为可将其回应方式归纳为以下五种:"沟通协商""信息告知""调查执法""封锁消息""经济补偿"。300 起邻避案例中政府有明确行动的是 265 起,政府行为尚不明确的是 35 起。同理,根据设施建设运营方的行为可将其回应方式归纳为以下六种:"停工整改""沟通协商""暴力相向""阻挠推诿""经济补偿""信息公布"。设施建设运营方有明确行动的邻避事件仅有 129 起,其他 171 起邻避事件中设施建设运营方的行动尚不明确。政府与设施建设运营方的具体回应方式见表 3-8。由表 3-8 可见,在政府的回应行为中,以"沟通协商""调查执法""信息告知"为主,其数量分别为 139 起、122 起、107 起,分别占比 36.10%、31.69%、27.79%,三者共同占比 95.58%,是政府处理邻避事件常用的"三板斧"。在设施建设运营方的回应行为中,以"停工整改""阻挠推诿""信息公布""沟通协商"为主,其数量分别为 40 起、34 起、32 起、27 起,占比均在 20% 上下。由此可见,设施建设运营方通常会顾及民意,较少会采取暴力等容易产生冲突的回应行为,以免将邻避冲突进一步扩大。

表 3-8　政府与设施建设运营方的回应方式

政府回应方式	数量及比例	设施建设运营方回应方式	数量及比例
沟通协商	139(36.10%)	停工整改	40(28.37%)
信息告知	107(27.79%)	沟通协商	27(19.15%)
调查执法	122(31.69%)	暴力相向	4(2.84%)
封锁信息	13(3.38%)	阻挠推诿	34(24.11%)
经济补偿	4(1.04%)	经济补偿	4(2.84%)
		信息公布	32(22.69%)
合计	385(100%)		141(100%)

注:涉及政府回应的案例为 265 起,涉及设施建设、运营方回应的案例为 129 起。对于一起事件中同时包含多种回应方式的,均分别编码进行统计。

资料来源:作者自制。

(五) 专家学者参与的行为模式

专家学者参与邻避事件的行为模式多种多样，有必要对其进行分类。基于介入途径与介入程度对邻避事件中专家学者参与行为的重要影响，本部分尝试从这两个维度对专家学者在整个邻避冲突事件中的行为模式进行分类。杨立华、何元增归纳了专家学者介入邻避事件的七种主要模式（见表3-9）。

表3-9 专家学者参与的主要模式

参与模式	特征表现
冷漠旁观模式	专家基本不参与其中
学术研究模式	专家围绕邻避事件开展学术研究
公共表达模式	接受新闻媒体的采访或在报纸、杂志、网络上撰文发表观点
决策咨询模式	为政府、民众、企业或其他群体提供决策建议与信息咨询
代理介入模式	接受政府、民众和企业的委托处理相关事务
组织领导模式	组织民众进行治理活动
社会运动模式	发动民众开展社会运动

资料来源：杨立华，何元增.专家学者参与公共治理的行为模式分析：一个环境领域的多案例比较[J].江苏行政学院学报，2014(3)：105—114.

对300起邻避事件中的专家参与进行分类统计，结果发现有专家参与的案例数量为103起，尚不明确专家参与的邻避事件数量为197起，专家参与邻避事件的比重约为1/3。对专家参与的行为模式进行描述性统计分析（见表3-10）可知，专家参与邻避事件的主要行为模式是公共表达模式与决策咨询模式，分别为53起、44起，分别占比46.49%、38.60%，两者合计共占80%以上，表明专家常常在邻避事件发生时发表自己的观点，并往往受政府或者建设方的邀请参与到环评环节、论证会等邻避决策过程中。

表 3-10 专家参与的行为模式

专家行为模式	数量及比例
冷漠旁观模式	9(7.89%)
公共表达模式	53(46.49%)
代理介入模式	3(2.63%)
社会运动模式	0
学术研究模式	5(4.39%)
决策咨询模式	44(38.60%)
组织领导模式	0
合计	114(100%)

注：案例总数为300起，其中涉及专家参与的案例共103起；有效专家行为模式数据 N=114。
资料来源：作者自制。

四、邻避冲突的结果与影响

民众抗争后所得的结果包括成功（更改选址、停止建设/使用、暂停建设/使用）、失败（继续建设/使用）、未知（现有资料尚不能判断是否成功）等三种情况。对邻避事件中的抗争结果进行描述性统计分析，结果见表 3-11。从行动者的抗争效果来看，除43起邻避事件尚不能知道结果以外，民众抗争成功的邻避事件为144起，占邻避案件总量的48%，民众抗争失败的邻避事件为113起，占邻避案件总量的37.67%。总体来看，民众抗争的成功与失败概率相差不多。具体而言，在抗争成功的邻避事件中，以更改选址为结果的邻避事件有25起，占比8.33%；以暂停建设/使用为结果的邻避事件有46起，占比15.33%；以停止建设/使用为结果的邻避事件有73起，占比24.34%。

不同邻避设施类型的邻避事件的抗争效果也存在差异。在工业设施中，抗争成功的邻避事件有28起，抗争失败的邻避事件有3起。显然，在工业设施中，抗争成功的概率是抗争失败的9.33倍。在环保设施中，抗争成功的邻避事件为54起,抗争失败的邻避事件为47起,两者接近1∶1的比率。在交通设施中,抗争成功的邻避事件为6起,抗争失败的邻避事件为13起,后者是前者的2倍多,表明在交通设施的邻避事件抗争中更容易失败。在能源设施中,抗争成功的邻避事件为32起,抗争失败的邻避事件为37起,二者相差无几。在社会服务设施与通信设施中,抗争成功概率远高于抗争失败的概率,而3起其他设施全部以失败告终。

表3-11 邻避事件中的抗争结果　　　　　　　　　　　（单位:起）

设施类型	成功 144 (48%)			失败 113 (37.67%)	未知 43 (14.33%)
	更改选址	暂停建设/使用	停止建设/使用	继续建设/使用	
工业设施	3 (1%)	7 (2.33%)	18 (6%)	3 (1%)	5 (1.67%)
环保设施	13 (4.33%)	20 (6.67%)	21 (7%)	47 (15.67%)	17 (5.66%)
交通设施	0	1 (0.33%)	5 (1.67%)	13 (4.33%)	3 (1%)
能源设施	5 (1.67%)	12 (4%)	15 (5%)	37 (12.33%)	13 (4.33%)
社会服务设施	4 (1.33%)	4 (1.33%)	9 (3%)	8 (2.67%)	5 (1.67%)
通信设施	0	2 (0.67%)	5 (1.67%)	2 (0.67%)	0
其他设施	0	0	0	3 (1%)	0
合计	25 (8.33%)	46 (15.33%)	73 (24.34%)	113 (37.67%)	43 (14.33%)

注:案例总数为300起。
资料来源:作者自制。

按照邻避事件的影响范围,将"中国城市邻避案例库"中300起邻避事件按照"全国""地方"两个层次进行划分,并进行描述性分析(见表3-12)。我国发生的邻避事件影响范围往往止步于地方,此类邻避事件共有251

起,而在全国范围内具有影响力的邻避事件仅有 49 起,前者约为后者的 5 倍,表明绝大部分邻避事件的影响力往往被控制在地方,地方政府往往也会极力将这些邻避冲突事件就化解在地方,避免事件的进一步扩大。从邻避设施的类型来看,在全国范围内具有影响的邻避事件主要集中在环保设施、工业设施与能源设施,在地方范围内具有影响的邻避事件主要是环保设施、能源设施、社会服务设施与工业设施。

表 3-12　邻避事件的影响分类　　　　　　　　（单位:起）

设施类型	全国	地方
工业设施	13	23
环保设施	17	101
交通设施	4	18
能源设施	12	70
社会服务设施	2	28
通信设施	0	9
其他设施	1	2
合计	49	251

注:案例总数为 300 起。
资料来源:作者自制。

第三节
邻避事件发展的特征

基于对 300 起邻避事件在时空分布、设施类型、动员结构和结果影响等方面整体性特征的描述和分析,可以发现,当前我国邻避风险在发生原因、发展趋势等方面呈现出以下特征:

一、邻避风险的发生原因

邻避事件的发生与邻避设施的类型以及民众的利益诉求有直接关系。

从设施类型上看，邻避风险多发生于带来显见环境冲击的环保设施与能源设施，两类设施在全部样本中占比达到60%。其中，垃圾处理设施是最为典型的高邻避风险型环保设施。一方面，随着当前城镇化进程的推进，城市不断扩张、人口不断集中、品质生活需求不断提升，垃圾处理设施在数量上和技术上都具有较高的建设和升级需要，其客观上建设密度和频率不断提升；另一方面，垃圾处理设施在其运营过程中，客观上存在排放处理标准和运营监管不到位的问题，从而使得垃圾处理设施的环境风险敏感性不断提升。在邻避冲突事件中，参与者往往并非为谋求私利，而是以一定范围内的环境利益为基本诉求。

这也表明，与部分国外学者所认为的"邻避"是一种自利自私的情绪性行为不同，[①]我国的"邻避"冲突有自身的特点，同样具有一定程度上的理性成分。有学者将邻避抗争视为一种"次政治"和"新社会运动"，公众以这种集体性行动参与区域治理，并在此过程中不断地进行社会学习，对邻避设施兴建引起的环境问题进行集体反思。[②] 能源设施中多为用电设施与核电设施，其中较多为反对高压变电站与核电站的建设。之所以出现这种情况，原因在于变电站与核电站的规划选址并没有充分考虑潜在的环境风险，加之现行法律并未将公众参与纳入变电站、核电站的选址程序中，造成部分变电站、核电站被规划在靠近居民生活区内，导致附近民众的反对与抵制。总体来看，我国邻避冲突事件频发的原因可归结为外部环境的影响与内部认知的影响。从外部环境来看，在我国快速城市化进程中，城市政府既要通过大规模的经济建设，推进城市不断扩张和发展，也必须兴建大量公共基础设施，满足人们不断增长的公共需求。有些公共基础设施带有明显的负外部效应，也会遭遇各种供给困境，这类困境常常被称为"邻避

---

① S. Hunter, K. M. Leyden. Beyond NIMBY: Explaining Opposition to Hazardous Waste Facilities[J]. Policy Studies Journal, 1995(4):601-619.
② 崔晶. 中国城市化进程中的邻避抗争：公民在区域治理中的集体行动与社会学习[J]. 经济社会体制比较, 2013(3):167—178.

问题"。①

从内部认知来看,常常用来解释邻避冲突发生的理论主要有以下几种②:一是公众环境权利意识的提升与对环境不公平的反抗。随着我国经济的不断发展,公众也从要求保障生存权阶段走向更高的生活质量发展权的阶段。可以说,邻避设施建设所导致的群体性事件就是公众对"环境不公平"现象的抗议。二是信息不对称与沟通渠道不畅。封闭式的行政决策模式使得公众无法参与到与之息息相关的邻避设施建设决策中去,造成信息不对称,致使公众对邻避设施产生"误解与抵触"。三是知识鸿沟与信息放大。邻避设施本身存在复杂性,公众由于知识储备的差异,与业内人士和专家对部分邻避设施的风险感知存在较大差异。此外,由于大众媒体的发展,信息高度爆炸,相关信息被一再放大,致使公众对邻避设施的恐慌进一步加深。基于上述内外两方面的原因,过去十几年里我国邻避冲突事件发生频率呈逐步上升趋势。

二、邻避风险的趋势特征

(一) 邻避冲突的时空特征

从时空特征上看,邻避事件的数量与地区经济发展水平呈正相关,并且在空间分布上呈现出由东南沿海向西北内陆梯度减少的分布差异。

从邻避事件发生年代的分布可知,2008—2016年,邻避冲突事件基本呈上升趋势。呈现这种变化的原因在于,一方面社会大众的环境保护意识与权利意识越来越强,并且随着互联网与社会媒体的发展,民众基于"邻避情节"的社会抗争与新媒体驱动下的参与式传播,使得邻避设施类建设极易获得社会大众的较高关注,促使邻避事件愈演愈烈。另一方面,随着经济的发展,各地开始为了解决"垃圾围城""用电短缺"等公共服务供给不足

---

① 杨磊,陈璐,刘海宁. 空间正义视角下的邻避冲突与邻避设施供给要件探析——以武汉某临终关怀医院抗争事件为例[J]. 华中科技大学学报(社会科学版),2018(1):125—133.

② 郭少青. 环境邻避的冲突原理及其超越——以双重博弈结构为分析框架[J]. 城市规划,2019(2):109—118.

的问题,大规模兴建垃圾处理厂、变电站、核电厂等设施。这些设施的兴建在一定程度上损害了与之相关的附近居民的利益,而封闭式决策过程往往缺乏完善的公众参与程序和意见表达平台,无法公平合理地权衡各方利益,也无法满足相关公众的利益诉求,最终导致邻避事件的发生。

此外,从邻避事件发生数量的空间分布来看,东南沿海区域发生邻避事件的报道数量要远远高于西北内陆。如华东地区与华南地区发生邻避事件的数量就远高于西北地区、东北地区。一方面,东部沿海、南部沿海地区作为我国经济发展的重要增长极,在之前十几年的快速发展过程中,难免会面临经济发展与环境保护的两难选择,即为了维持经济的快速发展,在环境保护方面作了妥协,然而经济快速发展使得民众对生活环境与生活质量有更高诉求,这往往是邻避冲突产生的重要因素。另一方面,在经济发达的地区,城市面临更多的、更大范围的改造与转型,在这一过程中往往因为各方利益未能达成一致,从而更容易产生邻避事件。

值得一提的是,2017年我国邻避冲突事件较2016年有了大幅度下降,可能的原因是各地方政府已经形成较为完备的群体性事件应对机制,并且在邻避设施的建设过程中会主动公开信息、与民众协商、遵循民意,最终减少了邻避事件的发生。

(二)邻避冲突的主体特征

从主体上看,居民是邻避冲突事件的主导力量,专家学者与新闻媒体是邻避冲突事件的辅助力量。

从针对案例主体的统计分析中可以看出,抗争的主导力量来自邻避设施所在地的居民,主要运用和动员的社会和组织资料也来自所在地的人力、物力、财力和社会网络。除此之外,专家学者与新闻媒体也是邻避冲突事件发展过程中的重要辅助力量。比较有趣的是,专家学者对邻避事件的态度往往有两种:一种是对具体的邻避设施与邻避事件发表自己的专业看法或运用自己的专业知识参与邻避决策过程,诉诸技术的合理性,但是这些观点往往不被公众接受;另一种是专家学者从公众的立场出发,认为政府与设施建设方在兴建邻避设施时并未考虑到周边居民的利益损失与对环境的破坏,以此来表达自己的观点。新闻媒体往往在邻避冲突事件中扮演重要的"助推剂"角色,它们既承担着信息扩散的重要职能,也在邻避事件发展过程中起着一定的助推作用。

总体来说,居民反对邻避设施的兴建逻辑就是要求对其生存环境、自然生态领域以及道德领域(社会正义)的权利予以保障,这既是对遭受危害与风险的反应,也是对走向美好生活所作的努力。面对这种民众自发的、集体的反应与行动,政府及社会力量有义务、有责任以最大的努力来保障他们的合法权益。

(三)邻避抗争的方式特征

从方式上看,邻避抗争以私力救济为主轴。在邻避事件的总样本中,无公权力介入的事件约占七成,有公权力介入的事件仅占三成。由此看来,私力救济仍然是邻避抗争事件的主要途径。但是就抗争程度而言,公众选用冲突程度低与冲突程度高的抗争手段并没有明显差异,可能的原因是在邻避冲突事件中并不仅仅使用一种抗争手段,常常是先采用冲突程度较低的抗争手段,一旦此手段不能达成目的,公众才会采取冲突程度更高的手段,同时促使邻避事件的进一步扩大。当然,也有少部分邻避抗争事件选取了有公权力介入的抗争方式(公力救济),而一旦公力救济无法达到抗争效果,抗争者往往又会转向私力救济的抗争策略。

无论是直接选择私力救济,还是"先公力救济,后私力救济",都在相当程度上反映了邻避决策过程中没有充分保障公众的参与权,也解释了现有的行政、法律等公力救济手段难以及时地处理、化解邻避纠纷的问题。总体来看,政府的公信力问题引发的信任危机,既导致公众对邻避设施普遍存在一种排斥心理,也导致公众在邻避事件发生过程中常常寻求私力救济而非公力救济的策略选择偏向。

(四)邻避冲突的抗争结果特征

从邻避设施的风险大小来看,邻避设施所造成的环境风险越大,抗争越容易成功;从邻避设施兴建方的公私性质来看,越是民营企业规划的邻避项目越容易抗争成功;从公共邻避设施主导者的官僚层级来看,层级越低,越容易抗争成功。从邻避冲突事件的影响范围来看,仅在地方有影响力的邻避事件抗争成功率是影响力扩展到全国的邻避事件的数倍。由此可见,地方政府在对邻避事件的处理上一般会采取维稳策略,避免邻避冲突的进一步扩大。政府在不同的发展阶段,对于邻避问题有着不同的定位,也有不同的顾虑。"晋升锦标赛"下的增长压力和经济社会转型中的稳定压力相互交织,"经济挂帅"与"稳定压倒一切"双向牵引。在此背景下,面对邻避冲突,政府会从极度敏感性的社会稳定与经济发展这两方面定位自身的立场和处理原则。

第四章

风险感知：公众话语中的邻避议题演进

"风险"是一个具备较强建构特征的主观概念,不同群体在差异化认知标准下对风险的感知情况存在显著区别。既有邻避事件表明,公众风险感知态势将直接关乎邻避议题的整体走向,是能够对邻避风险处置效果产生直接影响的关键要素。正因如此,探究公众对于邻避风险的感知过程并对其阶段特征进行深入分析,有助于进一步强化政府部门面对邻避事件时的风险处置能力。在邻避事件演进过程中,各类公共媒体中的舆情文本是公众风险感知的重要表达形式,其在不同阶段所呈现出的阶段特征体现着公众话语内容与邻避议题走向。

本章依托"中国城市邻避案例库",通过对不同类型代表性案例进行深入挖掘,以典型邻避案例舆情文本为分析对象,力图从邻避事件演进的动态视角直观、生动地展现邻避风险感知的阶段变迁过程。

第一节
基于类型学的邻避舆情分析

舆情文本分析是本章的主要研究方法。依托舆情文本来分析邻避风险感知过程的合理性在于,"邻避设施选址—邻避效应形成—邻避诉求表达—邻避决策制定—邻避冲突应对"是邻避事件发展的全过程,[①]而舆论场域实质上贯穿于整个事件的发展历程,其不仅承载了集众多关注和争议

---

① 王佃利,等. 邻避困境:城市治理的挑战与转型[M]. 北京:北京大学出版社,2017:292.

的突发事件,同时也是人们表达意见和观点的公共空间。① 因此,对邻避事件舆论的分析、探寻邻避事件中网络舆论生成演化规律,对于把握事件发展的历程和全貌、邻避舆情处置及邻避问题的治理大有裨益。在具体的操作步骤上,本书依托"中国城市邻避案例库"②为初始案例选择来源,以目前学界认可度较高的邻避设施分类方式为基准,即根据"预期收益—不确定性"③划分而成的四类邻避设施(污染类、风险集聚类、心理不悦类、污名化类)为具体的案例选择类属,选取"什邡宏达钼铜项目(污染类)""龙湾工业园项目(风险集聚类)""茂名化州殡仪馆项目(心理不悦类)"和"深圳罗湖泰宁花园养老院项目(污名化类)"为具体案例。根据邻避事件的一般演进规律,舆情走向可大致分为酝酿期、爆发期以及消散期等发展阶段。因此,本章以新浪微博数据为分析数据来源,借助网络爬虫和文本分析方法采集和分析相关微博内容和评论,以探究邻避事件发展中邻避风险建构的演进阶段及其特征。

围绕舆情文本分析方法的具体操作过程,需就如下三点问题进行解释说明:

(1) 案例选择标准。在案例的选择上,主要遵循以下标准:其一,代表性和典型性。各案例在其所属类别中,具备持续时间长、演进链条完整、利益相关方参与程度高、社会影响力大等特性。其二,数据可及性,即事件在网络上引发较大的社会舆论和反响,舆情数据量相当可观。考虑到各个类属的邻避事件的影响力差异较大,数据量存在差异,因此本章首先以各案例的关键词为依据搜索微博数据,经过反复比对和筛选确定出分属四个类别的四个案例,其中,"什邡宏达钼铜项目"和"龙湾工业园项目"数据量可观,因此以微博内容为分析数据;而"茂名化州殡仪馆项目"和"深圳罗湖泰

---

① 薛可,何佳,余明阳. 突发公共事件中用户生成内容的差异化研究:基于舆论场域的视角[J]. 西南民族大学学报(人文社会科学版),2017(4):149—155.
② "中国城市邻避案例库"目前收录案例 300 起,每起案例均包括设施类属、项目信息、利益相关方诉求、冲突过程、事件影响等多维度详细且系统的信息,本章案例均选自此案例库。
③ 陶鹏,童星. 邻避型群体性事件及其治理[J]. 南京社会科学,2010(8):63—68.

宁花园养老院项目"博文数据量较少,因此选择评论量最多的官方微博的评论为具体的分析数据。

(2)数据来源。本章选取新浪微博为具体的数据来源,原因有二。其一,微博对社会舆论的影响显著高于其他同类平台,据《2018 微博用户发展报告》,截至 2018 年年末,微博月活跃用户 4.62 亿,垂直领域数量扩大至 60 个,月阅读量过百亿领域达 32 个;其二是新浪微博的传播性和信息汇聚性强,是不同载体信息汇聚的平台,且传统媒体、网络媒体、网民、事件相关方等不同行为主体均在该平台直接进行信息交流和观点碰撞,鲜活地呈现各种力量的博弈,为突发公共事件舆论生成演化规律的发现提供了真实细致的依据。①

(3)研究方法。依据所选案例,以案例关键词搜索相关微博数据,通过网络爬虫获取相关微博的博文和评论内容,将同一主题的相关博文进行整理合并,完成数据清洗;在此基础上,通过高频关键词和语义网络分析对其具体特征和规律进行分析。

第二节
污染类邻避设施风险的议题演进

一、典型案例选择

什邡宏达钼铜化工厂项目选址位于四川省德阳市什邡市经济开发区,规划用地约 3500 亩。该项目能够产生极大的社会效益,拉动经济发展,提高财政收入,年销售收入预计达 500 亿元,利税超过 40 亿元;可拉动就业,完善产业链,解决当地约 3000 人就业,带动相关产业发展超过 400 亿元,提供辅助就业机会近 1.5 万个;提供生产资源,投产后将年产钼 4 万吨、阴极铜 40 万吨、硫酸 180 万吨,每年伴生回收黄金 10 吨、白银 500 吨。但与

---

① 李黎丹,王培志.突发公共事件网络舆论演化因素探析——以"校长开房"事件的微博传播为例[J].当代传播,2014(3):38—41.

此同时,项目存在废水、废气、废渣等负外部性影响,导致周边居民生活环境质量下降。①

2012年6月29日,该项目举行开工典礼。该项目建设前期没有征求群众意见,且网上一直有反对声音,但地方政府并没有作出回应。项目开建之初,市民在百度贴吧、QQ群上对项目环保问题进行议论,并从围观、发牢骚、言语攻击逐渐发展到网上串联、组织抗议活动等。7月1日晚,有百余名学生和市民分别聚集在什邡市委门口和宏达广场两地,要求停建项目,聚集人群还在横幅标语上签名。7月2日,部分市民陆续在什邡市委、市政府门口聚集,反对钼铜项目建设。其间有部分情绪激动的市民强行冲破警戒线,冲击市委机关,导致近十辆公务用车受损,机关大门被推倒。据称,为控制事态,执行警戒任务的特警被迫采用催泪瓦斯和震爆弹对过激人群予以驱散。在此过程中,有13名群众受轻伤。② 最终,时任市委书记表示,什邡今后不再建设这个项目,该事件以项目停建收尾。③ 上述事件在全国范围内影响较大,被中国共产党新闻网、网易新闻、凤凰新闻、搜狐新闻所关注,相关评论文章被人民网转载。2013年9月,有媒体曝四川什邡酝酿重启宏达钼铜项目,项目争议再次进入公众视野。④

随着事件的发酵,公众的舆论也随之发展变化。本节通过对微博信息进行文本分析,考察此次邻避冲突事件的舆情发展特征。在新浪微博分别以"什邡宏达钼铜""宏达钼铜项目"为关键词,利用微博爬虫工具采集微博信息,根据事件的进展及舆论发展的周期特征,共获得相关微博626条。经过初步的数据清洗,即剔除包含检索关键词但与微博内容和事件不相关的微博信息,以及对重复内容进行筛选,删除掉简单重复转发的微博后得

---

① 什邡钼铜项目遭环保质疑停工[EB/OL]. (2012-07-03)[2023-04-12]. http://news.sina.com.cn/c/2012-07-03/055924701829.shtml.
② 同上.
③ 苏楠,吕峥. 四川什邡市政府称今后不再建钼铜项目[EB/OL]. (2012-07-03)[2023-04-12]. http://news.sina.com.cn/c/2012-07-03/203124706278.shtml.
④ 李云芳,邢礼诚. 什邡酝酿重启钼铜项目:走村串户大宣讲全力挽回民意(组图)[EB/OL]. (2013-09-25)[2023-04-12]. https://www.163.com/news/article/99K1QUA600014AED.html.

到有效微博 476 条,之后对相关微博内容进行词频分析、语义网构建和 k-核分析以分析舆情发展的阶段性特征。根据发文量的变化趋势并结合事件进程,本节将此次事件的舆情发展分为潜伏期(2012 年 1 月 1 日至 6 月 30 日)、爆发期(2012 年 7 月 1 日至 7 月 5 日)和消散期(2012 年 7 月 6 日至 2018 年 12 月 31 日)三个阶段(见表 4-1)。

表 4-1 "宏达钼铜"事件舆情发展阶段

舆情阶段	时间节点	微博数量(条)
潜伏期	2012 年 1 月 1 日—2012 年 6 月 30 日	15
爆发期	2012 年 7 月 1 日—2012 年 7 月 5 日	288
消散期	2012 年 7 月 6 日—2018 年 12 月 31 日	173

资料来源:作者自制。

二、舆情特征分析

(一)潜伏期的舆情特征

在 2012 年 6 月 29 日项目举行开工典礼之前,当地的官方微博并未就该项目进行过官方通报。因此,坊间关注到该项目的民众较少,导致该阶段对该项目讨论的微博数量较少(共 15 条),尚未形成完整的语义网络,因此本节通过关键词识别展示和解读该阶段舆情的主要特征(见表 4-2)。

表 4-2 "宏达钼铜"事件潜伏期的微博关键词

主要关键词	频次	主要关键词	频次
什邡	21	投资	3
项目	14	开发区	3
资源	8	奠基	3
开工	7	仪式	3
金属	7	经济	3
污染	6	严重	2
四川	6	环境	1
深加工	6	癌症	1

资料来源:作者自制。

通过对关键词的摘取可以发现，潜伏期舆论焦点主要集中在项目基本信息、项目进展和环境感知三个方面。其中，"什邡"和"项目"出现的频次最高，分别为 21 次和 14 次，显示以项目名称和选址为核心关注点成为该事件舆论的最初源头；其次，"资源""开工""奠基""仪式"等关键词显示项目进展情况同样是民众关注的主要焦点，项目的开工信息牵动网络舆论的进一步发展。比如，用户"@优享民宿"发布博文称："钼铜多金属资源深加工综合利用项目预计 6 月 29 日将举行开工奠基仪式。目前初设中，已完成环评、土地平整。"该博文涵盖以下几个关键要素：一是项目名称及其主要产品；二是项目开工的时间；三是项目进度。可以发现，这些要素均是公众的关切所在。遗憾的是，无论是项目建设运营方还是作为规划的地方政府，主流的官方媒体在该阶段并未就项目的选址问题、技术信息和污染情况进行必要的发声。在此状态下，"污染""严重"和"癌症"等关键词显示该项目存在的潜在危害逐渐成为民众环境风险感知的焦点，且有关舆论开始呈现出"污名化""妖魔化"和偏激倾向。比如，用户"@老猫说"发布博文称："必须转发，什邡也有哈，什邡不是也有宏达钼铜厂的嘛，那个更凶哈。"

（二）爆发期的舆情特征

项目开工建设的消息公示后，自 2012 年 7 月 1 日晚起，当地学生、市民陆续在公众场所集聚，反对项目建设，在随后几天里，事态逐渐扩大。面对这一情况，什邡市委市政府就此次事件和项目选址作出紧急批示，7 月 5 日晚，什邡市政府新闻办发布关于"什邡市妥善处理宏达钼铜项目群体性事件"的通报。本部分将这一阶段视为该事件的爆发期。

与此同时，经过对该时间段内新浪微博内容的爬取分析，发现该阶段的舆论热点呈现出如下特征（见图 4-1）：

1. 舆论主题涉及项目选址、影响与民众态度

从语义网络中可以发现，核心词汇包括"四川""什邡市""项目""金属""深加工"等"项目信息类"词汇，即有关项目选址运营、具体工程方面的信

第四章　风险感知:公众话语中的邻避议题演进　　101

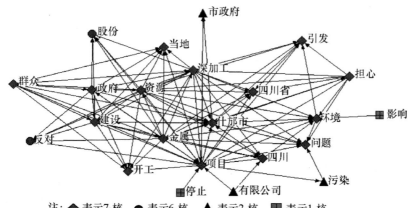

注:◆表示7-核,●表示6-核,▲表示2-核,▥表示1-核。
图 4-1　"宏达钼铜"事件爆发期微博舆论语义网的 k-核分析图谱
资料来源:作者自制。

息;也包括项目的影响,比如"资源""污染"等词汇;同时包括民众的态度,比如"担心""反对""停止"等词汇。比如,用户"@不沉默的大多数"发布博文称:"四川宏达建于1979年,30年发展成以冶金、矿山、化工为主的大型非公企业集团,注册地什邡,位列2008年全国工商联民营企业调查收入总额第23位、资产总额第8位、税后净利润第9位。旗下宏达股份(600331)全资子公司四川宏达钼铜有限公司投资104.81亿元建设40万吨铜、4万吨钼冶炼项目,原预计2015年投产。"用户"@柏亮的博客"发布博文称:"6月29日,四川宏达集团总投资104亿元的钼铜多金属资源深加工项目在什邡开工。该项目建成后将年产钼4万吨、阴极铜40万吨、硫酸180万吨,每年伴生回收黄金10吨、白银500吨,年销售收入预计达500亿元,利税超过40亿元,解决当地约3000人就业,带动相关产业发展超过400亿元,提供辅助就业机会近1.5万个。"上述两条微博内容都是围绕项目的历史起源、项目产品、影响等信息进行的介绍性文字,其目的在于通过对项目基本情况的介绍使民众对其有所了解。

2. 公众舆论比较集中

通过建构语义网络进行多维标度分析(MDS)和 k-核分析发现,尽管语义网络存在4个凝聚子群,但仅有2个重要的凝聚子群,一个是7-核的凝聚子群,另一个是6-核的凝聚子群。在这两个凝聚子群中,各个点相互联系紧凑,表明整个语义网络的关系比较紧密。而2-核和1-核的关键词数量不多,显示网络舆论体现出围绕某些核心话题发散有限,民众的观点和态度倾向相对集中。通过凝聚子群中各个点的紧密程度,可以识别语义网络的紧密程度,进而作出舆论集中的判断,但是对于具体的舆论焦点有赖于对具体子群话语的分析。

3. 选址和污染、反对态度成为舆论焦点

通过基于k-核的凝聚子群分析,可以发现在微博舆论网络中,存在4个凝聚子群,其中2个重要的凝聚子群(即7-核和6-核)分别代表两大舆论热点话题。7-核的凝聚子群,是由"四川""什邡市""资源""环境""问题""项目""金属""建设""开工""引发"等相近或相关的词语节点构成,反映了网友对此次事件的关注呈现出以具体项目的选址、开工和建设为核心,以项目的污染、环境问题为感知的特征;6-核的子群是由"股份""反对"两个关键词构成,显示出社会民众的诉求和态度,即抵制项目的建设和运营。结合2个核心子群可以发现,该阶段的舆论焦点围绕项目的选址、开工和建设展开,主要的争议点在于环境污染问题与选址程序问题两个方面,并显示明确的反对态度。前者针对项目的污染,如用户"@橙红往事"发布博文称:"宏达公司2011年度环境报告书中承认:铜渣是危险固废。宏达什邡钼铜公司除生产铜、钼产品外,还生产一个产品:硫酸。而硫酸的生产,会产生大量的有毒气体。"用户"@摩恩拉图"发布博文称:"四川什邡市,宏达公司建钼铜厂,污染半径60公里,全市暴动,特警扔催泪弹,有一老人被炸伤,一青年重伤住院! 希望有更多人知道。"后者则指向选址程序、环评程序等政府决策过程,如用户"@流烟非雨"发布博文称:"宏达在攀枝花拥有的钼铜矿储量达3800亿吨,位于什邡的是钼铜深加工项目,什邡本身是中国矿泉水之乡,而加工项目正处于水源地。选址有问题,环评走过场,程序不公开,内幕有交易,这些才是民众反对的。"

（三）消散期的舆情特征

经过对新浪微博内容的爬取分析可以发现，消散期的舆情特征如图 4-2 所示。

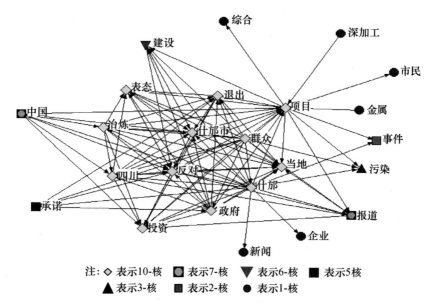

图 4-2 "宏达钼铜"事件消散期微博舆论语义网的 k-核分析图谱
资料来源：作者自制。

1. 话语指向性与舆论"造势"倾向明显增强

相对于前两个阶段简单的反对和抗议，消散期民众的诉求更加明确和具有针对性。这表现在以下方面：(1)"退出""反对""承诺"等关键词显示出民众对宏达钼铜项目的选址建设问题提出了明确的诉求。比如，用户"@黑晴—线条是一棵开满花的树"发布博文称："这种严重污染的项目滚出什邡！"(2)"中国""污染""事件""报道"等词汇显示出民众在抗议过程中的策略变化，即超越事件本身，将事件上升为中国问题等某一类属或者具有标签化的词语，以此获得更多的社会认同和舆论关注度。比如，用户"@早睡早起的文森特"发布博文称："四川人民太有骨气了！宏达股份钼铜项目,被什邡政府紧急叫停。在当地群众的激烈反对下,宏达股份开工建设仅3天的'钼铜多金属资源深加工综合利用项目'即被当地政府紧急叫停。"

需要说明的是,话语指向性与舆论"造势"具有一定的滞后性,即邻避冲突事件发生在2012年7月1日—3日,但微博上明确的话语指向与舆论"造势"均发生在7月5日之后。由此可见,微博舆论尽管具有实时性和可及性的特征,但仍存在一定的滞后性,这给公共管理者运用官方舆论进行引导预留了较好的时间契机。然而遗憾的是,在该事件中自始至终缺乏来自官方的权威声音。

2. 舆论呈现分散化和多元化趋势

首先,在核心簇群的数量和网络密度上,相对于爆发期的4个簇群,消散期出现了7个簇群,且最大为10-核,最小为1-核。尽管10-核的簇群比较集中且数量居多,但是各个次级簇群的数量明显增加,网络密度明显变小,每个簇群代表不同的舆论焦点。其次,1-核簇群的数量显著增加,表明微博舆论涉及的话题更加广泛,整个舆论更加分化和多元。最后,结合各个子群具体的关键词内容,可以发现,该阶段政府、公众、新闻媒体等已在舆论中产生影响。相对于前两个时期"政—民"之间的高度张力,新闻媒体的加入能够缓和与引导舆论,且信息披露力度的加大在缓和公众情绪的同时,亦能带来政府问责的压力,迫使政府缩短事件处理周期,提高治理效率。

在此阶段,诸如中国之声、央广网、四川新闻网等具有官方影响力的媒体的加入,使得相关舆论得以分散化,理性的声音逐渐开始浮现。比如,用户"@高一寒"发布博文称:"有媒体报道,7月2日,因担心四川省什邡市宏达钼铜多金属资源深加工综合利用项目引发环境污染问题,当地部分群众到什邡市委、市政府聚集,并逐步演变为群体性事件。一个经国家环保部审批同意的投资上百亿元,拉动地方经济的大项目,为何遭群众反对?地方政府应反思,这也是一种信任危机。"

3. 政府及其治理行为成为新的热点

通过基于 k-核的凝聚子群分析可以发现,在这一阶段的微博舆论网络中,有一个 10-核的凝聚子群处于网络的核心地位。进一步分析可以发现,该簇群有两个关键部分,第一部分是由"四川""什邡市""政府""表态""反对"等关键词组成,与地方政府的行政行为和治理态度相关,即相对于爆发期以项目选址运营和项目信息为核心的舆论焦点,消散期的舆论焦点更关注地方政府的行政行为和治理态度。比如,用户"@我爱兼G职"发布博文称:"去年7月2日,四川什邡钼铜项目引发群众集体抗议。次日,什邡市政府官网发消息称,什邡停建宏达钼铜项目,并确认该停建为永久性停建。而今年8月,什邡进行了全民动员,宣讲钼铜项目上马后对民众的利好之处,以及项目污染可控。"第二部分由"反对""投资""项目""退出"等关键词组成,反映出民众的诉求行为。总体来看,这两个部分结合紧密,显示出民众的利益诉求和政府治理行为之间的强烈张力。

三、污染类邻避设施的风险感知

什邡宏达钼铜事件是围绕什邡宏达钼铜化工厂项目的选址和建设而展开的邻避冲突事件。整个事件从 2012 年的选址、开工、冲突、项目宣布停建,到 2013 年项目复工消息扩散、民众恐慌,持续时间长,其间历经多次反复,其过程可大致划分为潜伏期、爆发期和消散期三个阶段。有关舆论的发展从潜伏期关注数量少、"妖魔化"信息初现端倪,到爆发期围绕设施选址、项目信息、污染感知和反对态度而形成集中的舆论结构,再到消散期舆论转向分散化和多元化、焦点转向政府行政行为和决策,舆论强度呈现出"弱—强—弱"的分布态势,舆论焦点呈现出"项目选址—项目污染—政府决策"的转向,舆论结构经历了"分散—集中—分散"的转变。其中的关键问题在于,官方媒体在事件前期、中期均未就项目的选址、开工、项目信息等情况进行公示,在冲突发生之后同样缺乏发声。

第三节
风险集聚类邻避设施的议题演进

一、案例情况说明

中核集团龙湾工业园项目选址于广东江门的鹤山市址山镇大营工业区,由中国核工业集团公司与中国广核集团共同投资建设,是广东省重点建设项目。项目总用地面积 229.0665 公顷(含配套设施用地 4.9125 公顷),总建筑规模约 50 万平方米,总投资约 370 亿元,集中建设铀纯化转化、铀浓缩、核燃料元件制造等设施,打造"一站式"的核燃料加工产业链,建设国际一流的核燃料加工产业集群,并逐步发展成为具有标志性的亚洲核燃料加工及装备制造中心。①

龙湾工业园项目从规划到拟开工,前后历经一年有余。2012 年 2 月,中核集团宣布启动投资约 400 亿元的集团核燃料项目,预计项目建成后年产值高达五六百亿元,该项目因此引得江苏、福建、广东、天津等地的激烈争夺。根据规划和场址评选择优原则,江门鹤山从近 40 个备选城市中脱颖而出。2012 年 6 月,中核集团组织专家在鹤山进行选址考察,经过对场址地震、水文、气象等进行综合分析,拟将鹤山市址山镇大营工业区列为产业园候选场址。2012 年 12 月,广东省发改委发文(粤发改能电函〔2012〕3063 号),原则同意在鹤山市址山镇开展核燃料产业园前期工作。2013 年 3 月 31 日,中核集团龙湾工业园项目合作协议签字仪式在北京举行。7 月 4 日,江门市发改局发布《中核集团龙湾工业园项目社会稳定风险评估公示》,征求公众对该建设项目的意见,公示期为 10 天。公告列举了 6 种主要风险因素,包括公众参与不完备引发的风险、放射性污染物对环境的影

---

① 中核集团投资建设一站式核燃料加工产业链[EB/OL]. (2013-04-03)[2023-04-12]. http://www.sasac.gov.cn/n2588025/n2588124/c3928048/content.html.

响、工业园区周围居民对核燃料加工的认知度引起的风险等,并提出了相应的应对措施。公示发出后,项目遭到鹤山当地民众的强烈反对,认为项目没有进行环评以及咨询公众时间太短。

为此,江门市政府采取一系列措施缓和公众的反抗情绪:7月5日,江门市紧急召集省市多家媒体公开介绍龙湾工业园项目;7月7日—8日,针对网民关注的安全、环保问题,当地下发普及核燃料科普知识的通知;7月9日,江门市委邀请专家向全市干部科普核能源安全知识。然而,这些措施并未取得积极效果。7月12日,部分江门市民响应网上号召,走到江门市中心,最后聚集到市政府门外。7月13日,江门市委、鹤山市委等证实,对中核龙湾工业园项目不予申请立项。7月14日,再次有民众走到东湖广场聚集,希望政府当众宣布项目取消,随后市委书记与市民对话,并发出政府公告,证明项目取消,聚集的民众散去。

由于该邻避事件是以龙湾工业园项目(又称"江门核燃料项目")为核心,因此本节同时以"龙湾工业园项目"和"江门核燃料项目"为关键词,利用微博爬虫工具采集微博信息。考虑到该项目从规划选址到付诸实施、诱发冲突到最终的停止施工,共历时一年,整个案例呈现出线性发展脉络,即自始至终并不存在"项目复工—民众抗议—项目停止"等周而复始、循环往复的情况。考虑到公开资料显示中核集团在2012年2月启动核燃料产业园区的选址和建设工作,本节选择2012年2月1日作为起始的时间节点,以项目宣布停止的2013年12月31日为截止日期,共爬取微博数据4625条,但其中存在大量针对该项目发起的微博投票(主要集中在2013年7月4日—7月10日)和重复文本,因此本研究对投票性质的微博进行清除(共计1837条),剔除包含检索关键词但与微博内容和事件不相关的无关微博信息,删除简单的重复转发的微博后得到有效微博1443条。考虑到龙湾工业园项目事件的时间节点相对明晰,因此本节以主要事件的进展为依据对该事件划分三个阶段(见表4-3)。

表 4-3　龙湾工业园项目事件舆情发展阶段

舆情阶段	时间阶段	标志性事件	微博数量(条)
酝酿期	2012.2.1—2013.7.3	项目启动—冲突爆发	28
爆发期	2013.7.4—2013.7.14	冲突爆发—项目取消	1111
消散期	2013.7.15—2013.12.31	项目取消—舆论消散	304

二、舆情特征分析

(一)酝酿期的舆情特征

2012年2月,中核集团宣布启动投资约400亿元的集团核燃料项目,然而一直到2013年4月2日,即中核集团龙湾工业园项目合作协议签字仪式举行的第三天,有关项目的第一条微博才正式发布。截至2013年7月3日相关微博数量一直未呈现显著增长,这表明在江门市发改局正式发布《中核集团龙湾工业园项目社会稳定风险评估公示》之前,对项目的相关信息知情的公众数量不多,且掌握的信息较少,因此前期的舆论较为平和。考虑到该阶段微博数量较少,因此本部分通过关键词识别展示和解读该阶段舆情的主要特征(见表4-4)。

表 4-4　龙湾工业园项目事件酝酿期的微博关键词

词频	关键词分布
26—45	核燃料(41);江门(28);中核(26)
11—25	项目(23);集团(23);鹤山(17);安全(12);建设(11);投资(11);加工(11)
5—10	产业链(10);核电(10);工业园(8);政府(8);国家(8);广东省(8);龙湾(8);签署(7);打造(7);发展(7);平台(6);危机(6);加工厂(6);落户(6);信任(5);中国(5);核废料(5)

通过对关键词的摘取可以发现,潜伏期舆论焦点主要集中在项目选址、产品信息和环境感知三个方面。"核燃料"出现的频次最高(41),"江门"(28)和"中核"(26)紧随其后,三个关键词都与项目的产品信息和选址相关,体现出潜伏期社会舆论的关注焦点;而"加工"(11)、"产业链"(10)、

"核电"(10)、"工业园"(8)等关键词则体现出社会舆论对于项目产品和规划布局等具体信息的关切;"安全"(12)、"危机"(6)、"核废料"(5)、"信任"(5)等词语显示出社会舆论对于该项目的感知主要聚焦在项目风险方面,且感知程度明显加强。

具体而言,通过分析微博信息发现,用户"@中国核工业集团有限公司"于2013年4月2日当天发布了第一条名为"中核集团投资建设'一站式'核燃料加工产业链"的微博:

> 3月31日,中核集团龙湾工业园项目合作协议签字仪式在京举行。根据国家核电发展规划和中核集团核燃料产业发展战略,集团将在广东省江门市投资建设龙湾工业园,打造"一站式"服务核燃料加工产业链,集中建设铀纯化转化、铀浓缩、核燃料元件制造等设施。

该微博是有关龙湾工业园项目的第一条微博(信息源),同时也是由项目的牵头方中核集团发布的具有官方性质的微博,内容主要涉及项目的选址信息、产品信息和项目进程信息。截止到微博信息采集当天(2019年7月18日),该微博累计获得33条评论、100次转发。潜伏期其他微博信息基本是基于该微博展开的讨论。

(二)爆发期的舆情特征

2013年7月4日,江门市发改局发布《中核集团龙湾工业园项目社会稳定风险评估公示》,征求公众对该建设项目的意见。公告列举了项目存在的6种主要风险因素,并提出了相应的应对措施。然而公示发出后,引发江门和鹤山两地民众的强烈反对。7月5日至9日,江门市通过召集媒体公开介绍龙湾工业园项目,下发普及核燃料科普知识的通知,以及邀请专家向全市干部科普核能源安全知识来消除民众的抗议情绪,但效果并不理想。7月12日至14日,江门市民两次聚集于市政府门外和东湖广场。这一阶段是微博舆论发酵的高潮阶段,共爬取有效微博数据1111条,占比76.99%。通过进一步分析,可以发现该阶段的舆论热点呈现出如下特征

（见图 4-3）：

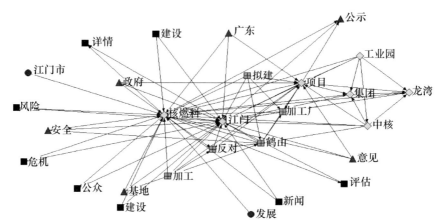

图 4-3　龙湾工业园项目事件爆发期微博舆论语义网的 k-核分析图谱
资料来源：作者自制。

1. 舆论以项目信息为核心

从语义网络中可以发现，关键词簇群最核心的 6-核词汇包括"核燃料""江门""项目""工业园""龙湾""中核集团"等"项目信息类"词汇，即有关项目选址信息、项目产品信息、项目运营方信息；5-核和 3-核等更次一级的语义簇群显示，项目存在的潜在风险、信息公示、舆论态度等也是舆论的主题；2-核和 1-核的舆论则关注政府决策过程、项目风险评估、项目建设运营等主题。整体来看，爆发期的舆论网络以项目信息（项目选址、产品信息、运营商）为核心，在主题上涉及项目风险、舆论态度、信息公示和政府决策等，呈现出多元化特点。

上述结果可以从具体的博文信息中得到佐证，如用户"@后殿下"发布博文称："核燃料加工项目选址于江门鹤山市址山镇大营工业区，公众提出意见的起止时间 2013 年 7 月 4 日—2013 年 7 月 13 日。"类似对项目信息介绍的博文以及对该博文的转发在此阶段舆论中并不鲜见。此外，舆论已经关注到项目的污染信息，如用户"@RomanceFool—豪"发布博文称："江门鹤山拟建'核燃料'加工产业链,对这种重大并有可能带来环境污染的项目,不能仅凭几位领导和专家的专策建议,而是要充分听取广大群众的意见。"

2. 微博舆论结构较为分散

通过建构语义网络进行多维标度分析(MDS)和 k-核分析发现,语义网络仅存在 2 个重要的凝聚子群,一个是 6-核的凝聚子群,另一个是 5-核的凝聚子群。这两个凝聚子群中,各点相互联系紧凑性不足,关键词数量不多,表明整个语义网络的关系相对松散;相反,3-核、2-核和 1-核的关键词数量较多,显示网络舆论体现出围绕某些核心话题向外扩散,导致整体的舆论网络呈现多元化和分散化特征。多维标度分析和 k-核分析只能帮助发现该阶段语义网络松散的特点。如果要了解具体的主题分布,还需要回到舆论本身加以审视。通过对该阶段博文的大致分类,可以发现主题主要聚焦在以下几个方面:

其一,主流官方媒体对项目信息的客观报道。比如,用户"@人民日报"发布博文称:"因担心关于鹤山核燃料项目不予申请立项决定是暂时搁置,14 日上午,广东江门部分公众聚集市政府门口。江门市委书记刘海与群众对话,明确坚决取消中核集团龙湾工业园项目,并将以江门市政府通告形式发出。"

其二,地方性媒体对舆论的引领。比如,用户"@凤凰周刊"发布博文称:"邻避(not-in-my-backyard)运动正与中国的中产阶级一同发展起来,他们逐渐意识到自己愿意以经济增长为代价来支持环保。在江门市,一个核燃料工厂计划在群众抗议第二天被叫停。"用户"@凤凰网财经"发微博转述地方政府对项目流产的惋惜:"'我们想到过会有反对的声音,但没想到反弹这么剧烈,这个结局大大出乎意料。'江门鹤山核燃料项目取消后一周,一位官员表示。江门及鹤山两级政府连连叹息,'370 亿这么大的项目就这样与我们擦肩而过,只能说鹤山没有福气'。"

其三,公众和其他媒体对项目选址的讨论。其中,既有对项目取消的舆论报道,也有社会关于项目风险的讨论。前者如用户"@华尔街日报中文网"发布博文称:"在抗议者上街游行反对广东省江门市的核燃料加工和设备制造中心项目后,当地政府被迫取消了这一计划,从而成为中国新兴'邻避'(not-in-my-backyard)运动取得的又一场胜利。"该条微博转发量高达 154 次。后者则既有反对项目选址的舆论,又不乏客观和支持的态度,如用户"@ Nicole-sa"发布博文称:"坚决反对在江门建设核燃料加工基地,政府只看利益、税收,不听民意,不顾生态,一味一意孤行,我们在政府网上反对的声音,都被屏封,天理何在?!! 所以我们决定以实际行动起来,表达我们的诉求,要政府重视民声民意!"用户"@一丝丝丝丝丝丝"发布博文称:"鹤山建的是核燃料加工厂,不是像福岛那样的核电站,不是一样性质,政府的官员及家人也同样居住在江门,相信政府有这个辨别能力,毕竟是为了江门的发展,没传的那么可怕。"

3. 项目风险、政府决策成为新的舆论关注点

通过基于 k-核的凝聚子群分析,可以发现在微博舆论网络中,存在 5 个凝聚子群,其中 2 个重要的凝聚子群(6-核和 5-核)分别代表两大舆论热点话题。具体来说,6-核的凝聚子群是由"核燃料""江门""项目""工业园""龙湾""中核""集团"等相近或相关的词语节点构成,反映了网友对此次事件的关注呈现出以具体项目的选址、项目产品信息为感知的特征;5-核的凝聚子群是由"加工厂""反对""鹤山"等关键词构成,显示出社会公众的诉求和态度,即抵制项目及其建设运营在鹤山的开展。然而,进一步分析 3-核、2-核和 1-核的关键词可以发现,尽管核心簇群以项目信息、项目风险和民众诉求为核心,但其他舆论簇群则逐渐开始关注诸如信息公示、公众参与、风险评估、政府决策等信息。这一信息表明尽管爆发期邻避冲突呈现出高强度的社会抗争态势,但是舆论并不全然是静态和同质化的结构,其在爆发期经历了诉求对象和诉求内容的实质性转化:在诉求对象上,从单纯反对运营商的选址运营到转向对政府决策程序的公正性和正当性的质疑;在诉求内容上,经历了从非理性的情绪化抗争到以风险、安全等诉求理性化表达的过程。

表现在舆论内容上,如用户"@水继续吹"发布博文称:"对江门鹤山址山镇核燃料加工产业园项目公示以及项目的一些质疑,昨晚微博被删、账

号冻结,今天重发,请图中神秘的相关部门澄清:未立项先征地?未立项已经完成投资和用地协议签订?公示的评估公司有资质评估 400 亿的核项目?重大民生项目不需要听证?旅游城市变核基地?环保局替谁说话?"截至检索时,该条微博的累计转发量达到 1623 条,评论量达到 612 条,具有极大的代表性。

如果说公众个人对项目风险和政府决策过程的担忧尚缺乏理性和组织化,那么作为具有意见领袖身份的网络大 V 的舆论则更具有舆论引领性,如用户"@韩志鹏委员"发博文称:"这个项目风险点太多,风险系数太高!中核集团拟在江门建核燃料加工厂引起强烈反应。网友质疑:天然铀辐射水平很低且不会产生裂变?生产过程产生的废液、废气、废渣如何处理?环评报告在哪?选址为何选在人口密集的珠三角?"该博文对项目的选址、环评程序和项目风险提出了诸多质疑,累计转发量多达 1578,评论量达到 578 条之多。

（三）消散期的舆情特征

通过文本分析,消散期网络舆论特征如图 4-4 所示。

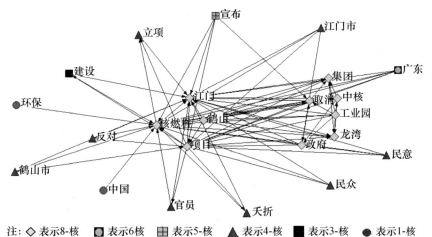

注:◇表示8-核　■表示6-核　⊞表示5-核　▲表示4-核　■表示3-核　●表示1-核

图 4-4　龙湾工业园项目事件消散期微博舆论语义网的 k-核分析图谱
资料来源:作者自制。

在舆论的消散期,有关项目信息的舆论关注却再次出现高峰:首先,相比于舆论爆发期的6-核凝聚子群,消散期的核心簇群出现"江门""鹤山""核燃料""项目"和"龙湾""中核""集团""工业园"两个8-核凝聚子群。其核心簇群的结构性明显增强,表明舆论焦点更加集中。其次,话语指向性增强。两个凝聚子群内部的关键词数量明显增多且内部联系紧密,显示出该阶段民众的舆论焦点更加集中,结合关键词"环保""宣布""夭折""民意""民众"等可以发现,项目取消是新一轮舆论关注的焦点。

在此过程中,社会各方对项目取消的关注成为新的舆论热点,对项目复工的担忧也引起群体性事件的反复。比如,用户"@香港文汇报"发布博文称:"在政府部门宣布取消龙湾工业园核材料基地建设立项后,反核民众情绪有所缓和。但因担心该项目只是暂时搁置,千余名民众14日再在市区聚集,围困现场官员。最后,一位市领导出示市政府取消核项目的红头文件,聚集者才欢呼着散去。"

三、风险集聚类的邻避议题走向

龙湾工业园项目事件整体的发展脉络较为平直,即从2012年2月中核宣布启动项目,到2013年7月项目公示、民众抗议、项目取消,事件整体的发展基本不存在反复和循环。伴随微博用户"@中国核工业集团有限公司"2013年4月2日当天发布的名为"中核集团投资建设'一站式'核燃料加工产业链"的微博开始,该事件逐渐在微博发酵,在邻避冲突爆发后微博舆论呈现出以项目信息为核心、主题多元化特点,项目风险、政府决策成为舆论关注点,但整体而言该阶段舆论结构较为分散;在舆论消散期,核心簇群的结构性明显增强,以项目取消为焦点的舆论再次铺展开来。

相比于什邡宏达钼铜项目,该案例的不同之处在于,从项目开工之初到邻避冲突发生直至项目宣布取消,官方媒体对该事件的报道不断见诸报端。有关项目选址、风险的讨论在网络上不断发酵,虽然邻避冲突依然没能避免,但网络的舆论建构由于各个媒体(如人民网、凤凰网以及各个地方媒体)的介入得以多元化,并未就政府形象产生过于负面的评价。

第四节
心理不悦类邻避设施风险的议题演进

一、案例介绍与资料收集

广东化州抗议建火葬场事件的核心是"化州殡仪馆项目"。该项目选址于广东省茂名市化州市丽岗镇,项目总用地面积42186平方米,建筑占地6261平方米。化州市总人口160多万,但殡仪馆或火葬场供给不足,多年以来遗体需要运到茂名殡仪馆火化,最远距离130多公里,该项目能有效缓解供需不足问题。据化州市委宣传部相关领导表示,建设殡仪馆符合化州市的需要,是一项实实在在的民生工程。[①]

化州殡仪馆项目选址经化州市政府常务会议讨论决定,于2012年年底开始筹建,先后完成了选址、立项、征地、环境评估、可行性报告、风险评估、土地规划调整、规划设计等前期工作。2013年10月,通过法定手续开始对项目进行公开招投标。然而,2014年4月12日,500多名市民在丽岗镇街聚集,反对建设殡仪馆。事情发生后,化州市委、市政府及时组织做好解释疏导工作。12日下午,该市一名分管民政事务的副市长到达现场,宣布市政府停止建设该项目。在此期间该事件未产生人员冲突,仅有部分居民围观。2014年4月14日上午,200余人再次来到化州市政府门口聚集抗议。

化州殡仪馆项目类属于心理不悦类邻避设施。尽管实践中此类设施也易诱发邻避冲突,但是相对于污染类和风险集聚类,其冲突强度低、规模小、社会影响较小。因此,本节选取《人民日报》官方微博于2014年4月13日发布博文的网民评论为数据来源,原文如下:

[①] 郑澍.化州政府决定停建殡仪馆 市民担心项目死灰复燃[EB/OL].(2014-04-15)[2023-04-12]. https://news.sina.com.cn/o/2014-04 15/084029936151.shtml.

【广东化州市民聚集反对建殡仪馆 当地政府宣布停建】广东化州市政府刚刚通报,12日,化州市丽岗镇及附近村庄约500多名市民在丽岗镇街聚集,反对在该镇建设殡仪馆,引发周边村民围观。当天下午,该市一名副市长到达现场,宣布停止建设该项目。截至目前,事件没有拘留任何人员。

选取上述博文的评论主要基于以下几个方面的考虑:(1)代表性。作为中国官方媒体的代表,《人民日报》对社会现象的报道是基于事实性的视角呈现,在叙事方式上采取零聚焦视角,对事件作出全知全能式的事实叙述,不掺杂个人思想和情绪引导,代表性强。(2)数据可及性。截止到数据搜索当天(2019年7月27日),该条微博共收到730条评论,数据相对可观。(3)时效性。此次事件主要发生在2014年4月12日,化州市委、市政府的相关回应也集中在当天,《人民日报》官方微博发布时间为事发第二天(2014年4月13日),此时舆论热度正处于高潮期,官方微博的发声迅速引发网民的持续讨论,对整个事件的舆论发展起到了重要的引导作用。

在此基础上,本部分通过网络爬虫爬取730条微博评论,对所得数据进行无效信息剔除和初步数据清洗之后,得到有效数据633条。由于该事件持续时间较短,因此本部分未对其进行发展阶段划分。

二、舆情特征分析

通过对爬取的微博评论进行文本分析,可以发现该事件下的网友舆论特征如图4-5所示:

(一)邻避情结和项目信息成为舆论焦点

从语义网络中可以发现,关键词簇群最核心的6-核词汇包括"你家""旁边""空气""呼吸"等"邻避情结"类词汇,这种心理不悦感的扩散和强化成为居民反对建设该项目的主要理由;4-核词汇包括"殡仪馆""火葬""土葬""尸体""火化"等"项目信息类"词汇。可以发现,有关项目的选址信息,

第四章　风险感知：公众话语中的邻避议题演进　　117

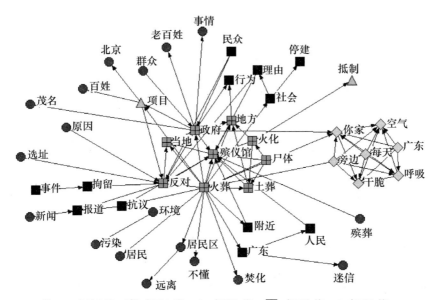

图 4-5　化州殡仪馆项目事件微博舆论语义网的 k-核分析图谱
资料来源：作者自制。

譬如"茂名""广东"等词汇并未进入核心语义网，而项目的功能性信息（火葬、殡仪馆、火化）成为当地居民反对的主要焦点。结合具体的新闻报道发现，当地长期以来盛行传统的土葬方式，而当地政府以殡仪馆供需不匹配为由在当地建设火葬场，一方面项目的选址、迫近的邻避感知和政府决策引发民众不满，另一方面新兴丧葬方式与当地传统价值之间的张力同样是邻避风险产生的重要原因。

（二）舆论网络结构集中

通过建构语义网络进行多维标度分析（MDS）和 k-核分析发现，语义网络存在 5 个凝聚子群，其中存在 2 个重要的凝聚子群，一个是 6-核的凝聚子群，另一个是 4-核的凝聚子群。两个凝聚子群中各个点相互联系紧凑，表明整个语义网络的关系比较紧密；与此同时，2-核和 1-核的关键词数量较多，显示网络舆论体现出围绕某些核心话题扩散的特点，结合具体关键词发现民众针对殡仪馆项目展开的讨论呈现出主题扩散的特点,对该议题的讨论延伸至迷信、政府行为、反对态度等方面。

(三)非官方话语垄断舆论叙事

根据评论博主性质可将相关微博分为官方和非官方。其中,官方包括政务微博、媒体官微,非官方包括一般用户、各类团体、组织或者意见领袖。可以发现:(1)官微之间缺乏系统联动。《人民日报》官方微博的评论中全部为非官方博主,而其他官方微博未就此事件进行评论和互动,各个官微之间缺乏系统联动。(2)在叙事方式上外聚焦和内聚焦①占据主流,典型的外聚焦的微博评论如博主"@Zhibiao 我就是我"发布的"农村人有土葬的传统,想要改变过来一时半会是做不成的,还有,当地政府对殡仪改革宣传教育不到位很关键"。该评论从第三视角就事件的深层次原因(当地土葬传统)与政府行为作出评论。典型的内聚焦的微博评论如博主"@遇欲"发布的"殡仪馆这么不吉利的东西不能建在我们这里,怎么不建在北京啊"。该评论基于内聚焦从自己亲历的角度叙事,通过社会化媒体直接参与到该事件事实的书写与传播之中,表明自己的反对态度。(3)信息判断以态度性评论为主,即侧重于观点与情感的表达而缺乏客观真实的内容呈现。譬如,博主"@南宫不煎鱼了"发表的态度性评论:"殡仪馆不让建是几个意思?开发商?建啥抗议啥,以后啥都别建了";博主"@JOEY一哲"发布博文称:"广东人迷信得要命,这有什么好说的,搞封建迷信还搞出优越感了??"此类评论一方面表现出情绪偏激的话语表达,对事件的讨论放大至地域歧视、人身攻击和攻击政府等偏激行为,从而模糊了事件的真实焦点;另一方面强化了舆论的极化程度,即此类评论呈现出非此即彼的二元冲突是非观,将建与不建、政府与民众置于强烈的冲突对抗语境中,强化了负面舆论的话语引导。

---

① 内聚焦指事件通过聚焦人物呈现的视点、感觉、认知进行叙述,多为在现场的信息发布者;外聚焦指事件从外部视点及行为报告等角度出发进行叙述,也就是以第三视角在"看"。具体内容参见:薛可,何佳,余明阳.突发公共事件中用户生成内容的差异化研究:基于舆论场域的视角[J].西南民族大学学报(人文社会科学版),2017(4):149—155.

三、心理不悦类邻避设施风险的公众关切

研究发现,邻避情结和项目信息是舆论焦点,心理不悦感的扩散和强化成为居民反对建设该项目的主要理由;民众针对殡仪馆项目展开的讨论呈现出主题扩散的特点,对该议题的讨论延伸至迷信、政府行为、反对态度等方面;非官方话语垄断舆论叙事,官微之间缺乏系统联动,民众在叙事方式上外聚焦和内聚焦占据主流,信息判断以态度性评论为主。这种官方缺位、情绪偏激的话语表达模糊了事件的真实焦点,增大了舆论治理和邻避治理的难度,并强化了舆论的极化程度。

第五节
污名化类邻避设施风险的议题演进

一、案例选择与资料收集

深圳罗湖泰宁花园养老院项目又名"深圳世松泰宁护老院",项目选址于深圳罗湖区泰宁花园商业裙楼的三楼,占地 3000 多平方米(租赁),有约 100 张床位。该项目于 2015 年 9 月开始装修实施,2016 年 7 月装修完成,尚待竣工验收。

2016 年 4 月,《中国经济时报》刊登《深圳市罗湖区初步建成社会化养老服务体系》一文,将泰宁护老院作为罗湖区民办养老院的三个标杆项目之一进行报道,其中提道:"护老院……设有临终关怀房,为真正进入介护阶段的老人提供专业的生活照顾和身体护理服务。"而该项目"临终关怀"的主要业务定位,使居民联想到停尸的"太平间",继而担心物业贬值,且居民担心精神失常老人会闯出养老院从而对小区的孩子造成伤害,并认为老人可能需要经常到小区公共花园活动,占用小区公共资源。

2016 年 7 月,小区居民发现商业裙楼一楼有施工迹象,进而发现一楼与负一楼之间楼板被砸开,维权时才发现三楼即将开设一家养老机构。网

上的有关报道曾披露,这一养老机构设有临终关怀房,还要收住患有慢性病残疾老人,这引发了小区居民的惊慌与不满。随后业主聚集上街堵路进行抗议,向政府部门投诉和张贴抗议告示。区政府责成区民政局牵头,区住建局、区环保水务局、公安分局、翠竹派出所、翠竹街道办事处、社区工作站等部门根据泰宁花园居民提出的诉求进行调查研究,并协调世松公司在政府没有作出相关决定前保持停工状态。最终,经过各方协调,翠竹街道办事处对该养老院停水停电,项目被勒令叫停。

深圳罗湖泰宁花园养老院项目类属于污名化类邻避设施,与心理不悦类邻避设施相类似,其冲突强度低、规模小、社会影响较小。因此,本节选取《南方都市报》官方微博于2016年8月14日发布博文的网民评论为数据来源,原文如下:

> 【深圳一小区设立养老院遭业主抵制】深圳罗湖泰宁花园小区临街商业单位被人租赁装修开设护老院,遭到小区业主反对。业主代表称,目前养老院设立没有分级,如果是失能失智老人必然影响小区生活,譬如他们担心有精神失常老人挟持儿童。业主还担心哭丧场面出现,影响小区物业价值。

选取《南方都市报》该条博文的评论主要基于以下几个方面的考虑:(1) 代表性强。相比于其他社会媒体和私人博主,《南方都市报》对社会现象的报道基于事实性的视角呈现,在叙事方式上采取零聚焦视角,对事件作出客观的事实叙述,代表性强。(2) 数据可及性。截止到数据搜索当天(2019年7月27日),该条微博共计431条评论,数据相对可观。(3) 时效性。此次事件主要发生在2016年7月下旬,罗湖区政府的相关回应也集中在该时间段内,《南方都市报》官方微博的发布时间为事件结束后(2016年8月14日),事件的尘埃落定使得官方对事件的报道陈述更全面,同时具有时效性,即事件虽然已经结束,但该微博距事件结束相隔只有几天,相关舆论仍在继续发酵中。作为具有普遍性和代表性的养老院选址引发的邻避冲突,该事件对于后续此类问题的解决和治理具有重要的现实意义,因此该微博对整个事件的舆论乃至后续中国此类问题的治理起到重要的引导作用。

在此基础上,本部分通过网络爬虫爬取431条微博评论,对所得数据进行无效信息剔除和初步数据清洗之后得到有效数据350条。由于该事件持续时间较短,因此本节未对其进行发展阶段划分。

二、舆情特征分析

通过对微博评论的爬取和文本分析发现,该事件中公众舆论呈现出以下特征(见图4-6):

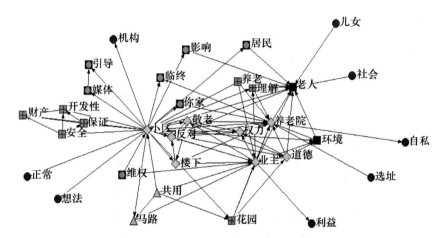

注：◇表示6-核　■表示5-核　▦表示4-核　▲表示3-核　●表示2-核　●表示1-核

图 4-6 "泰宁花园养老院"事件微博舆论语义网的k-核分析图谱
资料来源:作者自制。

(一) 舆论主题集中

从语义网络中可以发现,关键词簇群最核心的6-核词汇包括"反对""权力""道德""业主""养老院""楼下"等词汇,显示出业主针对楼下所建的养老院表示出反对和抵触的诉求态度;5-核和4-核等更次一级的语义簇群显示,舆论对待该项目存在争议,"老人""环境""财产""安全""开发性"等词汇表明,养老院项目带来的房产价值贬值、居住环境的改变和安全性是反对者主要担心的议题,而"理解""养老""引导""媒体"等关键词则代表支持者的主要态度,即养老是社会发展必不可少的一环,需要通过媒体等引导民众接受项目;2-核和1-核的舆论同样呈现出支持者和反对者各自的观点,如"正常""想法"体现出支持者对于项目存在正当性的认同,而"社会""自私""利益"则显示出支持者对于抗议业主的主观定义。

整体而言,舆论主题可以视为针对项目本身而展开的诉求,支持者关注于项目的社会意义,其话语体系建构在项目的正面社会效益、养老产业的必要性方面;而反对者的话语体系建立在权利和利益诉求基础上,两者展开的持续讨论是舆论的主要主题。

(二) 微博舆论结构较为分散

通过建构语义网络进行多维标度分析(MDS)和k-核分析发现,语义网络仅存在1个重要的凝聚子群,即6-核的凝聚子群,该子群内部结构紧密。但除此之外的其他子群(5-核、3-核、2-核和1-核)各个点相互联系紧凑性不足,且关键词数量不多,表明整个语义网络的关系相对松散。网络舆论体现出围绕某个核心话题向外扩散,导致整体的舆论网络呈现多元化和分散化特征。

(三) 官媒缺位的"倒金字塔"形膨胀扩散模式

通过对350条微博评论按照情感态度(是否支持项目建设)逐条分析归类,发现350条评论全部为非官方评论,在叙事方式上外聚焦的态度性评论占据主流,仅有少数网友采取"在场"的内聚焦方式进行叙事,同时得出网友的情感态度分布(见图4-7)。由此可以发现,网民情感分布呈现出中立态度分布最小、支持态度其次、反对态度最高的"倒金字塔"形分布结构。此类舆论分布模式最不稳定,情绪性和态度性的评论加大了舆论扩散的极化程度,极大地增加了舆论治理的难度。典型的外聚焦的态度性评论如博主"@瞄瞄咪"发布的"这么多热心群众乐于接受,来呀!大家给这个养老院打个电话,联合小区业委会让他搬到你们小区裙楼商铺那里去!就万事大吉了";典型的内聚焦的中立性评论如博主"@哆米诺品牌手机钢化玻璃膜63613"发布的"本人就住在这小区里,这阵子事情闹得很大,前几天晚上还把门口的爱国路给堵了,这种事情很难讲,很多业主担心小区房价会掉和到时会出现各种问题也是有道理的,只有身在其中才能体会吧";博主"@请叫我牛掰闪闪放光芒的少女花"发布的"我是小区业主,所谓的临街商铺是在某三栋楼的2—3层,也就是说还是在小区内部,我相信小区居民绝无任何亵渎老人的意思,媒体人又是用这种有煽动性的言语试图引导言论。其实大多数人气愤的是开发商之前完全未与业主委员会商议,而且建设过程中险些破坏承重墙、钢筋都露出来了,二十多层的高层啊"。而在此过程中,官方媒体并未就此事发表相关评论和进行互动,客观上加剧了网络空间舆论传播生态失衡和网民负面情绪高涨。

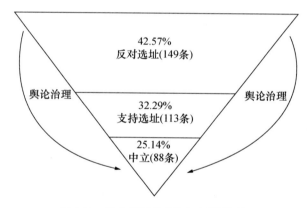

图 4-7　舆论扩散的"倒金字塔"结构
资料来源:作者自制。

三、污名化类邻避效应的舆情剖析

研究发现,该事件舆论主题较为集中,支持者关注于项目的社会意义,其话语体系建构在项目的正面社会效益、养老产业的必要性方面;而反对者话语体系建立在权利和利益诉求基础上,两者展开的持续讨论对话是舆论的主要焦点。网络舆论体现出围绕某个核心话题向外扩散,导致整体的舆论网络呈现多元化和分散化特征；官方媒体的缺位导致舆论在叙事方式上外聚焦的态度性评论占据主流。网民情感分布呈现出中立态度分布最小、支持态度其次、反对态度最高的"倒金字塔"形分布结构，此类舆论分布模式最不稳定，情绪性和态度性的评论加大了舆论扩散的极化程度，从而提高了舆论治理的现实难度。

第六节
风险感知中主体的互动与互构

邻避冲突的背后，是公众和政府争夺空间资源的诉求以及保有和扩大权力的渴望，双方均试图通过对方的妥协和让步来达成一种新的平衡。① 围绕邻避风险感知命题，舆论焦点体现的是设施属性和项目信息之间的"双重依附关系"，官媒联动效果对于公众的风险感知情况产生重要影响，并呈现出抗争学习机制这一动态过程。

一、舆论焦点：设施属性和项目信息的"双重依附"

研究发现，四类典型案例所呈现出的共性特点在于，其舆论焦点均围绕邻避项目信息（项目选址、项目产品、项目影响等）和设施属性（风险、污染、心理不悦、污名化）而展开，且两者之间存在"双重依附关系"。

所谓"双重依附关系"，即是一方面设施自身的属性先验性决定了项目信息，譬如风险集聚类的邻避设施决定了其项目产品具有潜在风险这一项目信息，对周边环境和民众生活构成潜在风险，而这一项目信息恰恰是民众抗议设施的核心；另一方面，具体的项目信息对设施属性和伴随这一属性产生的邻避感知、邻避情结具有"放大效应"，譬如设在居民区周边的化工厂（选址问题）、具有潜在辐射和风险的化工原料（产品属性）、机器轰鸣声和生产异味（项目影响），这些居民能够切身感受到的项目信息放大了其

---

① 刘洋. 空间、权力与邻避冲突：邻避设施生产中政府与公众的碰撞[D]. 山东大学，2019：64.

对风险、污染（设施属性）的恐慌和感知，进而诱发邻避冲突。项目信息和设施属性之间的双重依附共同形塑居民的邻避诉求、反对态度和冲突强度，进而成为舆论的核心关切。

然而，设施属性和项目信息均具有"先赋性"，即项目信息是伴随其项目属性而产生的，无法通过后天的主观行为改变。譬如，由于长距离运输会导致电力折损，因此变电站的最佳选址就是居民区周边（选址问题）。变电站的核心产品便是电力（项目产品），而这一过程不可避免会产生噪音和一定量的辐射（项目影响），但噪音和辐射恰恰是民众舆论的核心关切。从这个意义上而言，设施属性和项目信息的"先赋性"不可避免会导致民众的抗议情绪。但是这种"先赋性"先天存在"强—弱"之分。譬如，对于项目产品而言，其根植于设施属性而无法改变，因而具有"强先赋性"。譬如，PX工厂生产化工类产品（潜在风险），通信基站生产信号（一定量的辐射），发电站生产电力（噪音和一定量的辐射）。而项目影响和项目选址则具有"弱先赋性"，即虽然PX项目会产生潜在社会风险，但可以通过技术手段降低风险发生概率，或者通过补偿降低民众的抵触情绪。因此，就项目选址而言，虽然存在建在居民区的最佳选址问题，但是当抗议强度过高而无法实现最佳选址时，适度地远离居民区同样是可以接受的方案，与此同时还可以通过提升决策开放性和建立协商机制等方式降低民众对于项目选址的抵触程度。

二、官媒联动：官方媒体缺位下的责任归因

通过对什邡宏达项目和龙湾工业园项目的语义网络分析发现，同样是备受媒体瞩目、具有重大社会影响力的邻避冲突事件，但两者的舆论主题和舆论网络结构的集中程度在事件发展阶段却呈现出显著差别。

（1）舆论主题和舆论网络结构。什邡宏达项目整体的舆论趋势呈现出爆发期公众舆论比较集中、消散期舆论主题渐趋扩散化的特点。而龙湾工业园项目在爆发期舆论便以项目信息为核心，呈现主题多元化特点，舆论结构松散，因而在消散期舆论很快便销声匿迹。

（2）责任归因。什邡宏达项目在舆论消散期逐渐将焦点转移至政府决策和政府行为上，认为项目是政府模糊决策过程的产物，并通过舆论"造势"为自己争取抗争的合法性，呈现出高强度的"政府—公众"的二元对立关系。而龙湾工业园项目虽然也关注到政府决策、风险评估等政府行为在项目选址中的角色，然而在阶段特征分布上存在显著差异。其一，后者对政府行为的关注发生在舆论爆发期，此时政府对于危机事件的注意力高度集中，公众异议的集中出现更有利于政府统筹规划集中加以解决；其二，公众对政府行为的关注更加理性化，譬如主要集中在信息公示、决策风险评估等方面，并未演化为对政府行为合法化的明确质疑，政府和公众在该事件中并未呈现出高强度的对立态势。

因此，同样是备受社会瞩目、具有重大社会影响力的邻避冲突事件，两者的舆论主题、舆论网络结构的集中程度以及责任归因为何会呈现出显著差别？要探究这个问题，必须回到舆论中去研究，即要回到爬取的微博数据中进行进一步的分析。通过将微博数据的点赞量、评论量和转发量进行排序，发现评论量最能反映公众关注的焦点。因此，本节又将从两个事件中爬取的微博数据依据评论量，选取排名靠前的 30 条评论（见表 4-5），分析其来源、内容和官媒联动情况（是否相互转发、评论）。

表 4-5 典型邻避事件中微博舆论源分布

排名前 30 评论分布		什邡宏达项目	龙湾工业园项目
官方舆论来源	央媒	2	2
	地方媒体	2	12
	企业蓝 V	9	6
非官方舆论来源	一般用户	15	1
	各类团体组织	0	5
	意见领袖	2	3
官媒联动		无	有

资料来源：作者自制。

（1）官方舆论方面。其一，什邡宏达项目事件和龙湾工业园项目事件均得到了央媒的评论报道，且均存在针对冲突处理的官方表态。前者由"@新京报"和"@中国之声"两个权威媒体发声，内容聚焦在项目确认取消、强调民意之于项目重要性的事实性陈述上；后者由"@人民日报"和"@人民网"发布，证实项目取消、强调公共利益、治理常识的重要性。其二，地方媒体报道差异较大。在数量上，在排名靠前的30条评论中，什邡宏达项目事件仅得到"@活力什邡"和"@成都头条"两个地方媒体的报道，龙湾工业园项目事件得到"@广州日报""@江门公安""@珠海特区报""@每日经济新闻""@第一财经日报""@今日最新闻官方微博""@佛山电视台小强热线""@今日一线"等众多广东本地媒体的报道；在内容上，前者的两条报道均是在事发之前对项目开工的报道，在事件发生后未发布有关事件进展、政府处置的追踪性报道；相反，后者的报道内容可分为项目信息介绍、项目进程介绍、项目安全性阐述等方面，内容翔实且立场客观。

（2）非官方舆论方面。什邡宏达项目事件排名靠前的30条评论中，各利益相关方参与者较少，一般微博用户居多，仅出现两个意见领袖，分别是微博认证为学者、律师的"@吴法天"和微博认证为调查记者、大爱清尘公益基金发起人的"@王克勤"，无其他相关方参与；龙湾工业园项目事件中利益相关方参与更为广泛，譬如汇集居民意见和诉求的地方团体"@江门同城会""@开平部落网"（地方社区网站）、意见领袖微博认证为广州政协委员的"@韩志鹏委员"、认证为中央电视台特约评论员的"@评论员杨禹"、设施运营方"@中国核工业集团有限公司"等主体均就该事件发声，一定程度上澄清了污名化舆论，净化了舆论生态。

（3）官媒联动方面。什邡宏达项目事件中，各个媒体虽然对事件均有报道，但是各个媒体之间缺乏互动；而龙湾工业园项目事件中，"@人民日报"于2013年7月14日发布确认项目取消的微博后，7月15日"@人民网"转发该条微博，并再度评论；此外，"@江门公安"还在微博下对网友的评论进行回复："回复@射手座的人生363：这次政府很开明，很尊重群众的意见，并在不断地改进工作，尽量让百姓满意。鹤山核燃料这件事，百姓说不行，政府就取消了。//@江门公安：回复@Lijun_Wei：政府已经明确表态取消核项目，并且今后也不会在江门新建核项目。"

对于什邡宏达项目事件而言，地方官方媒体、社会相关方的参与低效，官媒之间互联互通的缺乏，强化了"政府—民众"之间的张力，极大地转移了舆论对事实真相的关注，同时将焦点转移至政府行为失当、项目选址的程序不合法性方面，增加了社会潜在冲突和对抗的可能性，直到舆论消散期相关舆论才开始逐渐分化和消解。而龙湾工业园项目事件中，央媒、地方媒体、企业蓝V用户、地方社区、设施运营方意见领袖的集体参与，使得舆论在爆发期仍然呈现出主题多元化、微博舆论结构较为分散的特点，最大程度地分散了舆论焦点，缓和了政府和公众之间的对立状态。

事实上，官方舆论是否在场、是否互联互通将直接影响舆论的关注焦点、主题分布和网络结构，进而影响公众对于事件性质的判断和责任归因。官媒之间的相互转发、互评是府际沟通的新模式。政府机构之间微博的互动给改善政府间关系提供了一种好的思路，即政府间在信息分享机制下相互支撑、相互佐证。各级政府之间微博的互粉、互赞、互转、互评、互督活跃了政府人格化形象[①]，有利于净化舆论生态并促进事件的良好治理。

三、抗争学习：抗争扩散与政府治理的"螺旋式上升"

萨巴蒂尔（Sabatier）等提出了"政策取向的学习"，即由经验引致的相对长期的思想或行为意图的变化，与完善和修正人的信仰体系的原则相关联，它是政策创新和变迁的重要原因。[②] 与政策学习类似，邻避冲突同样存在抗争学习与抗争扩散。一方面，中国邻避冲突事件的发生频次相对较高，呈现出邻避抗争范围分布广泛、类型多样、抗争策略多元化的发展趋势。根据中国社科院法学研究所发布的《中国法治发展报告 No.12

---

① 王国华，魏程瑞，杨腾飞，等. 突发事件中政务微博的网络舆论危机应对研究——以上海踩踏事件中的@上海发布为例[J]. 情报杂志，2015(4)：65—70+53.

② Paul A. Sabatier, Hank C. Jenkins-Smith, eds. Policy Change and Learning: An Advocacy Coalition Approach[M]. Boulder: Westview Press, 1993：304.

(2014)》,在 2000 年 1 月至 2013 年 9 月近 14 年的时间里,经境内媒体公开报道的全国百人以上群体性事件就发生了 871 起,预计有 220 万以上的人员参与了群体性事件,矛盾主体主要聚焦在公民、社会组织和政府之间,其中有近 12% 的群体性事件反复发生 2 次或 2 次以上。① 另一方面,学者逐渐关注到邻避冲突的社会学习机制:张乐和童星从公众的个体学习、政府厂商的应急学习和媒体的组织学习三个维度,讨论邻避冲突中社会学习的机制,并以主动与被动、创新与模仿作为维度,区分出风险社会学习的四种学习类型;②崔晶以中国式邻避为例,认为公民在这种邻避抗争的集体行动中不断地进行着社会学习,对以邻避设施为代表的环境问题进行集体反思。③

这些研究关注到社会抗争学习机制这一动态过程,即对于民众和参与主体而言,频频发生的邻避事件并非一成不变的静态过程。在这一过程中,参与者自身和其他社会主体的抗争能力、抗争策略都经历了"升级"和"学习"。目前学界的研究已经关注到这一现象,并试图着手研究总结和归纳这一学习机制及其逻辑。

然而,相关研究仅关注到邻避抗争主体的社会学习机制,事实上,政府也在逐步升级和学习如何更有效地使用邻避治理的机制、手段、策略以及危机治理机制。那么,接下来的关键问题是,既然抗争主体和治理主体的策略均在经历螺旋式的上升,那么这种相互交织的动态演变又会如何形塑中国场域内频频发生的邻避问题?

通过对 4 个典型案例舆论发展的研究发现,尽管这些案例都发生了线下的邻避群体事件,但是在线上的舆论领域同样存在抗争话语和抗争行为。相对于线下的群体性事件,线上的舆论具有隐蔽性强、潜在威胁性强

---

① 赵力,朱自治,吴振鹏,等.14 年间百人以上群体事件发生 871 起[EB/OL].(2014-02-24)[2023-04-10]. http://www.bjnews.com.cn/graphic/2014/02/24/306216.html.
② 张乐,童星."邻避"冲突中的社会学习——基于 7 个 PX 项目的案例比较[J].学术界,2016(8):38—54.
③ 崔晶.中国城市化进程中的邻避抗争:公民在区域治理中的集体行动与社会学习[J].经济社会体制比较,2013(3):167—178.

和灵活性强的特质,即公众会根据政府对事件处置态度的变化调适线上的舆论话语,进而影响线下的抗争行为。在事件发生之初,官媒和政府未采取实质性治理策略时,网上的舆论多是指责政府、妖魔化项目的言论,并以已经发生过的邻避事件作为循证为自己的话语增加合法性,当官媒介入事件并发布相关声明后,相关舆论在短时间内逐渐分化,具体的学习策略如下:

抗争学习策略 1:循证话语。即通过以往发生的案例作为循证,为自己的话语表述增加合法性,但事实上以往案例与事发案例并无关联。什邡宏达项目事件发生当天,用户"@生疼 PK 强_lyf"发布博文称:"这件事让我想起 2007 年,厦门换成了什邡,翔鹿换成了宏达,对二甲苯换成了钼铜,厦门市民换成了什邡市民,不变的是政府";龙湾工业园项目事件中用户"@-杏-"发布博文称:"♯江门核危机♯绝对安全,在地震等极端状况下也不会影响环境？请问说话者是否从福岛归来?"

抗争学习策略 2:言语煽动。即通过过激言论或者妖魔化舆论煽动民众情绪,以此扩大事件影响力,最终影响事关项目的政府决策或者议程设置。譬如,什邡宏达项目事件中微博用户"@杨小妹_Ada"发布博文称:"受不了了,这就是我们的家园,为了利益不管人民的死活。宏达钼铜,你就这样对待你的衣食父母！滚,滚出什邡。什邡人民不会让你得逞的！帮帮我们,转发一次!"茂名化州殡仪馆项目事件中,微博用户"@飚莈驕子-蒼龍"发布博文称:"500 人能代表化州全体市民？政府是给这 500 人开的？真是无法无天!"

抗争学习策略 3:体制内表述。即向有关政府部门咨询、征求建议或者陈述意见。采取该策略的民众较少,且依赖于开放性和对话性的政府回应机制作为保障。什邡宏达项目事件中用户"@泥神仙"发布博文称:"什邡宏达钼铜有限公司在环评公示上说所有危险固体废弃物会外运,委托青川县天运公司处置,感谢@青川网络发言人 对偶(我)之前问题的解答,偶(我)目前对天运公司的处理能力等方面还有诸多疑惑,能否恳请青川方面答复,或转呈四川相关环保部门?"

抗争学习策略4：信息在场。即以当事人的角度，采取在场语境利用掌握的项目信息陈述话语，由于其对项目信息的了解更为直观，因此能够增加言语的说服力。什邡宏达项目事件中用户"@一亚特兰蒂斯0"发布博文称："对@吴法天：吴教授：我是一个理性的什邡人，也理解你的想法。其实钼铜项目的重金属污染不止钼铜，还有铅汞砷镉等。大凡金属矿，往往伴生多种元素。比如锌虽对人有益，然锌冶炼厂也会严重污染周边环境，就是因为锌矿往往伴生铅。我家离宏达不远，深知该厂情况，污染状况建议你实地调研。"

可以发现，伴随政府对重大项目风险评估、风险决策的完善，以及危机管理机制运用的逐渐娴熟，社会场域内抗争主体的抗争策略同样有一个学习和扩散的过程，双方的策略都在逐步升级和学习中。两者之间呈现出"螺旋式上升"的过程，并最终形塑邻避事件的进程和呈现样态。其中，民众会采取循证话语、言语煽动、体制内表述和信息在场等理性（非理性）和体制内（外）的策略为自己的话语争取合法性，最终试图影响有关项目的政府决策和议程设置。可以预见的是，双方这种动态的学习策略会在中国邻避冲突的场域内持续发生，最终形成一种常态化的社会现象。而构建开放性、对话性的政府回应机制，更加包容、开放、柔性的协商机制以及打开政府决策的黑箱，或许是各级政府应对这一现象的可行之道。

第五章
风险演化：邻避情境中的地方政府应对逻辑

在公共感知到邻避风险之后,邻避风险的处置将最终取决于多元主体之间的互动结果,具有鲜明的动态特性。因此,在邻避风险发展过程中,地方政府作为主要治理责任主体,其治理实践对邻避风险演化的结果走向具有显著影响。地方政府在推动邻避项目时如未能与社会进行有效沟通,则不能有效回应社会公众的利益需求。加之行政决策模式不尽透明产生"压力锅"效应,使邻避项目更容易成为公共危机爆发的开端,从而陷入"政府决策—民众反对—公共危机—政府妥协"的怪圈。① 作为邻避风险治理的重要主体,地方政府采取何种治理方式化解此类公共危机,对于社会稳定与城市发展具有重要意义。从这个角度来看,如果说公众的风险感知意味着邻避效应的主观动因,那么地方政府所采取的种种政策行动,将直接关乎邻避实践的后续走向。因此,政府在邻避风险治理中选择和使用何种政策工具,制定和践行何种应对策略,都将成为进一步研究和探讨的主题。②

基于此,本章拟重点关注地方政府在邻避风险治理过程中的政策行动问题。通过对"中国城市邻避案例库"中所有案例进行全面而非个案的研究,本章将采取扎根理论的分析方法,探讨地方政府在邻避风险治理中的行动策略选择及其背后的逻辑,以进一步明晰政府主体在邻避风险治理中的重要作用。

---

① 靳永翥,李春艳. 危机何以化解:基于危机公关的政府工具研究——以环境型邻避事件为例[J]. 北京行政学院学报,2019(6):55—64.

② 王英伟. 权威应援、资源整合与外压中和:邻避抗争治理中政策工具的选择逻辑——基于(fsQCA)模糊集定性比较分析[J]. 公共管理学报,2020(2):27—39+166.

第一节
基于扎根理论的地方政府邻避应对策略

一、地方政府的风险处置策略

随着城市化进程的不断加快,尤其是城市人口剧增与城市边界不断蔓延,我国近年来邻避风险呈高速发展态势,如 2007 年厦门 PX 事件、2010 年广西灵川垃圾填埋场事件、2012 年江苏启东排海工程事件、2013 年昆明石化事件、2015 年广东罗定垃圾焚烧厂事件等等。事实上,缺乏行之有效的邻避风险治理措施,不仅导致各种有利于城市发展的公共设施难以修建,甚至可能危及社会和谐稳定,因而地方政府往往面临着严重的邻避风险治理危机。与一般社会冲突治理中的地方政府角色不同,邻避风险治理中的地方政府事实上扮演着项目倡导支持者、设施选址决策者、公民邻避抗争的重要对象、邻避风险治理的主要主体、超脱的第三方仲裁者、企业经营行为和邻避设施负外部性影响治理的主要监控者等多重复杂角色。因此,对邻避风险中的政府行为常常需要加以更多关注。①

在国外研究中,学者较少单独将政府作为研究对象,更多的是将重心转移到公众参与、邻避项目选址的合理性、社会组织的重要地位等方面。例如,塔尔蒂蒂(A. D. M. Tarditti)②、格里森(B. J. Gleeson)和梅蒙(P. A. Memon)③、伯宁罕(K. Burningham)等④研究了当地公众与政府、开发商、专家等主体在邻避设施建设中扮演的角色与秉持的态度。在国内研究中,部分学者关注到了地方政府应对和治理社会冲突的具体行为。如郁建

---

① 陈宝胜. 邻避冲突治理的地方政府行为逻辑[J]. 中国行政管理,2018(8):119—125.
② A. D. M. Tarditti. Towards a New Topology of Social-Environmental Conflicts: Rethinking NIMBY in the Context of Environmental Mobilisations in Catalonia[C]. ECPR Nicosia Joint Sessions,2006:1-19.
③ B. J. Gleeson, P. A. Memon. The NIMBY Syndrome and Community Care Facilities: A Research Agenda for Planning[J]. Planning Practice & Research,1994(2):105-118.
④ K. Burningham, J. Barnett, G. Walker. An Array of Deficits: Unpacking NIMBY Discourses in Wind Energy Developers' Conceptualizations of Their Local Opponents[J]. Society & Natural Resources,2015(3):246-260.

兴、黄飚关注了我国地方政府在应对社会抗争事件时主要运用了"摆平"的行为策略；① 刘能考察了地方政府在化解群体性事件过程中更愿意采用政治性手段，而不是法理性手段；② 陈宝胜发现地方政府的邻避冲突治理行为主要表现为被动型递阶强制模式。③ 但从已有研究来看，学者们更多关注的是邻避冲突治理中多方主体之间的互动过程，而较少关注地方政府在邻避风险治理过程中扮演的具体角色与行动策略。因此，本部分通过扎根理论对我国多个邻避事件中与地方政府态度、行为等相关的资料进行细致分析，致力于探寻我国地方政府在邻避风险治理中所扮演的具体角色、主要的行动策略及其背后的决策逻辑。

二、基于扎根理论的内容分析

（一）扎根理论分析

20世纪60年代，格拉泽（Barney Glaser）和施特劳斯（Anselm Strauss）共同提出了"扎根理论"（Grounded Theory）。运用扎根理论方法的一个基本前提是在没有理论假设的情况下，深入实际进行观察、调研，通过各种途径收集大量原始资料，然后对获取的原始数据资料进行不断比较分析，从现象中归纳、概括、提炼出经验资料，并在此基础上构建理论。④ 扎根理论方法是从现实到理论、从具体到抽象的自下而上的质性研究方法。扎根理论在社会科学研究领域的应用最为广泛，特别适合以社会学、经济学、管理学、心理学等学科领域为代表的，基于微观视角的以行动为导向的社会互动过程研究。

扎根理论的操作程序依次为：第一，问题确立；第二，数据收集；第三，数据的三个层次编码，概念与类属的形成；第四，理论抽样；第五，理论饱和

---

① 郁建兴，黄飚.地方政府在社会抗争事件中的"摆平"策略[J].政治学研究，2016(2)：54—66＋126—127.
② 刘能.当代中国群体性集体行动的几点理论思考——建立在经验案例之上的观察[J].开放时代，2008(3)：110—123.
③ 陈宝胜.邻避冲突治理的地方政府行为逻辑[J].中国行政管理，2018(8)：119—125.
④ 李理.基于扎根理论的网络事件信任传递机制研究：以罗尔事件为例[J].全球传媒学刊，2018(1)：39—52.

度检验;第六,理论构建;第七,理论讨论与研究报告撰写。① 其中,最为核心的操作是三个层次编码,包括:(1)开放式编码(Open Coding),即将收集到的资料分解,从中提取概念,并将原始资料与概念、概念与概念进行不断比较并形成范畴;(2)轴心式编码(Axial Coding),即构建范畴与范畴之间的逻辑关系,形成主范畴;(3)选择性编码(Selective Coding),即通过识别统领最大多数的研究范畴的"核心类别",开发出"故事线",将最大多数的研究结果囊括在一个比较宽泛的理论框架内,并用所有资料来验证这些关系。②

有学者认为扎根理论适合于公共管理研究中的四类问题:因果识别类、解读过程类、情况复杂类、新生事物探索类。而案例研究则能提供研究对象的丰富资料,与扎根理论的资料需求具有天然的契合性。通过文献梳理发现,扎根理论与案例研究的结合,是国内研究的新趋势。③ 为了充分勾画事件的归因和演进框架,本章采用多案例研究方法。相较于单案例研究方法而言,前者的优势在于结论更可靠、准确,更容易导向定量分析,更有利于后续框架的构建和理论的发掘。因此,本部分采用质性研究范式,遵循扎根理论的研究方法,选择适合以文本分析为主的质性分析软件NVivo 12,进行资料采集、分析、编码与模型构建。

(二)样本选择与资料来源

本部分所使用的初始资料来源于"中国城市邻避案例库"(以下简称"案例库"),案例库资料主要通过互联网、电子报刊、学术出版物以及微博、微信公众号等媒体、网络平台进行回溯搜索,剔除一些重复内容,分类别整理而成。同时,根据本部分的研究主题,本章将研究重点聚焦到"政府主体"上,因此选择案例库中与地方政府邻避风险治理相关的"政府诉求""政府行动"两个部分资料。

本部分选择案例的标准主要有:(1)的确为邻避型危机(事件),且当

---

① 熊烨. 我国地方政策转移中的政策"再建构"研究——基于江苏省一个地级市河长制转移的扎根理论分析[J]. 公共管理学报,2019(3):131—144+174—175.
② 谭爽,胡象明. 中国大型工程社会稳定风险治理悖论及其生成机理——基于对B市A垃圾焚烧厂反建事件的扎根分析[J]. 甘肃行政学院学报,2015(6):60—67+127.
③ 王铮,王佃利. 重大邻避型项目合法性危机与冲突逻辑:基于扎根理论的PX案例研究[J]. 山东行政学院学报,2019(4):64—72.

时引起持续关注、报道并产生较大影响,确定案例具有典型性与代表性;(2)案例具有时间上的纵深性,能够较为显著地观察到政府在邻避风险治理过程中的一系列态度行为,确定案例具有可观察与可获取性;(3)案例得到业界、学界和媒体的广泛关注,能获取丰富的一手或二手资料,从而降低事件描述的片面性。基于上述选择标准,本部分在案例库 300 起案例中最终保留了 177 起案例作为分析资料来源。根据邻避设施的类型进行分类(包括污染类、风险集聚类、心理不悦类以及污名化类四大类),节选的部分案例资料见表 5-1 至表 5-4。

表 5-1 污染类邻避设施案例资料(节选)

项目基本资料	政府诉求	政府行动
六里屯垃圾焚烧发电项目(2006,北京海淀区)	① 六里屯垃圾焚烧发电项目不仅仅是环评的问题,还有规划的问题(北京市政府);② 有利于解决垃圾量激增和垃圾填埋臭味扰民问题;③ 项目在进一步论证前应予缓建,并全面公开论证过程,扩大征求公众意见范围(国家环保总局)。	① 警察走访业主,劝说其不要参与;② 北京市环保局公布环评报告书,表示从环保角度分析,该项目可行;③ 国家环保总局发布了第一个《环境影响评价公众参与暂行办法》;国家环保总局、国家发改委下发《关于加强生物质发电项目环境影响评价管理工作的通知》,公布了《环境信息公开办法(试行)》。
沪杭磁悬浮交通项目(2006,上海市)	① 磁悬浮在国家交通战略层面的意义。政府和磁悬浮公司认为磁悬浮是后高速铁路时代的战略技术储备,是可以替代飞机的现代战略交通技术,具有国家战略意义。② 可以疏解世博会交通压力,为浦东机场和虹桥机场提供快速联络等。	① 散步游行时,警方拉起警戒线,成规模时开始和平围堵。有公安起初扣押了数十人,并把他们押上警车。② 发布环评报告和公众参与报告。但是,沪杭磁悬浮线路的环评报告是在上海环境热线网上低调公示的,其余官方网站都没有作重点跟进。③ 环评报告公示期间,公众可以通过电子邮件、信函方式向环评单位、建设单位及所在行政区域的街道办事处或镇政府反馈意见。④ 相关政府部门准备通过上级部门与建设单位协调,把受项目影响的几户人搬走。⑤ 各区信访办陆续组织磁悬浮研究中心、市环科所等相关负责人与几个小区的业主分别见面协调。

资料来源:作者自制。

污染类邻避设施是我国邻避事件中出现频率较高的一类设施类型。尽管此类设施常常带来大气污染、固态废弃物污染等显著负外部性,但其对于城市经济发展乃至公共服务供给具有重要意义。因此,此类项目的设立,地方政府通常要面临更加集中、更为激烈的公众抵制情绪,并常常借助出台环评报告、网络信息公示等方式加以应对。

表 5-2　风险集聚类邻避设施案例资料(节选)

项目基本资料	政府诉求	政府行动
220千伏变电站(2007,北京望京)	北京朝阳区发改委答复:望京220千伏变电站是按照《北京市"十一五"时期电力发展规划》建设,符合城市规划,满足项目核准的要求。 ① 市政府回复请以合法途径解决; ② 规划委员会同意居民调阅工程规划的相关证件,但是当时无法调阅(据说是被经手人借走了); ③ 建设委员会答复这事要找规划委员会; ④ 规划委员会信访办答复想要求他们停工,要找城管监察大队; ⑤ 城管答复他们只管夜间施工扰民,违法施工得找环保局; ⑥ 市环保局表示环境评价书里有商业机密; ⑦ 警察表示群众先动手; ⑧ 望京街道办司法所所长宣布将安排街道办的两名工作人员值班,只要敢随便开工,居民就给他打电话,他会第一时间处理; ⑨ 朝阳区信访办主任承诺,将联系环保、规划等部门重新评估变电站工程,得出结论前变电站应停工,由政府派人看守。	① 区发改委答复居民; ② 警察劝阻上街抗议居民; ③ 居委会张贴告示说:"工地已经被明令停工。"; ④ 在朝阳区信访办组织之下,区规划委和电力公司以及市环保局都派出了工作人员与居民代表对话; ⑤ 警察驱散人群,带走了其中3人,在混乱的局面下,双方发生了推搡,进而动手; ⑥ 建设委员会下令新工地停工; ⑦ 望京街道办司法所所长和居民进行了一次沟通; ⑧ 朝阳区信访办主任等前往望京南湖西园,与反对小区旁建变电站的居民代表座谈。
茂名PX项目(2014,广东茂名市)	市委、市政府在项目论证的过程中,一定会落实群众的知情权、参与权,如实向国家有关部委和专家反映情况,切实做到项目建设实事求是。	① 政府发布通告,反对非法集会、危害社会秩序等行为; ② 政府新闻发言人称,市政府是不会违背民意进行决策的; ③ 市政府召开新闻发布会,声明项目还在普及知识阶段,在社会没有达成充分共识前决不会启动该项目。

资料来源:作者自制。

相较于污染类邻避设施,风险集聚类邻避设施意味着更为直接的风险隐患,所诱发的公众风险感知更为直接,存在转化为邻避冲突的更大可能性。因此,地方政府出于维护地方社会经济秩序的需要,常常会采取更为审慎的应对态度,其最终的决策结果大都不会背离民意。

表 5-3 心理不悦类邻避设施案例资料(节选)

项目基本资料	政府诉求	政府行动
宜家养老院(2015,湖北武汉市)	① 因为来自各方面的压力,目前没有受理宜家养老院办理法人登记证的申请。江夏区民政局在行政复议的答复书中也有明确表述,即许可决定适用法律正确,程序合法,内容适当,应予维持。但考虑到在行政复议期间颁发法人登记证,可能会进一步刺激维权业主,因此非常慎重。② 宜家养老院是武汉市江夏区民政局发出的第一张社区养老机构设立许可证,如果最终因为居民反对而流产,这对民间资本投资社区养老院的热情是很大的挫伤。对养老院负责人的处境,他们也很了解和同情。如果行政复议裁定民政局程序合法,他们将立即为宜家养老院办理法人登记证,尽快促成养老院对外营业。③ 江夏区法制办相关负责人也表示,在程序合法的情况下,对于利用闲置房产开办社区养老院是持支持态度的。就宜家养老院的情况而言,现已进入行政复议阶段,最终行政复议会有一个结果,给业主、也给养老院一个答复。	2015 年 5 月 14 日,江夏区召开听证会,按规定将在 60 天内作出裁定。在此期间,民政局没有受理宜家养老院负责人的申办法人登记证。
天津市第一殡仪馆(2016,天津北辰区)	《天津市大气污染防治条例》规定,本市实行大气污染物排放浓度控制和重点大气污染物排放总量控制相结合的管理制度。向大气排放污染物的,其污染物排放浓度不得超过国家和本市规定的排放标准;排放重点大气污染物的,不得超过总量控制指标。	北辰区环保局曾依据《天津市大气污染防治条例》和《火葬场大气污染物排放标准》,对天津市第一殡仪馆超标排放的火化炉进行了处罚。

资料来源:作者自制。

相较于可以被客观描述的风险集聚类邻避设施,现实中的心理不悦类邻避设施带有更强的主观色彩。尽管此类设施不会带来直接的污染风险和事故隐患,但地方政府在面临这种邻避风险时,常常无法依据法律法规的官方阐释加以处置,更多的是通过出面协商等柔性方式,试图缓解公众的邻避情结。

表 5-4 污名化类邻避设施案例资料(节选)

项目基本资料	政府诉求	政府行动
防治结核、皮肤性病机构康乐花园(2014,海南海口市)	项目的可研报告、建设用地、环评报告、修建性详细规划、建设方案等均已通过审批;建成后污水处理能力达到国家规定排放标准。	① 派出工作组及医疗专家对群众进行广泛宣传解释,并对群众反映的用地附属物、青苗补偿及环保问题进行妥善解决; ② 成立了由市区领导及相关部门组成的处置领导小组,一方面积极做群众思想工作,另一方面要求项目立即停止施工,进一步加大群众科普宣传力度,继续消除群众误解和顾虑。
眉山市精神病院(2011,四川眉山市)	城区内任何项目的实施均要实行批前公示,最近两天会以书面等多种形式向群众公开此项目被停的情况。	停止项目,召开会议讨论。

资料来源:作者自制。

面对由污名化类邻避设施引发的邻避风险,地方政府可能会有更大的处置难度。地方政府在事件前期常常在确保相关项目符合国家规定的技术标准的前提下,已经依据相关法律法规履行批复程序,但即便有合理合规的种种举措,也不能打消部分群众的顾虑。因此,对于此类邻避风险的有效处置,无疑需要公众树立起更强的政府信任感。

第二节
地方政府行动策略的范畴提炼与模型构建

根据扎根理论操作的规范程序,同时基于 NVivo 12 质性分析软件,本节将对筛选出的 177 起案例展开扎根分析,以探讨地方政府在邻避风险治理中的行动策略选择。在数据编码的具体操作流程中,本节主要涉及开放式编码、主轴编码、选择性编码以及理论饱和度检验等环节。

一、案例资料的开放式编码及其范畴化

开放式编码是一个资料概念化和范畴化的过程,研究者需要围绕研究主题不断提出问题、比较资料的异同,通过对原始资料逐字逐句的阅读分析发展出概念、提炼出范畴。① 开放式编码要求研究者摒弃个人的"偏见"和现有研究的"定见",对资料数据中可能识别的任何理论保持开放性。② 本研究的开放性编码遵循以下三个步骤:(1) 对相关语句的摘录,即摘录原始资料中与政府治理邻避风险相关的语句,并按照案例类型进行标号。(2) 概念化,即从上述摘录的词句中简化和提炼出一些初步的概念。(3) "范畴化",即进一步对初始概念进行提炼抽象,形成范畴。经过上述过程后,对重复语句进行剔除,对语义相似的语句进行合并。修改完成后,本部分共获得 156 个初始概念,对初始概念范畴化后共形成 30 个相对独立的范畴。因篇幅有限,这里只截取部分原始资料及其开放式编码过程(见表 5-5)。

表 5-5 开放式编码表(节选)

资料摘录	初始概念	范畴
• 根据浙江省、嘉兴市领导的指示精神,积极研究落实各项工作措施,迅速组织力量进行处置,全力做好事态稳控工作。 • 出动警察和干部维稳。 • 拉动地方经济,积极招商引资但也要维持社会稳定。 • 避免村民大规模的冲突。 • 严令公安机关"不能现场抓人",公安部和其他各级领导也都作了批示,要求尽快疏散群众,平息事态。 • 避免大规模的民众集会游行。	维稳 避免冲突 平息事态 避免游行	维持社会稳定

---

① 熊烨. 我国地方政策转移中的政策"再建构"研究——基于江苏省一个地级市河长制转移的扎根理论分析[J]. 公共管理学报,2019(3):131—144+174—175.
② 周文辉. 知识服务、价值共创与创新绩效——基于扎根理论的多案例研究[J]. 科学学研究,2015(4):567—573+626.

（续表）

资料摘录	初始概念	范畴
• 期盼核电站扶植、鞭策地区经济。 • 彭泽核电厂是彭泽县乃至江西省有史以来投资最多、涉及面最集中、带动地方发展性最强、科技含量最高、社会经济效益较好的项目。 • 对改善电源结构，保障湖北能源安全，缓解湖北环保压力和推动湖北省经济持续发展具有重要作用。 • PX项目进驻之前，漳州市还是一个农业为主的城市，对工业发展的需求是极其迫切的。 • 虽然炼化一体化扩建工程会让城市背负很重的节能减排指标，但对GDP的拉动还是很明显的。 • 投资近百亿元建一个PX化工项目，站在地方政府角度来看，增加税收只是一个方面，更多的还在于拉动整个产业链的发展。	发展经济 发展工业 拉动GDP 提高税收/发展产业链	实现经济发展
• 北京玉泉营变电站选址符合规划要求，该项目也已取得市发改委项目核准和市环保局环评批复文件。 • 该项目的立项、环评、可研报告、建设用地报批、报建手续等均已严格按照有关规定经有关部门审核批准。 • （市）级通信公司新建基站的上报、审批权限均在省级对应部门，该局并未从省环保厅查到涉事基站的报批手续。 • 医院未取得相关手续，属于违法。	项目合法 项目程序不合法 项目违法	程序正当性与合法性
• 二噁英的危害可控。 • 垃圾中转站兴建好后会采用当前国内最先进的环卫技术，即地下室封闭垃圾压缩技术，同时配以灭蝇、杀菌、除臭、喷药系统和污水收集系统，噪音、异味等影响是很小的。 • 焚烧发电是当前国内外生活垃圾处置的主要方式，技术成熟可靠。	危险可控 技术先进/影响小 处理技术成熟	技术理性

（续表）

资料摘录	初始概念	范畴
• 政府部门视而不见。 • 杭州市规划局4月24日出具了一份书面答复，但并没有任何后续进展。 • 国土局相关人员表示，他们只审查下级部门提交上来的手续是不是到位，对于手续造假问题此前并不知情，需要进一步调查。 • 市环保局表示环境评价书里有商业机密。 • 不论是东阳市发展计划局，还是规划局等有关部门，都不愿对记者提供当初立项的有关资料或透露立项过程。	视而不见 无后续进展 不清楚情况 不方便透露信息 不愿意透露情况	不作为
• 公安制止市民聚集；控制聚众代表吴某，直至事件结束。 • 政府发布通告，反对非法集会、危害社会秩序等行为。 • 将下午放学时间延长至下午5时，星期六、日继续上课，防止学生聚集。 • 昆明市下辖的安宁市工商局发布通知，安宁市公民购买口罩必须实名登记。 • 昆明市在全市多个辖区实施"打字复印"实名制，同时禁止销售白色T恤衫。	制止聚集 阻止非法集会 预防学生聚集 买口罩实名制 打印实名制	控制事态
• 当地政府出动约500名特警。官方对民众的诉求不给任何解决方案，并驱逐示威人群。 • 警察驱散人群，带走了其中3人，在混乱的局面下，双方发生了推搡，进而动手。	驱逐人群 警察与居民发生对抗	驱散人群
• 市政府承认在五六年前海沧区审批的一些房地产项目是不够慎重的，和原来规划没有很好衔接起来，不够协调。 • 徐局长表示完全可以理解老百姓的焦急感受，也因之前政府没能解决好垃圾臭味问题向广大民众诚挚致歉。 • 万宁相关部门已对粗暴执法的一名警务人员作出停职处理，也将对事件中严重违法的个别人员进行依法处理。 • 给予金华市委常委、宣传部部长（时任金华市委常委、东阳市委书记）党内严重警告处分；给予东阳市委副书记、市长党内严重警告处分。	承认工作失误 公开道歉 处罚暴力执法警察 处罚政府相关责任领导	政府自查

(续表)

资料摘录	初始概念	范畴
环保部每年会让第三方对生活垃圾焚烧发电厂监测一次,并且浙江省和温州市环保部门也会各有一次监测。	定期监测	加大事后监管
• 江桥垃圾焚烧厂还将在运营中通过污染物在线监测及时显示的方式,接受社会的环保监督。	线上监督	
• 环保主管部门对彭州石化监测、监管严格,要是逮了正着、抓了现行,那就顶格处罚。	加强监管	
• 针对加油站与居民区距离太近存在隐患的问题,太原市消防部门表示,他们会定期对该加油站的各项设备进行严格的检查。	定期检查	
……	……	……
	共 156 个初始概念	共 30 个范畴

资料来源:作者自制,相关资料摘录均来源于"中国城市邻避案例库"。

二、政府行动策略的主轴编码

经过初始编码,原始数据被分解为不同等级和不同类型的代码,而轴心编码的任务就是要将分裂的数据再次整合成连贯的整体。具体来看,该层次的编码旨在发现和建立概念类属之间的各种联系,以便凸显资料中各个部分之间的有机关联,在建立类属关系之后,要分辨主要类属和次级类属,通过比较将其联结起来。① 常见的用以联结的典型范式包括:(1) 条件,即形成被研究对象的环境或者情境;(2) 行动/互动,即研究对象对主体、事件或问题的常规性或策略性反应;(3) 结果,即行动/互动的后果。② 在此基础上,通过对开放式编码环节构建的 30 个范畴进行剔重、整合和筛选,将存在明显逻辑关系的副范畴进一步聚合出目标预设、态度表征、反应策略、行动方式、项目结果等 5 个主范畴(见表 5-6)。

---

① 陈向明. 质的研究方法与社会科学研究[M]. 北京:教育科学出版社,2000:333—334.
② 凯西·卡麦兹. 建构扎根理论:质性研究实践指南[M]. 边国英,译. 重庆:重庆大学出版社,2009:77.

表 5-6　主轴编码形成的主范畴与副范畴

主范畴	副范畴	关系内涵
目标预设	维护社会稳定 发展地方经济 保障公共利益	地方政府应对邻避风险时,常常设定的目标是维护社会稳定、发展地方经济或者是诉诸邻避设施的公共效应,以此作为邻避风险治理的切入口。
态度表征	直接表态 主动应对 不作为	由于时间、地域以及政府工作人员自身特质的差异,地方政府在面对邻避风险时,常见的态度表征方式要么是直接表达对此项目的认可程度,要么是立足于公众需求,积极回应,要么对关键信息进行隐瞒,对相关事件持模糊处理态度。
反应策略	程序合法性 技术理性 定性策略 塑造大局观	地方政府在邻避风险治理过程中为安抚公众的不安心理,有效化解邻避冲突,常常采取的反应策略是程序合法性、技术理性、定性策略、塑造大局观等。
行动方式	信息管控　控制事态 惩罚示范　驱散人群 信息公开　沟通协商 安抚居民　扩大参与 教育宣传	在公众层面,地方政府常常根据邻避冲突的严重与否程度采取相对应的行动方式,主要包括以管控压制为主的"刚性行动策略"、以怀柔安抚为主的"柔性行动策略"。
	政府自查 上传下达 政企联合	在政府层面,部分政府部门或负责人与邻避项目的选址、推进有一定联系。因此,上级政府或者当地政府会选择政府自查自纠、信息的上下传递以及与项目建设和运营方联合等行动方式。
	事前预防 事中惩处 事后监管	在项目设施的建设和运营方层面,地方政府在邻避风险治理中常常是加强事件前期预防、事件进行中的惩罚以及事后监管强化等。
项目结果	继续/推进　更改/迁建 整改/整治　停产/终止 不了了之	地方政府对邻避设施项目的干预结果。

资料来源:作者自制,相关资料摘录均来源于"中国城市邻避案例库"。

三、政府行动策略的选择性编码与模型构建

选择性编码是通过描绘现象的"故事线"来梳理和发现核心范畴,并在核心范畴与其他范畴之间建立起系统的联系,通过资料与正在成形的理论的"互动比对"来进一步把握各个范畴及其相互关系,最终发展出一个新的理论。[①] 本研究确定的核心范畴为"邻避风险治理中地方政府行动逻辑",它由目标预设、态度表征、反应策略、行动方式、项目结果5个主范畴组成。邻避风险治理中的政府行动并非简单的对邻避冲突进行应急式回应,而是一个复杂的多因素共同驱动的作用过程。整体来看,地方政府对当地发展的目标预设及其惯常维持的处理态度,在一定程度上成为政府应对邻避风险采取何种行动的重要情境与前提条件,也在一定程度上决定了地方政府的反应策略与行动方式。地方政府的反应策略是指政府部门在面临邻避风险时,究竟以何种反应来回应邻避事件以及如何应对民众的抗议情绪。这是地方政府对其目标预设与态度表征更直接、更具体的呈现。

地方政府的行动方式由前面的"情境"决定。通常来看,它涉及居民、政府、邻避设施建设和运营方组成的"行动三角"。简单来看,可以归纳为"居民的'刚柔并济'治理""政府自查与政企联合的抉择""设施建设和运营方必然处理"三种不同的行动特征。最后,在一系列行动背后,地方政府往往对邻避设施秉持三种不同的处置态度,即强硬、妥协与拖延,决定了邻避项目是继续实施推进,还是中途流产终止,或者是采用"拖字诀",期望避过相关事件的风口浪尖后,开展下一步行动。以上述线索与关键结构为基础,建构出我国地方政府治理邻避风险的行动逻辑框架,本研究将其称为我国地方政府治理邻避风险的"情境—表达—结局"模型,如图5-1所示。

[①] 周文辉. 知识服务、价值共创与创新绩效——基于扎根理论的多案例研究[J]. 科学学研究,2015(4):567—573+626.

第五章　风险演化:邻避情境中的地方政府应对逻辑　　149

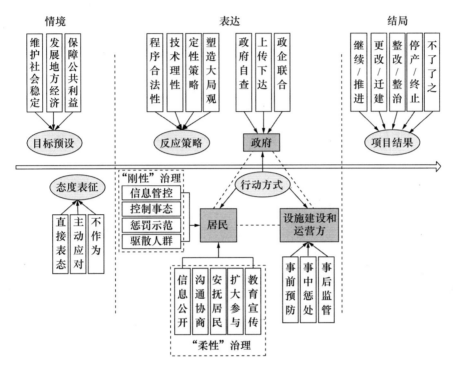

图 5-1　邻避风险治理中地方政府行动的"情境—表达—结局"模型
资料来源:作者自制。

四、理论饱和度检验

理论饱和度检验是指在不获取额外数据的基础上,进一步发展某一个范畴特征,以作为停止采样的鉴定标准。[①] 其目的在于,检查是否存在样本特征数据的遗漏以及是否还存在能进一步发展的核心范畴。[②] 如若不存在上述两类问题,则意味着该模型具有较高的理论饱和度。为确保研究分析信度,本部分的理论饱和度检验用预留1/3的原始资料进行。结果显

---

①　Ruth E. Fassinger. Paradigms, Praxis, Problems, and Promise: Grounded Theory in Counseling Psychology Research. [J]. Journal of Counseling Psychology, 2005(2):156-166.
②　张兵红,吴照云,姜浩天. 基于知识图谱与扎根分析的中国管理理论构建范式研究述评[J]. 管理学报,2022(1):150—158.

示,模型中的范畴已发展得足够丰富,未发现新的范畴和关系,主范畴内部也没有形成新的初始概念,这表明研究构建的"情境—表达—结局"模型和范畴化相对饱和,可以停止采样。

第三节
地方政府行动的"情境—表达—结局"模型的分析

通过上述对原始资料的概念化与范畴化过程,可以提炼出我国邻避风险治理过程中地方政府行动的"情境—表达—结局"模型,并将影响地方政府治理行为的各种因素囊括在内,从而为完整刻画邻避风险治理中的地方政府行动提供一个认识框架。为进一步剖析模型中所隐含的地方政府行动逻辑,本节将重点讨论地方政府治理邻避风险过程中应对策略与行动方式的形成机理。

一、目标预设:政府回应的深层动因

隐藏在政府行为背后的深层次动机是什么?地方政府内部是否存在一个稳定的、持久的预期目标,并在当地邻避风险治理过程中持续产生影响?基于上述模型,本部分认为地方政府在应对邻避风险时常常在维护社会稳定、发展地方经济以及保障公共利益三个维度之间进行权衡,且这种权衡将会不断影响地方政府对邻避冲突的处理态度与行动策略。

地方政府在邻避风险治理中的最基本立场是经济发展与社会稳定。从发展型政府理论来看,发展型政府把经济发展作为优先项,把 GDP 作为官员政绩考核的主要指标,但容易使政府的社会服务功能受到抑制,在失业和弱势群体保护方面难以充分发挥作用,还可能会导致政府公信力下降,破坏社会信用体系。晋升锦标赛理论认为,我国地方政府官员的晋升是与当地经济发展紧密联系在一起的,上级官员以下级官员主政地区的经

济绩效为核心对下级官员进行政绩考核,①作为选拔任用干部的依据,任期内经济绩效发展良好的地方政府官员能得到晋升和提拔。这种晋升锦标赛机制形塑了地方政府行为,使其专注于经济发展,成为"中国经济增长奇迹"的重要制度原因,但也导致地方保护主义、重复建设、环境污染等问题。② 以发展型政府理论与晋升锦标赛理论为视角,地方政府会把经济增长作为其核心工作,以发展经济为自身行为的优先目标,发展型政府或晋升锦标赛构成了地方政府行为选择的内在逻辑。③ 与此同时,虽然经济挂帅的经济形态与压力型体制是当前我国地方政府治理逻辑的一种恰切解释,但地方政府的压力除了经济指标以外,还有其他可以被一票否决的指标,如社会和谐稳定。由于对社会安定的格外重视,政府面临邻避冲突事件时,会尽量规避群体性事件与街头抗议。基于此,政府容易从"社会动荡影响经济发展"这一逻辑出发,看待整个邻避冲突事件。在此背景下,面对邻避冲突,政府会从极度敏感性的社会稳定与经济发展这两方面定位自身的立场和处理原则。

此外,隐藏于维护社会稳定与发展地方经济二维目标背后的是保障公共利益的目标。这一目标虽常常被经济发展目标所掩盖,却越来越为地方政府重视。原因在于,随着城市化进程的加快,很多邻避项目建设的初衷不再局限于地方经济发展,而在于增加更多的公共设施以应对愈发严重的城市问题,从而保障当地居民的公共利益。在众多的邻避案例中,部分地方政府在面临邻避冲突时常常会提起建设邻避设施的必要性。虽然,并非所有邻避设施都是公共利益所"不可或缺"的,并且邻避设施有时确实能给社会带来某种利益,但其建设与运营同样需要某种负外部性成本,如生活环境的破坏、身体健康的影响和生命安全的威胁。④ 但不可否认的是,对公共利益与环境可持续的保障逐渐成为地方政府在邻避风险治理中的重

---

① 周黎安. 中国地方官员的晋升锦标赛模式研究[J]. 经济研究,2007(7):36—50.
② 郑磊. 财政分权、政府竞争与公共支出结构——政府教育支出比重的影响因素分析[J]. 经济科学,2008(1):28—40.
③ 陈宝胜. 邻避冲突治理的地方政府行为逻辑[J]. 中国行政管理,2018(8):119—125.
④ 陈宝胜. 公共政策过程中的邻避冲突及其治理[J]. 学海,2012(5):110—115.

要目标,也成为影响地方政府行动策略的重要因素。

二、态度表征:政府行为的直接因素

地方政府的行事风格往往会在很大程度上决定其在邻避风险治理过程中的行为方式选择。从常规经验来看,地方政府常见的处事类型大致可分为主动应对、不作为以及直接表态等。积极主动型政府惯常采用主动应对型策略,意指当地政府在兴建城市邻避型项目时,具有主动研判环境抗争事件发生的意识。[①] 具体来说,在邻避风险治理过程中,能够充分且主动地与民众进行有效沟通,并且能够贴合民众诉求尽可能做到主动回应,以便化解双方矛盾,尽可能消除因沟通不畅带来的错误理解,避免冲突抗议的进一步加剧。当然,也有可能因为方法措施不当,行为存在形式主义,缺乏主动性互动能力,导致邻避风险的逐步发酵,致使政府决策发生改变。怠惰因循型政府在面临邻避风险时往往采取不作为态度,常常在邻避风险治理过程中应急迟缓乏力,迟迟不能就民众关心的问题表态,将政府自身置于被动回应状态,也未将已经承诺的内容落实。此类回应态度并不能从本质上化解危机,甚至导致政府的公信力下降。此外,还有一部分地方政府往往在邻避风险发生之初就报以明确态度,要么是支持邻避设施的建设,要么是反对邻避设施的建设。这些地方政府在应对邻避风险时往往立场比较坚定,也能够采取多方行动以应对邻避冲突。但是,也可能过于鲜明的态度容易激发民众的抗议心理,从而促使邻避冲突进一步加剧。总体来看,地方政府的回应态度在一定程度上对其行为方式的选择具有重要影响。

三、反应策略:行动前的"表达艺术"

在地方政府表态与采取正式行动之间仍可能有一个中间环节,那就是

[①] 杨志军,欧阳文忠. 消极改变政策决策:当代中国城市邻避抗争的结果效应分析[J]. 甘肃行政学院学报,2017(1):22—36+126.

反应策略。它是地方政府态度表征的进一步具象化，同时也是政府采取具体行动方式之前惯常采用的策略"表达艺术"。在这一环节，地方政府往往会表达多种反应策略以使其接下来的具体行动合理化、正当化。具体来看，地方政府经常采用的反应策略包括程序合法性、技术理性、定性策略以及塑造大局观等。程序合法性是指地方政府常常从法律角度论证邻避设施选择、兴建的合理性，以邻避项目引进、申请、审批程序合法与否作为邻避设施能否继续推进的判断标准。虽然这一策略的说服力看似很强，但当地民众由于对政府信任不足以及自身安全的迫切需要，常常并不买账。技术理性是指地方政府往往将邻避设施的建设作为技术问题而非其他，这使得邻避设施的选址决策看起来理性、客观而又有效率。同时，地方政府强调邻避设施的处理技术成熟、安全，旨在为当地民众塑造一种"不怕"情绪，以便邻避设施能够顺利推进。定性策略是指地方政府往往将邻避风险单方面界定为"居民无理取闹""居民不理解、不懂"等，以便为接下来的强制性推进项目找到合理理由。塑造大局观指的是地方政府将邻避设施冠以国家与区域的发展规划战略需要，以此为由安抚、压制、削弱民众的抗议情绪。总之，地方政府往往凭借上述具有"表达艺术"的反应策略进一步实施其具体行动。

四、行动方式：矛盾的"行动三角"

邻避风险中地方政府主要的治理对象包括与事件相关的当地居民、地方政府自身以及设施方。不同主体所秉持的差异化态度和采取的多样化行动策略，无疑使得邻避风险处置更为复杂，从而构成了邻避风险应对中矛盾的"行动三角"。因此，地方政府的主要行动策略均是围绕上述三者展开的。

从居民来看，地方政府在邻避风险中往往对居民采取"刚柔并济"的治理方式，而非"完全刚性"的"压制"行为。在刚性治理行动方面，地方政府往往会采取信息管控、控制事态、惩罚示范以及驱散人群等方式；在柔性治理行动方面，地方政府常常采取信息公开、沟通协商、安抚居民、扩大参与、教育宣传等方式。需要注意的是,地方政府不是在"柔性治理"与"刚性治理"两类行动方式中二者择一,而是基于邻避事件中复杂的环境,常常需要将两者结合起来使用。同时由于邻避风险的独特性,地方政府在应对居民抗议行为时往往会陷入"举棋不定""左右摇摆"的处置困局。

从政府自身来看,一方面,部分地方政府与邻避设施的建设和运营方之间往往是非规范的"合谋"。为了尽可能地吸纳更多的发展资源,追求经济增长和城市规模扩张,部分地方政府在财政利益和政绩利益驱动下,倾向于把自己和强势利益集团捆绑。于是,一些城市政府在进行决策时多偏向于投资一方,给予开发商以最大的优惠政策,往往强势推动项目审批和落地,从而形成所谓"政企合谋"现象。① 另一方面,部分地方政府在面临邻避风险时也将"刀尖向内",对涉事部门或领导进行惩处。这与前面的"政企合谋"行为几乎是相反的,体现出当前部分地方政府面临邻避风险时对政府自身行为近乎"相悖"的复杂行为方式。

从设施建设和运营方来看,地方政府对市场有着审查、监管与治理职责。近年来,在程度轻微的邻避风险中,地方政府通过强化环评、环境质量监测等措施来强化市场监管,以应对民众的邻避情绪。但是,如果面临的是大型的、严重的邻避风险,地方政府为了维持社会稳定,尽快安抚居民抗议情绪,往往会对涉事的设施建设和运营方采取强硬的惩处措施。显然,地方政府对邻避风险危机程度的感知决定了它对设施建设和运营方的行动方式。

综上,无论是对居民、对政府自身还是对设施建设和运营方的行为方式而言,地方政府均会随着环境条件的变化而发生近乎相反的抉择。因此,这里将地方政府的行动方式概括为具有矛盾色彩的"行动三角"特征。

---

① 田亮,郭佳佳. 城市化进程中的地方政府角色与"邻避冲突"治理[J]. 同济大学学报(社会科学版),2016(5):61—67+124.

第四节
地方政府邻避治理行动策略的再反思

实际上,邻避风险治理之所以在当前社会上升到一个极为重要的高度,不仅是因为邻避设施的兴建可能对其附近居民的日常生活产生负面影响,最为关键的是,邻避事件与邻避风险的扩大化所产生的负外部性边界,已经远远超越了邻避设施自身所能波及的地域范围,而扩展到更为宽广的舆论边界。随着互联网时代的到来,带有一定煽动性与冲突性的网络舆论与现实舆论的声援支持以及大规模的邻避问题发酵,使得邻避问题派生出来的负外部性转移到政府身上,导致政府的形象与公信力受到一定冲击。在我国建设以人民为中心的服务型政府的过程中,公众的满意度、政府的回应度以及政府形象的建设与完善,已经成为政府治理现代化的重要内容。因此,应对日渐增多且性质各异的邻避事件与邻避风险,化解由此带来的负面影响,是当前社会治理必须关注的重要话题。然而,政府对邻避风险的治理,必定会落实到政府工具(也称为"政策工具""治理工具")的选择和应用上。

基于对上述案例资料的分析,按工具力度的强弱程度,政府工具大致可分为强制型工具、渐进型工具和退让型工具。强制型工具是指政府采用强制性的方式应对邻避风险,渐进型工具是指政府采用更为温和的方式进行邻避风险的治理,退让型工具则是指政府采取消极的方式被动地应对邻避风险。[①] 按照工具的类别,政府工具大致分为信息类工具、管制类工具以及经济类工具。信息类工具主要包括公开的教育宣传、信息发布、信息揭露、座谈、公开听证等,其功能在于通过信息沟通拉近政府与公众之间的距离,通过相对温和的手段协商解决邻避问题。管制类工具主要包括规

---

① 王英伟. 权威应援、资源整合与外压中和:邻避抗争治理中政策工具的选择逻辑——基于(fsQCA)模糊集定性比较分析[J]. 公共管理学报,2020(2):27—39+166.

则、命令、直接控制、政府管制、禁止与允许等,旨在通过强力手段制止混乱场合,规范约束相关人员的行为。经济类工具主要包括收费、补贴、交易等,旨在通过经济补偿安慰受害群体。[①] 地方政府应对邻避风险时需要结合实际环境选择合适的政府工具,而且这种政府工具的选择并非单一的,也可能是多种政府工具组合选择。

在了解邻避风险治理中的政府工具功能与特性的基础上,要注重政府工具的使用与危机情境的匹配性,因时制宜与因地制宜地化解邻避风险。当邻避风险爆发时,正是公众心理对政府与设施建设和运营方的负面情绪积累达到质变的时刻,更需要采取合适的政府工具组合以引导和改变公众的认知倾向。

首先,信息类工具可以作为化解邻避危机的基础工具并始终贯穿于风险演化的全过程。邻避风险爆发的原因之一在于政府与公众之间的信息不对称,从最开始对政府决策的担忧,到要求政府回应的忧虑,再到自身利益诉求得不到合理回应的愤怒等,公众的情绪是致使风险演变的重要影响因素,而及时有效的沟通则是消除政府与公众对立形势的重要方式。因此,应在信息沟通的基础上积极邀请公众参与相关决策,进一步减弱公众权利的剥夺感,尽可能地减轻公众的不满情绪,并适时引入其他类别的政府工具,打好邻避风险治理的政府工具"组合拳"。

其次,管制类工具与信息类工具组合发力有利于应对危机高潮时期紧急且混乱的突发状况。管制类工具的特点是政府通过绝对的、强制的公权力维护秩序,并快速地解决游行示威、暴力行动等混乱情况,类似于"快刀斩乱麻"。但是,管制类工具可能缺乏一定的灵活性,甚至在混乱场合容易变异为"以暴制暴"状态,不仅无助于解决当前的邻避问题,更可能激发公众的"逆反"心理,导致事态严重程度进一步升级。因此,在采取管制类工具时,需要积极传递政府相关信息,并向公众传递一种积极的、柔和的安抚

[①] 靳永翥,李春艳. 危机何以化解:基于危机公关的政府工具研究——以环境型邻避事件为例[J]. 北京行政学院学报,2019(6):55—64.

信号,表明政府的态度以缓解公众的情绪。管制类工具与信息类工具协同发力,两种政府工具互补更有利于平息邻避风险。

最后,信息类工具与经济类工具的有效结合,将有利于邻避风险治理后期的公众信任修复与公众情绪安抚。经济类工具的主要功能在于间接的补偿性,它的执行效果最为明显。经济补偿能在一定程度上弥补公众受损的利益,并产生最为直接的效果。邻避风险的演化过程是政府与公众利益相互博弈的过程,也是公众倒逼政府转变决策方式的过程。在意识转变后,政府通常会采取新闻发布会、微博互动等形式积极与公众沟通,并邀请公众参与到邻避项目的后期决策过程中去。然而,这种方式仅仅有助于平复公众的情绪,并不能有效地推进邻避项目。此时,将经济类工具引入,通过给予合适的经济补偿,推进项目在原址继续建设,从而实现经济效益与生态效益的双赢局面。①

本章基于扎根理论的方法,深入剖析了我国邻避风险治理中地方政府的行动逻辑。通过对案例内容进行"开放式编码—主轴编码—选择性编码",提炼与地方政府行动相关的5个主范畴,包括目标预设、态度表征、反应策略、行动方式以及项目结果。通过细致地刻画邻避风险治理中地方政府行动的"故事线",结果发现:首先,地方政府在维护社会稳定、发展地方经济与保障公共利益方面的目标预设,以及其惯常处理冲突事件的直接表态、主动应对与不作为三种不同态度,共同组成了政府处置邻避风险的重要情境与前提;其次,政府的反应策略与行动方式共同组成了邻避风险治理中的表达层次,其中政府的目标预设对其反应策略有着重要影响,而政府二元的态度表征使得地方政府在面对邻避风险中的治理主体时经常"摇摆",呈现出具有矛盾色彩的"行动三角";最后,政府的反应策略与行动方式影响了项目的走向。

基于此,本章构造出邻避风险治理中地方政府行动的"情境—表达—

---

① 靳永翥,李春艳. 危机何以化解:基于危机公关的政府工具研究——以环境型邻避事件为例[J]. 北京行政学院学报,2019(6):55—64.

结局"模型,并通过对地方政府邻避风险治理行动的逻辑反思,进一步明确地方政府应对邻避风险的行动策略实质上是政府工具的选择与组合。在此基础上,本章总结了地方政府在邻避风险演化的全过程中对信息类工具、管制类工具以及经济类工具的选择缘由与使用方式,进一步反思了邻避风险治理中地方政府行动的"情境—表达—结局"模型的适用性。当然,对于这一高度复杂的研究主题,并不是仅仅依靠多案例分析就可以充分阐释的,依然有待于大量细节性描绘以及定量研究的深化和拓展,我国邻避风险治理中的地方政府行动逻辑研究依然有待于进一步深化。

第六章

风险防范：邻避设施的行业监管

在邻避风险扩散过程中,不同行业领域诱发邻避冲突的可能性存在显著差异。而出于风险防控、规范建设等多重治理目标,我国各级政府针对不同行业邻避设施出台了一系列监管政策,并取得了一定积极成效。纵观近年来在全国范围内引起关注的邻避事件,可以发现,重大邻避风险所涉及的设施类型往往较为集中。因此,本章将立足于我国易引发邻避风险的若干行业领域案例,通过对其现有治理政策展开梳理,以进一步探析当前我国邻避治理实践中的政策内容及其演进特征。

第一节
基于典型设施的行业监管政策

尽管邻避事件存在多种诱因,但既有案例表明,社会公众通常会默认政府为风险处置的主要责任主体,政府的邻避处置行动将是影响事件走向的重要因素。从这一角度来讲,政策部门针对不同的邻避设施所采取的差异化治理策略,同样也是我国邻避风险处置机制的重要内容之一。因此,本章的基本定位是,借助政策文本分析,探析政府部门在处置各类邻避风险过程中采取的治理策略。

类似于城市转型期中的其他挑战,邻避风险在诸多政策领域、各类建筑设施中常有涉及。上述现象直接体现为,大体量、跨领域、长时间跨度的相关政策,都或多或少地提及邻避风险处置问题。有关邻避治理处置的相关策略,已然大量分布于不同领域的政策之中,专设性邻避政策的具体范围无法精准辨析。因此,界定邻避政策的合理范围将是进一步探析政府治理策略的重要前提。本章对于治理行动的关注，主要基于政府这一主体视角对邻避处置策略展开界定，并不过多关注政府与公众之间的互动策略。本章提及的治理策略大致范畴，可理解为：包括但不限于与邻避风险处置相关的法律、法规、技术标准，以及应急预案等制度设计与风险应对举措。

从风险处置机制的角度理解邻避相关政策，可以从诱发邻避风险的各类设施入手，即从邻避风险源界定出发，探析我国不同领域内邻避设施的风险源界定政策与应对举措。其中，法律规范、技术标准等属于制度架构，聚焦于如何界定邻避问题、预防风险；各类具体应对举措，则直接关乎邻避风险的处置效果。邻避风险源的界定，其本质在于回答邻避风险治理策略中的领域分异问题。因此，本部分的研究目的在于，通过对若干常见邻避设施相关政策内容的有效梳理，借助政策文本分析的方法，对于我国政府部门在应对邻避风险中采取的治理策略内容及其演变趋势展开深入分析。

根据邻避设施的规模、属性不同，结合我国既有邻避事件的普遍特征，本书发现诱发邻避风险的常见设施大致存在四种类型：按照设施规模不同，可分为"大型基础设施"与"小型基础设施"两类；按照设施属性不同，可分为"工业类设施"和"特殊文化类设施"等类型。同时结合"中国城市邻避案例库"中的案例，基于出现频次的排序结果，本部分拟从中选取"垃圾处置""通信基站/变电站""化工类""殡仪馆/养老院"四类典型邻避相关领域，分别就相关邻避政策展开梳理。上述四类典型邻避领域基本涵盖了"大型基础设施""小型基础设施""工业类设施"和"特殊文化类设施"等类型。而在框架结构方面，除引言部分之外，本章将分别对上述四类邻避设施的相关政策内容展开系统梳理，并从中提炼和总结出我国邻避风险治理策略的演变特征。

第二节
大型基础设施的行业监管

近年来我国城市化水平显著提高,大量人口得以在城市中高度聚集。这在增强城市整体活力的同时,又对于焚烧厂、填埋场等垃圾处置设施带来了巨大的运营压力,甚至造成了"垃圾围城"的现实窘境。为此,政府部门常常通过建设固体废物综合处置厂、垃圾压缩站、垃圾中转站等垃圾处置设施,不断增强公共服务能力。由于垃圾处置设施具有的强烈"负外部性"特征,垃圾处置设施的建设实践(含选址、兴建、扩建等)常常引起周边居民的强烈抗议,并可能由此导致邻避风险的发生。因此,近年来我国就垃圾处置领域出台若干政策,试图在制度设计层面对于邻避风险进行有效防治。

梳理垃圾处置领域中的邻避政策,可以从纵向与横向两个维度展开。在纵向体系上,按照2017年修订的《中华人民共和国标准化法》,我国标准自上而下可以被分为国家标准、行业标准、地方标准、团体标准以及企业标准。由于强制性标准必须执行,且强制性国家标准由国务院批准发布或者授权批准发布,所以其可以在很大程度上反映相关政策内容。从横向上看,垃圾处置是多部委共同关注且各有侧重的政策命题,常常存在联合发文的情况。基于现有政策文本,其大致分工为:环境保护部主要制定垃圾处置的环境准入标准,住房和城乡建设部着重于垃圾处理的选址与监管标准的制定,工业和信息化部制定垃圾处理的技术标准等。事实上,上述各部委已制定的政策文件在内容上也常常有所交叉并互为补充,共同构成了垃圾处置领域中的邻避政策体系。回归到具体内容,由于焚烧和填埋是当前我国垃圾处置的主要方式,且为满足城市发展需要,常常需要建设更大规模的处置设施。因此,本部分将从垃圾焚烧与垃圾填埋这两个层面,对于我国大型基础设施领域中的邻避政策展开梳理。

一、垃圾焚烧领域中的政策变迁

当前,我国现行有关垃圾焚烧的邻避政策中以技术标准为主的关键性政策主要包括:(1)《生活垃圾焚烧处理工程技术规范》(CJJ 90—2009),住房和城乡建设部发布,2009 年;(2)《生活垃圾焚烧污染控制标准》(GB 18485—2014),环境保护部与国家质量监督检验检疫总局联合发布,2014年;(3)《生活垃圾焚烧厂运行监管标准》(CJJ/T 212—2015),住房和城乡建设部发布,2015 年;(4)《生活垃圾焚烧发电建设项目环境准入条件(试行)》,环境保护部发布,2018 年。该领域相关邻避政策如表 6-1 所示。在具体政策实践方面,围绕垃圾焚烧领域中邻避风险防治问题,我国主要从选址标准、污染防治及运营监管等维度,不断完善相关政策体系。

表 6-1 垃圾焚烧领域相关政策

政策名称	实施时间	发布部门
《城市环境卫生专用设备 垃圾卫生填埋》(CJ/T 29.3—1991)	1992.7.1—1999.6.4	建设部
《医疗垃圾焚烧环境卫生标准》(CJ 3036—1995)	1995.12.1 至今	建设部
《城市环境卫生专用设备 垃圾卫生填埋》(CJ/T 18—1999)	1999.6.4—2013.10.12	建设部
《生活垃圾焚烧污染控制标准》(GWKB 3—2000)	2000.6.1—2002.1.1	国家环境保护总局
《生活垃圾焚烧污染控制标准》(GB 18485—2001)	2002.1.1—2014.7.1	国家环境保护总局、国家质量监督检验检疫总局
《生活垃圾焚烧处理工程技术规范》(CJJ 90—2002)	2002.9.1—2009.7.1	建设部
《生活垃圾焚烧锅炉》(GB/T 18750—2002)	2002.12.1—2009.6.1	国家质量监督检验检疫总局
《生活垃圾焚烧炉及余热锅炉》(GB/T 18750—2008)	2009.6.1—2023.7.1	国家质量监督检验检疫总局、中国国家标准化管理委员会
《生活垃圾焚烧处理工程技术规范》(CJJ 90—2009)	2009.7.1 至今	住房和城乡建设部
《生活垃圾焚烧厂运行维护与安全技术规程》(CJJ 128—2009)	2009.7.1—2018.2.1	住房和城乡建设部

（续表）

政策名称	实施时间	发布部门
《生活垃圾焚烧炉渣集料》（GB/T 25032—2010）	2011.5.1 至今	国家质量监督检验检疫总局、中国国家标准化管理委员会
《垃圾焚烧袋式除尘工程技术规范》（HJ 2012—2012）	2012.6.1 至今	环境保护部
《生活垃圾焚烧厂垃圾抓斗起重机技术要求》（CJ/T 432—2013）	2013.10.1 至今	住房和城乡建设部
《垃圾焚烧尾气处理设备》（GB/T 29152—2012）	2013.10.1 至今	国家质量监督检验检疫总局、中国国家标准化管理委员会
《生活垃圾焚烧污染控制标准》（GB 18485—2014）	2014.7.1 至今	环境保护部、国家质量监督检验检疫总局
《生活垃圾焚烧厂运行监管标准》（CJJ/T 212—2015）	2015.10.1 至今	住房和城乡建设部
《大型垃圾焚烧炉炉排技术条件》（JB/T 12121—2015）	2015.10.1 至今	工业和信息化部
《生活垃圾焚烧厂检修规程》（CJJ 231—2015）	2016.5.1 至今	住房和城乡建设部
《生活垃圾焚烧厂标识标志标准》（CJJ 270—2017）	2017.10.1 至今	住房和城乡建设部
《生活垃圾焚烧厂运行维护与安全技术标准》（CJJ 128—2017）	2018.2.1 至今	住房和城乡建设部
《生活垃圾焚烧发电建设项目环境准入条件（试行）》	2018.3.5 至今	环境保护部
《生活垃圾焚烧炉及余热锅炉》（GB/T 18750—2022）	2023.7.1 至今	国家市场监督管理总局、国家标准化管理委员会

资料来源：作者自制。

（一）关于垃圾焚烧厂的选址政策

在"中国城市邻避案例库"中，大多数由垃圾设施引发的邻避冲突都源于设施选址问题。因此，合理进行设施选址不仅仅是一个技术问题，而更多地具有公共政策属性。就垃圾焚烧厂选址问题而言，相关政策较多关注技术标准的完善，力图通过更加科学的技术标准来规范焚烧厂的选址过程。

2009年，住房和城乡建设部出台《生活垃圾焚烧处理工程技术规范》

(CJJ 90—2009），明确提出焚烧厂选址应在符合城乡总体规划与卫生专业规划的基础上，选择生态资源、地面水系、机场、文化遗址、风景区等敏感目标少的区域，但尚未对与居民区的位置关系作出明确规定。2014年出台的《生活垃圾焚烧污染控制标准》（GB 18485—2014），则指出应依据环境影响评价结果且经环保主管部门批准后确定厂址与其他人群的距离，并细化了环境影响评价的具体内容。2018年印发的《生活垃圾焚烧发电建设项目环境准入条件（试行）》，创新性地提出了鼓励垃圾焚烧厂转型为垃圾焚烧发电厂的环保理念，新建项目鼓励采用生活垃圾处理产业园区选址建设模式，同时通过兼顾区域供热等方式提升社区的正外部性。此外，该文件还进一步强调了环境影响评价结果对于确定位置关系的决定性作用，并明确指出厂界外设置不小于300米的环境防护距离。以此为标志，我国垃圾焚烧厂选址的技术标准逐渐走向成熟。

（二）关于垃圾焚烧厂污染控制政策

由于垃圾焚烧厂大都位于城市郊区，以焚烧方式处置垃圾常常涉及转运、压缩等必要环节。因此，我国关于垃圾焚烧污染控制的邻避政策，主要基于运输、焚烧和排污等环节从点和面两个维度加以规范。

一是强调垃圾运输的技术标准，减少垃圾运输过程中的污染问题。案例库中的部分案例表明，在垃圾运输过程中产生的滴漏问题同样可能引起相关群体的抗议。因此，2018年印发的《生活垃圾焚烧发电建设项目环境准入条件（试行）》明确规定："生活垃圾运输车辆应采取密闭措施，避免在运输过程中发生垃圾遗撒、气味泄漏和污水滴漏。"这一规定的提出，标志着我国相关政策体系逐渐对于既有邻避事件暴露出的潜在风险展开回应。

二是从污染物排放限值和设备技术规范出发，不断细化焚烧排放标准。早在2009年出台的《生活垃圾焚烧处理工程技术规范》中就明确规定，垃圾焚烧厂必须配置烟气净化装置，以控制其二次污染。2014年出台的《生活垃圾焚烧污染控制标准》则进一步细化并提高了烟气污染物排放限值。此外，针对在大量邻避事件中受到广泛关注的"二噁英"排放问题，

2018年印发的《生活垃圾焚烧发电建设项目环境准入条件(试行)》进行了明确提及,并对废气的处理工艺、排放方式以及恶臭气体作出了更为详尽的规定。不同标准下的污染物限值如表6-2所示。①

表6-2 三种标准中垃圾焚烧炉排放烟气中污染物限值对比

序号	污染物	单位	国家标准 GB 18485—2001	国家标准 GB 18485—2014	欧盟 2000/76/EC
1	颗粒物	mg/Nm^3	80	20	10
2	HCl	mg/Nm^3	75	50	10
3	HF	mg/Nm^3	—	—	1
4	SO$_x$	mg/Nm^3	260	80	50
5	NO$_x$	mg/Nm^3	400	250	200
6	CO	mg/Nm^3	150	80	50
7	TOC	—	—	—	10
8	Hg及其化合物	mg/Nm^3	0.2	0.05	0.05
9	Cd及其化合物	mg/Nm^3	0.1	0.1	0.05
10	Pb及其化合物	mg/Nm^3	1.6	1.0	0.5
11	烟气黑度	林格曼级	1	—	1
12	二噁英类(TEQ)	ng/Nm^3	1	0.1	0.1

资料来源:作者自制。

注:(1)本表规定的各项标准限值,均以标准状态下含11%氧气的干烟气为参考值换算;(2) GB 18485—2014、欧盟 2000/76/EC 数值均为日均值;(3)本表中重金属及二噁英类数值为测定均值;(4)在任何1h内,烟气黑度超过林格曼1级的累计时间不得超过5min。

三是逐渐关注垃圾焚烧厂的废水排放及回收问题。垃圾焚烧厂不仅会带来一定程度的空气污染,而且由于其生产环节离不开水资源的大量使用,废水污染同样可能带来邻避风险。这一点在既有邻避案例中也同样有所体现。为此,早期《生活垃圾焚烧处理工程技术规范》主要从异味控制环节和处理系统上对其技术标准加以规范,后期出台的《生活垃圾焚烧发电建设项目环境准入条件(试行)》对污水防渗等内容加以补充。例如,生活

---

① 曾曜,范长健.垃圾焚烧发电烟气排放标准及提高对策研究[J].环境保护与循环经济,2017(2):68—72.

垃圾渗滤液和车辆清洗废水应当收集，并在生活垃圾焚烧厂内处理或者送至生活垃圾填埋场渗滤液处理设施处理等。

（三）垃圾焚烧厂运营监管政策

垃圾焚烧厂选址等新建环节常常会诱发邻避风险，而其正常的运营活动同样有可能引起相关群体的抵制。因此，从政策效果的角度出发，完善监管制度会对弱化邻避风险产生积极意义。当前我国在垃圾焚烧厂运营监管领域所建构的邻避政策体系主要包括"专设性＋一般性"两种类型的政策。

《生活垃圾焚烧厂运行监管标准》是国家层面现行的专设性监管政策，其对于垃圾焚烧的整个流程展开整体性监管，主要包括：垃圾进厂车辆管理及垃圾计量的监管；垃圾卸料储料环节的监管；垃圾焚烧炉运行监管；烟气净化系统的监管；渗滤液处理监管；安全管理等。与此同时，我国又出台了包括《生活垃圾焚烧厂检修规程》《生活垃圾焚烧厂标识标志标准》《生活垃圾焚烧厂运行维护与安全技术标准》等在内的大量一般性政策，各有侧重地对垃圾焚烧厂的运营情况进行监管，并从技术规范和制度建设等层面加以监督。以《生活垃圾焚烧污染控制标准》为例，其规定生活垃圾焚烧厂运行企业应建立企业监测制度，制定监测方案，并向当地环境保护行政主管部门和行业主管部门备案；环境保护行政主管部门应采用随机方式对生活垃圾焚烧厂进行日常监督性监测，并对其重要污染物排放情况至少每季度开展一次监测等。由此表明，我国在垃圾焚烧厂运营监管领域的相关政策已逐渐从单纯的技术规范向常态化的制度加以转变。

二、垃圾填埋领域中的政策变迁

填埋是常见的另一种垃圾处置方式，垃圾填埋场所带来的异味、地下水污染等负外部性也同样是引发部分地区邻避现象的重要原因。我国关于垃圾填埋的政策起源于20世纪90年代，2005年出台《生活垃圾填埋场无害化评价标准》，标志着相关政策逐渐走向体系化。垃圾填埋领域的重要邻避政策如表 6-3 所示。相较于垃圾焚烧领域内的政策内容,垃圾填埋领域内的政策具有以下两个特点:一是政策发起部门较为集中,主要是以住房和城乡建设部以及环境保护部为主;二是由于填埋处置技术尚无根本性突破,因此其相关政策更具稳定性,废止的文件数量较少。

从邻避的角度出发,垃圾填埋场的负外部性主要体现为异味以及土壤渗透所带来的地下水污染问题,尤其是后者常常成为相关群体抗争的焦点所在。因此,对于垃圾填埋领域中的邻避政策,本部分将从垃圾填埋场的选址与污染防治措施两个维度对其内容进行分析。

表 6-3 垃圾填埋领域相关政策

政策名称	实施时间	发布部门
《生活垃圾填埋场污染控制标准》(GB 16889—1997)	1998.1.1—2008.7.1	国家环境保护局
《生活垃圾填埋场环境监测技术要求》(GB/T 18772—2002)	2002.12.1—2009.4.1	国家质量监督检验检疫总局
《生活垃圾填埋场无害化评价标准》(CJJ/T 107—2005)	2005.12.1—2019.11.1	建设部
《垃圾填埋场用高密度聚乙烯土工膜》(CJ/T 234—2006)	2006.12.1 至今	建设部
《生活垃圾填埋场污染控制标准》(GB 16889—2008)	2008.7.1 至今	环境保护部、国家质量监督检验检疫总局
《垃圾填埋场用线性低密度聚乙烯土工膜》(CJ/T 276—2008)	2008.11.1 至今	住房和城乡建设部
《生活垃圾卫生填埋场环境监测技术要求》(GB/T 18772—2008)	2009.4.1—2018.9.1	国家质量监督检验检疫总局、中国国家标准化管理委员会
《垃圾填埋场压实机技术要求》(CJ/T 301—2008)	2009.6.1 至今	住房和城乡建设部
《生活垃圾填埋场降解治理的监测与检测》(GB/T 23857—2009)	2010.2.1 至今	国家质量监督检验检疫总局、中国国家标准化管理委员会
《生活垃圾填埋场填埋气体收集处理及利用工程技术规范》(CJJ 133—2009)	2010.7.1 至今	住房和城乡建设部

(续表)

政策名称	实施时间	发布部门
《生活垃圾填埋场封场工程项目建设标准》（建标 140—2010）	2011.1.1 至今	住房和城乡建设部、国家发展和改革委员会
《生活垃圾填埋场稳定化场地利用技术要求》（GB/T 25179—2010）	2011.8.1 至今	国家质量监督检验检疫总局、中国国家标准化管理委员会
《垃圾填埋场用高密度聚乙烯管材》（CJ/T 371—2011）	2012.2.1 至今	住房和城乡建设部
《垃圾填埋压实机》（GB/T 27871—2011）	2012.9.1 至今	国家质量监督检验检疫总局、中国国家标准化管理委员会
《垃圾填埋场用非织造土工布》（CJ/T 430—2013）	2013.10.1 至今	住房和城乡建设部
《垃圾填埋场用土工排水网》（CJ/T 452—2014）	2014.8.1 至今	住房和城乡建设部
《生活垃圾填埋场防渗土工膜渗漏破损探测技术规程》（CJJ/T 214—2016）	2016.9.1 至今	住房和城乡建设部
《生活垃圾卫生填埋场环境监测技术要求》（GB/T 18772—2017）	2018.9.1 至今	国家质量监督检验检疫总局、中国国家标准化管理委员会
《生活垃圾卫生填埋场防渗系统工程技术标准》（GB/T 51403—2021）	2021.10.1 至今	住房和城乡建设部

资料来源：作者自制。

1. 关于垃圾填埋场选址标准的相关政策

《生活垃圾填埋场无害化评价标准》和《生活垃圾填埋场污染控制标准》是规范垃圾填埋场选址标准的关键性文件，两者成为日后细化选址标准技术性文件的重要基础。按照无害化处置水平的高低，《生活垃圾填埋场无害化评价标准》将垃圾填埋场划分为四个等级，分别是：Ⅰ级，达到了无害化处理要求；Ⅱ级，基本达到了无害化处理要求；Ⅲ级，未达到无害化处理要求,但对部分污染实行了集中有控处理;Ⅳ级,简易堆填,污染环境。不同等级的垃圾填埋场,将采取差异化的管控措施。此外,《生活垃圾填埋场污染控制标准》又进一步细化了垃圾填埋场选址的具体要求。例如,(1)垃圾填埋场要符合规划;(2)明确垃圾填埋场选址的禁止性规定;(3)垃圾填埋场应当避开地质结构不稳定的区域等。尤其需要强调的是,该文件明确指出,生活垃圾填埋场场址的位置及与周围人群的距离应依据环境影响评价结论确定,并经地方环境保护行政主管部门批准。由此可见,环评结果已成为新建垃圾填埋场规划选址的基本依据,这构成了弱化此类邻避设施负外部性的关键政策设定。

2. 关于垃圾填埋场污染防治的相关政策

由于异味、污染地下水等常态化负外部性的存在,垃圾填埋场的建设运营常常受到附近民众的强烈抵制。当前我国在防治垃圾填埋场污染方面,初步建立了技术指标与制度设立相结合的政策体系。2008 年出台的《生活垃圾填埋场污染控制标准》,在规定水污染物排放、地下水水质、甲烷检测、防渗层、污染物浓度及恶臭污染物等方面监测基本要求的同时,又明确强调垃圾填埋场污染防治工作由县级以上人民政府环境保护行政主管部门负责监督实施,并具体规定了针对垃圾填埋场的监测频率。以常常引起争议的地下水污染问题为例,该文件明确规定:"生活垃圾填埋场管理机构对排水井的水质监测频率应不少于每周一次,对污染扩散井和污染监视井的水质监测频率应不少于每 2 周一次,对本底井的水质监测频率应不少于每个月一次。""地方环境保护行政主管部门应对地下水水质进行监督性监测,频率应不少于每 3 个月一次。"近年来我国也不断细化和提高垃圾填埋场的技术要求,并有针对性地围绕填埋气体收集、防渗膜破损探测等填埋关键技术环节加以优化,这体现了我国在完善垃圾填埋场政策体系上的不懈努力。

第三节
小型基础设施的行业监管

我国城市化的快速推进,使得大量产业、人口高度聚集于城市之中,并对各类基础设施带来了巨大压力。无论是新城建设还是旧城更新,城市发展既离不开垃圾焚烧厂等大型基础设施的建设,亦离不开通信基站等小型基础设施的科学布局。规模不同的基础设施都具有不同程度的负外部性,都可能会引起相关群体的邻避情结,从而对城市发展产生不利影响。上述现象既出现在北京、上海、广州等经济发达地区,也出现在四川、贵州等内陆省份。这一结果表明,基础设施引发的邻避现象,已成为我国城市发展所面临的共性问题。

不同于垃圾焚烧厂等大型基础设施,以变电站、通信基站为代表的小型基础设施表现出差异化的邻避属性,并进一步影响着邻避事件的具体走向:一是由于此类设施规模小,负外部性更为隐蔽,貌似更为灵活、多样的选址常常使决策者忽视其诱发邻避冲突的潜在风险;二是此类设施直接服务于居民的生产生活,在空间布局上更靠近生活区,更容易受到周围居民的关注乃至抵制;三是此类设施通常涉及复杂的技术标准,较高的学习成本使得相关群体更容易被错误信息误导。

通过研究"中国城市邻避案例库"中的案例后可以发现,由小型基础设施引发的邻避事件共计41例,占事件总数的13.6%。其中,变电站、通信基站等是诱发邻避事件的常见设施类型。因此,本部分基于案例库的统计结果,选取"变电站"和"通信基站"作为小型基础设施的典型代表,剖析相关领域中的邻避政策。

一、变电站领域中的政策梳理

在既有邻避案例中,公众对于变电站建设事宜的质疑,主要集中在"是否存在电磁辐射危害"和"安全空间距离"等两个方面。何为电磁辐射?

《电磁兼容术语》(GB/T 4365—1995)将其定义为"能量以电磁波形式由源发射到空间的现象,或能量以电磁波形式在空间传播",这与《电磁辐射防护规定》(GB 8702—88)中"能量以电磁波的形式通过空间传播的现象"的界定基本相同。当前,正常生产生活实践都会产生不同程度的电磁辐射,但由于涉及专业计量单位的解读,公众对于电磁辐射常常产生误解,主观放大了变电站等设施的电磁辐射危害,从而进一步引发了潜在的邻避情结,导致邻避事件的不断发生。

公众对于安全空间距离的担忧,实际是质疑变电站设计规范及其采取的电磁防护措施。事实上,我国已围绕"电磁辐射防护"与"变电站设计规范"两个主题,制定出若干相互交织、互为补充的政策文件和技术规范。部分变电站建设政策如表 6-4 所示。因此,本部分主要从"电磁辐射防护"与"变电站设计规范"两个维度,对变电站领域中的邻避政策展开分析。

表 6-4 部分变电站相关政策

主题	政策名称	实施时间	发布部门
电磁辐射防护	《电磁辐射防护规定》(GB 8702—88)	1988.6.1—2015.1.1	国家环境保护局
	《环境电磁波卫生标准》(GB 9175—88)	1989.1.1—2015.1.1	卫生部
	《电磁环境控制限值》(GB 8702—2014)	2015.1.1 至今	环境保护部
电站设计规范	《35~110 kV 变电所设计规范》(GB 50059—92)	1993.5.1—2012.8.1	环境保护部
	《35 kV~110 kV 变电站设计规范》(GB 50059—2011)	2012.8.1 至今	住房和城乡建设部
	《35 kV~110 kV 户内变电站设计规程》(DL/T 5495—2015)	2015.9.1 至今	国家能源局
	《220 kV~500 kV 户内变电站设计规程》(DL/T 5496—2015)	2015.9.1 至今	国家能源局

资料来源:朱重德. 上海市变电站环境保护设计规范研究[C]//中国环境科学学会. 中国环境科学学会学术年会优秀论文集(2006·上卷). 北京:中国环境科学出版社,2006:926—935. 作者在原有资料基础上作了补充。

(一)关于电磁防护的政策梳理

变电站会诱发邻避情结,主要原因在于公众担忧此类设施在运行过程中所产生的电磁辐射。事实上,早在变电站等设施与邻避问题相关联之前,我国便通过出台各类技术规范等方式对电磁辐射问题加以应对。具体来说,电磁防护的政策主要经历了 1988 年《电磁辐射防护规定》、1989 年《环境电磁波卫生标准》、1997 年《电磁辐射环境保护管理办法》以及 2015 年《电磁环境控制限值》等四个重要阶段。

1988 年 6 月,《电磁辐射防护规定》正式实施。该文件首先确立起"可合理达到尽量低"的基本原则,并对电磁辐射防护限值、电磁辐射源管理以及电磁辐射监测作出了明确规定。由于既有邻避案例大部分发生地为居住区,本书认为,相较于关注职业环境的"职业照射导出限值","公众照射导出限值"对于化解邻避情结更有意义。该文件中提及的"公众照射导出限值"如表 6-5 所示。除了对电磁辐射强度的标准作出规定之外,该文件对电磁辐射的管理和监测也作了相关规定。即新建或购置豁免水平以上的电磁辐射体的单位或个人,必须事先向环境保护部门提交"环境影响报告书(表)",对超过豁免水平的电磁辐射体,其拥有者必须对辐射体所在的工作场所以及周围环境的电磁辐射水平进行监测,并将监测结果向所在地区的环境保护部门报告。

表 6-5　公众照射导出限值

频率范围(MHz)	电场强度(V/m)	磁场强度(A/m)	功率密度(W/m²)
0.1—3	40	0.1	(40)[①]
3—30	$67/\sqrt{f}$	$0.17/\sqrt{f}$	$(12/f)$[①]
30—3000	(12)[②]	(0.032)[②]	0.4
3000—15000	$(0.22/\sqrt{f})$[②]	(0.001)[②]	$f/7500$
15000—30000	(27)[②]	(0.073)[②]	2

注:① 系平面波等效值,供对照参考。
② 供对照参考,不作为限值;表中 f 是频率,单位为 MHz;表中数据作了取整处理。
根据《电磁辐射防护规定》的界定,职业照射是指在每天 8h 工作时间内,电磁辐射场的场量参数在任意连续 6min 内的平均值;公众照射是指在 1 天 24h 内,环境电磁辐射场的场量参数在任意连续 6min 内的平均值。

上述标准对电磁辐射的防护限值等作了原则性规定,但并没有针对电磁辐射强度建立具体分类标准。基于此,1989年1月出台的《环境电磁波卫生标准》通过引入"电场强度"和"功率密度"等计量单位,明确了环境电磁波容许辐射强度的二级标准。

2015年1月,《电磁环境控制限值》正式取代《电磁辐射防护规定》和《环境电磁波卫生标准》等早期文件,成为沿用至今的电磁防护限制性文件。作为国家制定的技术标准,该文件在既有实践基础上进行了大量修订,包括:删除了职业暴露限值,删减了管理内容要求,调整了监测要求,以及补充了交流输变电设施的豁免范围等内容。尽管该文件的出台仍属于技术层面的政策完善,但该文件名称中首次提及"电磁环境",即表明相关部门已经逐渐转变单纯的技术导向,开始从人居环境等切入视角对其进行政策应对。

(二) 关于变电站设计规范的政策梳理

基于宏观层面电磁防护的标准限定,聚焦变电站建设事宜的具体规范设计也逐渐出台。相较于一般意义上的电子防护标准,有关变电站的设计规范更为具体。截至当前,变电站建设领域中最具代表性的政策文件包括:(1)《35～110 kV变电所设计规范》;(2)《35 kV～110 kV变电站设计规范》;(3)《35 kV～110 kV户内变电站设计规程》;(4)《220 kV～500 kV户内变电站设计规程》等。其中,较早制定的《35～110 kV变电所设计规范》已于2012年废止,而后三个文件迄今一直有效,对变电站规划、设计、运行和施工环节作了较为明确和详尽的规定。比如在与邻避事件密切相关的选址问题上,以《35 kV～110 kV变电站设计规范》为例,该文件对于变电站选址的地质、地形、地貌甚至是坡度都作出原则性规定,并指出变电站建筑要与周边建筑相协调、与城乡和工矿企业规划相协调。

值得注意的是,尽管国家层面在诸多维度对变电站建设制定了大量限定性标准,但长期以来都没有对变电站与居民区之间的安全距离作出明确规定,这成为此类设施诱发邻避现象的重要原因。因此,各地方政府开始探索制定更具体的变电站环境保护设计规范。

二、通信基站领域中的政策梳理

既有邻避事件中,公众对于通信基站的争议主要集中在电磁辐射问题上。正如上文所述,我国对于电磁防护问题已出台大量限定性技术标准。1988年国家环境保护局公布了《电磁辐射防护规定》,1989年卫生部公布了《环境电磁波卫生标准》,初步搭建起电磁辐射的防护标准。1997年3月,我国又通过公布《电磁辐射环境保护管理办法》等文件,不断补充既有技术标准体系。2015年1月实施的《电磁环境控制限值》,取代了《电磁辐射防护规定》,体现出相关部门在技术层面不断更新技术规范的积极探索。

尤其值得注意的是,经过几十年的不懈探索,我国逐步建立起比欧美国家更为严苛的电磁辐射防范标准。按照现行国家电磁辐射防护标准,在30—3000 MHz频段范围内(即便是在不同制式下,目前我国移动电话通信频率处于800—2600 MHz段),公众区域最大电磁辐射安全上限是:任意连续6分钟内,公众受到的总照射剂量不超过 $0.4\ W/m^2$,这一标准比欧美各工业化国家所制定的标准要更加严格。此外,根据"可合理达到尽量低"的原则,既有文件规定通信基站建设单位必须合理安排基站发射天线的架设方式、位置、高度、下倾角等,以确保基站的水平保护距离和垂直保护距离,在电磁辐射环境值较高的地点不得建设基站;基站室外发射天线周围30米内不得有高于发射天线的敏感建筑物;对于架设在楼顶的基站,应加强通往该楼顶的通道管理,并在天线处悬挂警示牌。目前,中国电信、中国移动、中国联通等主流通信商基站天线前10—20米处的功率密度为 $0.006\ W/m^2$,远低于 $0.4\ W/m^2$ 的国家标准,理论上不会给周围居民身体健康带来严重危害。此外,与欧盟和国际非电离辐射委员会 $4.5\ W/m^2$ 的标准相比，我国移动通信基站辐射强度为 $0.08\,\mathrm{W/m^2}$，几乎可忽略不计。一般来说，基站天线正对方向 10 米之外、垂直方向 3 米之外，都是安全距离。此范围内的辐射在国家安全标准之内，甚至低于电脑、冰箱等家用电器产生的辐射。

由此可见，从技术层面分析，只要符合现行国家技术标准，居民区附近建成或新建通信基站的电磁辐射问题并不严重。而通过分析通信基站建设领域中的邻避政策，可以发现，技术要素并不是此类设施诱发邻避现象的主要动因，单纯的技术逻辑可能无法有效应对此类邻避问题。

第四节
工业类设施的行业监管

现代社会生产实践离不开各类化工设施的建设。可以说，大量化工设施的建设，既是我国工业化战略的重要支撑，又是各级政府积极推进的结果。改革开放以来，我国部分地方政府在"竞争锦标赛"的制度设定下，积极推进大型化工设施建设，成为导致邻避风险的重要诱因。从早期厦门、大连，再到什邡、启东等地，相当数量的邻避事件源于此类设施的兴建。值得注意的是，地方政府常常表现出对于推进此类设施建设的强烈意愿，并逐渐成为引发邻避风险的重要现实诱因。

不同于其他邻避设施，以 PX 项目、造纸项目为代表的化工设施具有独特的邻避属性。一方面，此类邻避设施的正外部性主要体现在促进行业发展和增加地方税收等方面，并不能为附近居民带来直接利益，因而此类设施的宏观经济价值常常不能构成说服相关群体的现实理由。另一方面，其负外部性是随着环保意识的提高而不断凸显的。早期化工设施选址靠近居民区，更多的是从交通便利的角度出发。但随着环保意识的增强，此类设施所带来的异味等问题逐渐凸显，从而具有日渐显著的邻避属性。

通过研究"中国城市邻避案例库"中的案例后可知，由化工设施引发的邻避事件大概占事件总数的12%，其中PX项目和造纸项目是其重要组成部分。由于化工设施类型多样，其所带来的负外部性也有所不同，无法从整体角度穷尽相关政策内容，因此，本部分根据案例库的统计结果，主要从"PX项目"和"造纸项目"两类常见的化工设施出发，分析邻避视角下化工设施的相关政策内容。

一、PX项目中的相关政策变迁

PX项目即"对二甲苯化工项目"。此类生产设施之所以常常引发相关群体的抵触，其原因在于此类设施具有若干负外部性：一方面，对二甲苯属于低毒类物质，对于眼部及上呼吸道具有一定刺激作用，高浓度的对二甲苯对中枢神经系统有麻醉作用；另一方面，该物质的生产环节大都涉及高温、易燃、易爆等潜在风险，对于安全生产事故的担忧常常成为抵制该设施兴建的重要理由。通过对案例库的分析可以发现，化工类设施引发的邻避风险，常常源于相关群体对于安全距离、环境污染、事故风险等的担心。围绕上述问题，我国主要从项目选址、排污监管等方面制定出台了大量规范性文件，力图在技术标准层面尽可能地规避潜在风险。因此，本部分也同样以上述两个层面对PX项目领域的邻避政策内容展开分析。

（一）关于PX项目设施的选址政策

为确保化工设施安全乃至弱化相关群体的抵制，我国相关部门不断细化化工设施的建设运营标准。就设施选址问题而言，相关政策文件主要包括：(1)《工业企业总平面设计规范》(GB 50187—2012)，2012年；(2)《危险化学品生产、储存装置个人可接受风险标准和社会可接受风险标准（试行）》，2014年；(3)《石化产业规划布局方案》，2014年；(4)《对二甲苯项目建设规范条件》，2015年。其政策演进的大致趋势是：从早期宽泛界定化工类设施建设标准,到后期对 PX 项目单独设计规范体系。这一变化体现出相关部门在建设运营 PX 项目的过程中,不断深化和重视 PX 项目的规范性问题。其中,最为关键的是 2012 年住房和城乡建设部等发布的《工业企业总平面设计规范》和 2015 年工信部、环保部共同制定的《对二甲苯项目建设规范前提》两个文件。值得注意的是,上述两个文件的施行时间,正是我国由化工设施引发邻避风险较为频繁的时期,这体现出相关政府部门在化解此类风险时所作出的积极努力。

  2012 年发布的《工业企业总平面设计规范》对项目选址提出了若干原则性规定。该规范指出:"散发有害物质的工业企业厂址应位于城镇、相邻工业企业和居住区全年最小频率风向的上风侧,不应位于窝风地段,并应满足有关防护距离的要求。"2014 年通过的《危险化学品生产、储存装置个人可接受风险标准和社会可接受风险标准(试行)》则进一步明确了新建、在役对二甲苯类化工企业安全防护距离(如表 6-6 所示)。

表 6-6　我国个人可接受风险标准值表

防护目标	个人可接受风险标准(概率值)	
	新建装置 (每年)≤	在役装置 (每年)≤
低密度人员场所(人数＜30 人):单个或少量暴露人员。	1×10^{-5}	3×10^{-5}
居住类高密度场所(30 人≤人数＜100 人):居民区、宾馆、度假村等。 公众聚集类高密度场所(30 人≤人数＜100 人):办公场所、商店、饭店、娱乐场所等。	3×10^{-6}	1×10^{-5}
高敏感场所:学校、医院、幼儿园、养老院、监狱等。 重要目标:军事禁区、军事管理区、文物保护单位等。 特殊高密度场所(人数≥100 人):大型体育场馆、交通枢纽、露天市场、居住区、宾馆、度假村、办公场所、商场、饭店、娱乐场所等。	3×10^{-7}	3×10^{-6}

资料来源:国家安全生产监督管理总局. 危险化学品生产、储存装置个人可接受风险标准和社会可接受风险标准(试行)[Z]. 2014-05-07.

随着PX项目引发的邻避风险日益增多,相关部门逐渐加快了此类设施的政策制定,并于2015年有针对性地制定出《对二甲苯项目建设规范条件》,成为规范此类设施的专设性建设标准。该规范明确指出,新建、改扩建对二甲苯项目应符合国家化工设施政策和《石化产业规划布局方案》等发展规划,符合相关法律法规、生态环境规划和土地利用规划要求。同时,该文件指出,对二甲苯项目防护距离应符合相关国家标准或规范要求。这一标准性文件成为日后建设PX项目的基本标准。

（二）关于PX项目排污标准的相关政策

PX项目所带来的污染等负外部性,是引发各类邻避现象的重要诱因。为尽可能地减少PX项目所带来的污染,我国逐渐形成了"宏观要求＋具体指标"的政策体系(如表6-7所示)。其中,《中华人民共和国水污染防治法》(以下简称《水污染防治法》)和《中华人民共和国大气污染防治法》等综合性环保防治法规,主要从污染物排放限值、监测流程和监管要求等角度,对我国PX项目生产过程中的排污事宜进行宏观管控。在具体数值指标方面,我国以1974年实施的《工业"三废"排放试行标准》(GBJ 4—73)为政策起点,先后制定出《大气污染物综合排放标准》(GB 16297—1996)、《污水综合排放标准》(GB 8978—1996)、《工业炉窑大气污染物排放标准》(GB 9078—1996)、《石油化学工业污染物排放标准》(GB 31571—2015)等限定性技术标准,并不断加以完善。因此,从政策沿革的角度出发,可以发现,国家环保部门是我国PX项目排污问题的主要负责部门,并在排污标准方面实现了从工业普遍性标准向石化等具体领域的延伸细化。尽管上述标准性政策并未直接立足于邻避风险防治的视角,但亦从客观结果上有助于邻避问题的防范化解。

表6-7 PX项目大气污染和水污染排放标准相关政策

政策名称	实施区间	发布单位
《工业"三废"排放试行标准》(GBJ 4—73)	1974.1.1—1997.1.1	国家计划委员会、国家基本建设委员会、卫生部

(续表)

政策名称	实施区间	发布单位
《污水综合排放标准》(GB 8978—88)	1988.1.1—1998.1.1	国家环境保护局
《大气污染物综合排放标准》(GB 16297—1996)	1997.1.1 至今	国家环境保护局、国家技术监督局
《工业炉窑大气污染物排放标准》(GB 9078—1996)	1997.1.1 至今	国家环境保护局
《污水综合排放标准》(GB 8978—1996)	1998.1.1 至今	国家环境保护局
《关于发布〈污水综合排放标准〉(GB 8978—1996)中石化工业COD标准值修改单的通知》	1999.12.15 至今	国家环境保护总局
《石油化学工业污染物排放标准》(GB 31571—2015)	2015.7.1 至今	环境保护部、国家质量监督检验检疫总局
《排污许可证申请与核发技术规范石化工业》(HJ853—2017)	2017.8.22 至今	环境保护部

资料来源:作者自制。

在具体标准方面,我国在不断细化PX项目排污限制的同时(如表6-8),也不再拘泥于具体技术标准,开始从城市风险防治等角度对此类邻避设施加以防治。我国早期制定的法律法规,如1989年通过的《中华人民共和国环境保护法》(以下简称《环境保护法》)等,主要依托于排污许可证制度,要求相关企业严格执行国家和地方关于污水和废气排放、噪声控制、固体废物(含危险废物)污染防治方面的法律法规、标准等,做到达标排放和依法合规处置。《石化产业规划布局方案》在明确各类污染物排放限值的同时,又进一步强调了PX项目的内涵范围。该文件指出,原有装置易地搬迁扩建项目属于新建PX项目,同样需要从风险防范的角度重新评估。这意味着相关部门已不再单独强调技术指标,而是逐渐重视城市发展中由此类设施带来的潜在邻避风险。2017年,《国务院办公厅关于推进城镇人口密集区危险化学品生产企业搬迁改造的指导意见》的出台,则更为明显地体现出这一趋势,即技术指标的完善不再是唯一关注点,相关部门已逐渐尝试从城市风险防治的宏观角度,对PX项目等潜在邻避风险源加以关注并逐步解决相关问题。

表 6-8 对 PX 项目工业污染物排放的限值标准

条目	污染物项目	排放限值(mg/m^3)
废水	苯	0.1
	甲苯	0.1
	对二甲苯	0.4
	硫化物	1
废气	苯	4
	甲苯	15
	二甲苯	20
企业边界	苯	0.4
	甲苯	0.8
	二甲苯	0.8
	非甲烷总烃	4.0

资料来源:作者自制。

通过对于 PX 项目相关政策的梳理,可以发现,该领域的邻避政策在技术、行业及切入点等层面呈现出如下趋势:一是在技术层面排污标准的日益完善。《石油化学工业污染物排放标准》等文件是控制污染物排放的基本要求,环评制度和排污许可证制度进一步明确了此类设施的最低标准。在此基础之上,中央政府与地方政府出台的各类文件,共同构建起行业环保标准,力图通过技术标准的完善,达成减少污染物排放、防控邻避风险的现实目的。二是在行业层面,实现了 PX 项目专设性规范文件从无到有的跨越。此前,我国针对 PX 项目并未出台专设性规范,只在水污染、大气污染等宏观污染防治政策文件中零散提及。随着由此类设施引发的邻避风险的出现,我国相关部门逐渐完善了该领域的政策布局。2015 年出台的《石油化学工业污染物排放标准》和国家发改委印发的《石化产业规划布局方案》对今后的石化产业布局进行了总体部署,其目的在于通过科学合理的规划和布局结构的调整,实现此类邻避风险的前置性防治。三是在切入点层面,逐渐尝试从风险防治的整体性视角加以应对。综合分析近年来我国出台的相关政策,可以发现,相关部门已将PX项目视为引发邻避冲突的重要风险源,不再仅仅局限于技术路径,开始从城市风险的整体防治角度加以解决。

二、造纸项目中的相关政策变迁

我国是世界造纸产品生产、贸易和消费大国,总产量和消费量位居世界首位,造纸工业已成为我国国民经济中市场潜力巨大且发展迅速的行业。在造纸工业迅速发展的背后,各类造纸项目大量"上马",同样成为引发各类邻避冲突的现实风险源。2012年发生于江苏省启东市的一起典型邻避事件,就是日本王子制纸排海工程项目所引发的。此后,此类设施所带来的潜在邻避风险获得越来越多的关注。

究其本质而言,造纸项目的负外部性与其他工业设施项目并无本质不同。但从国家乃至城市发展进程层面来看,造纸项目同样是我国工业化与城市化进程的某种写照,即如何平衡发展中的各类利益诉求并处置好各类矛盾,是防范各类发展风险的重要前提。聚焦造纸项目,我国相关部门在空间布局、污染防治和环保监管等层面出台了大量规范性文件,从而搭建起较为完整的政策体系。

(一)关于造纸项目空间位置的相关政策

与其他工业项目类似的是,造纸项目的空间位置选择同样应遵循环境评价影响结果。早在1981年,国家计划委员会等联合发布了《基本建设项目环境保护管理办法》,明确了项目建设过程中环境保护的若干原则。2003年公布的《中华人民共和国环境影响评价法》(以下简称《环境影响评价法》)指出,应对规划和建设项目实施后可能造成的环境影响进行分析、预测和评估,提出预防或者减轻不良环境影响的对策、措施,并进行跟踪监测。事实上,尽管我国出台了大量环评政策文件(如表6-9所示),但由于尚未在国家立法层面建立起统一标准,包括造纸项目在内的各类工业设施的环评结果大都由各地方政府自行决定。上述政策空白,成为频频引发潜在邻避风险的重要原因。

表 6-9 环境影响评价政策梳理

政策名称	实施区间	发布部门
《基本建设项目环境保护管理办法》	1981.5.11 至今	国家计划委员会、国家基本建设委员会、国家经济委员会、国务院环境保护领导小组
《建设项目环境保护管理办法》	1986.3.26—1998.11.29	国务院环境保护委员会、国家计划委员会、国家经济委员会
《建设项目环境保护管理条例》	1998.11.29 至今	国务院
《建设项目环境影响评价资格证书管理办法》	1999.3.30—2006.1.1	国家环境保护总局
《建设项目环境影响评价资质管理办法》	2006.1.1 至今	国家环境保护总局

资料来源:作者自制。

聚焦造纸项目,我国对其空间位置的政策界定也日益规范化。伴随着改革开放以来我国造纸行业的快速发展,我国于 2007 年出台了第一部全面规范和指导我国造纸产业发展的规范性文件——《造纸产业发展政策》。该文件从宏观层面规范了我国新建造纸项目的空间布局要求,其第 7 条规定:"造纸产业布局要充分考虑纤维资源、水资源、环境容量、市场需求、交通运输等条件,发挥比较优势,力求资源配置合理,与环境协调发展。"第 11 条规定:"重点环境保护地区、严重缺水地区、大城市市区,不再布局制浆造纸项目,禁止严重缺水地区建设灌溉型造纸林基地。"此后,结合工业领域中常见的环评等既有制度,我国造纸项目的空间布局规范日益走向成熟。

(二)关于造纸项目排污防治的相关政策

造纸项目排污防治领域中的邻避政策,同样形成了"宏观性+专设性"

的政策体系。与其他工业项目相同的是,各类造纸项目的建设运行同样也应遵守《环境保护法》《水污染防治法》《环境影响评价法》《中华人民共和国清洁生产促进法》等宏观性法律法规。上述法律法规在法律层面构建起严控造纸项目污染、弱化邻避风险的基本政策依据。

在专设性法律层面,该领域的邻避政策日渐丰富。我国造纸企业的排污标准即《造纸工业水污染物排放标准》最早由国家环境保护局发布,并历经多次修订补充,后于2008年被废止;2008年环境保护部等公布《制浆造纸工业水污染物排放标准》并实施至今。相关政策变迁如表6-10所示。

表 6-10 造纸项目排污标准政策梳理

政策名称	实施区间	发布部门
《造纸工业水污染物排放标准》(GB 3544—92)	1992.7.1—2001.1.1	国家环境保护局
《造纸工业水污染物排放标准》(GWPB 2—1999)	2001.1.1—2002.1.1	国家环境保护总局
《造纸工业水污染物排放标准》(GB 3544—2001)	2002.1.1—2008.8.1	国家环境保护总局
《关于修订〈造纸工业水污染物排放标准〉的公告》(环发〔2003〕152号)	2003.9.22—2008.8.1	国家环境保护总局
《制浆造纸工业水污染物排放标准》(GB 3544—2008)	2008.8.1至今	环境保护部、国家质量监督检验检疫总局
《建设项目主要污染物排放总量指标审核及管理暂行办法》(环发〔2014〕197号)	2014.12.30至今	环境保护部

资料来源:作者自制。

(三)关于造纸项目环保监管的相关政策

除建设环节需要符合我国环评制度相关要求之外,造纸项目的正常生产运营同样需要遵循环保监管的相关政策。经过二十多年的探索完善,我国在造纸企业的排污检测标准、检测实施方案以及周边环境质量影响的检测等方面,建立起相关监管标准(部分监管政策如表6-11所示)。在具体运营过程中,造纸企业需按规定对排污状况进行检测,并保存原始记录。环保监管政策的主要目的在于,通过查清企业的污染源、污染物排放及其对周边环境的潜在影响,在技术层面尽可能弱化此类设施的负外部性。

表 6-11 造纸项目部分环保监管政策

政策名称	实施区间	发布部门
《环境影响评价技术导则 地面水环境》(HJ/T 2.3—93)	1994.4.1—2019.3.1	国家环境保护局
《地表水和污水监测技术规范》(HJ/T 91—2002)	2003.1.1 至今	国家环境保护总局
《近岸海域环境监测规范》(HJ 442—2008)	2009.1.1 至今	环境保护部
《制浆造纸行业现场环境监察指南(试行)》(环办〔2010〕146 号)	2010.10 至今	环境保护部办公厅
《排污单位自行监测技术指南 造纸工业》(HJ 821—2017)	2017.6.1 至今	环境保护部
《环境影响评价技术导则 地表水环境》(HJ 2.3—2018)	2019.3.1 至今	生态环境部

资料来源:作者自制。

通过对造纸项目相关邻避政策的梳理,可以发现,技术理性依然是相关部门应对此类设施邻避风险的主要手段,并在以下几个方面逐渐加以完善:一是行业内专设性法律实现了从无到有的跨越。事实上,行业的快速发展所带来的现实需要,是推动我国造纸项目相关政策完善的基本驱动力量。二是进一步完善和提高了污染物排放的限定性标准。经过几十年的探索,我国逐渐调整了排放标准体系,增加了控制排放的污染物项目(如将可吸附有机卤素指标调整为强制执行项目),并进一步提高了污染物排放控制要求。三是依托政策引导提高该行业技术水平,从而尽可能地持久弱化此类设施的负外部性。这在既有政策体系中表现为,在不断完善限定性排污标准的同时,也不断增加鼓励引进新技术、新设备的引导性政策条文。

第五节
特殊文化类设施的行业监管

不同类型的邻避设施,其负外部性的表现并不相同。正如上文所述,工业类邻避设施通常因会带来空气污染、水污染、生产事故等现实风险而受到广泛抵制。事实上,现实层面的负外部性并不是引发公众邻避情结的全部诱因,某些特殊文化类设施的兴建同样可能会受到周边居民的强烈抵制。在不同文化情境下,社会群体对于带有特殊文化符号设施的认知态度有所差异。以公共墓地这类特殊基础设施为例,西方社会并不特别忌讳住宅邻近墓地,恰恰相反,某些墓地还是所在城市的知名旅游景点;而在我国,公众不仅对于周边存在的墓地持有强烈抵制情绪,甚至对殡仪馆等相似性质的设施也同样反感。在此背景下,尽管殡仪馆、临终养老院等设施并不会直接产生物质层面的负外部性,但由于此类设施在我国常常带有特定的文化符号,其同样具有转化为邻避设施的现实可能。

2015年,上海某小区拟将其内部闲置楼房改建为养老院的计划遭到周边业主的强烈反对,甚至挂出"赶走死人院"等横幅以示抗议。此后,相似性质的邻避事件在多地相继出现。在"中国城市邻避案例库"中,由殡仪馆、临终养老院等设施引发的邻避事件超过26例,占比接近9%。随着我国逐渐步入老龄化社会,公众对于殡仪馆、临终养老院等特殊设施的需求将与日俱增,如何更好地应对此类设施所引发的邻避风险,将是亟须进行前瞻性思考的现实挑战。因此,本部分将在剖析此类设施特殊邻避属性的基础上,以养老领域、丧葬领域为例,对特殊文化类设施的邻避相关政策进行梳理。

一、特殊文化类设施及其解构

(一)邻避视域下的特殊文化类设施

工业设施、基础设施等的兴建,常常因其鲜明的负外部性而受到广泛关注。事实上,以殡仪馆、火葬场、临终养老院等为代表的特殊文化类设施,也同样是邻避设施的重要组成部分。通过对既有邻避案例的汇总梳理可以发现,殡仪馆、火葬场、临终养老院等设施,常常能够带来潜在的邻避风险,而此类邻避设施又呈现出与其他邻避设施不同的内在属性。因此,本书认为,特殊文化类设施是一种特殊的邻避设施,具有作为特殊文化符号载体而存在,且负外部性主要集中在精神层面等特征。

从功能上说,此类设施与其他基础设施并无本质区别,其存在目的均是为公众提供某种公共服务。但在特殊的文化情境之下,此类设施又常常带有特殊的文化符号,而这种文化符号多与疾病、衰老、死亡等种种不幸相联系。因此,邻避视域下的特殊文化类设施,不再仅仅是承担某种公共服务的功能单元,更成为一种特定文化的表达载体,其在文化精神层面的负外部性是其邻避属性的鲜明内因。但无论其负外部性体现在物质层面还是精神层面,因其具有强烈的邻避属性,就可作为特定的邻避设施来进行分析。

(二)特殊文化类设施邻避效应的内因解构

此类设施的邻避效应之所以产生,既有与其他邻避设施共同的原因,同时又有其特殊性。"收益—成本"分担不均、制度化表达渠道不畅等,是各类邻避设施引发邻避风险的共性因素,而特定文化载体所带来的精神层面负外部性是其特殊内因。按照学者张乐、童星的观点,特殊文化类邻避设施大都属于心理不悦类设施,即能够引发心理层面不适甚至是抵制情绪的邻避设施。由此可见,精神层面的负外部性既是此类邻避设施的鲜明特征,同样也是其产生邻避效应的主要原因。因此,本书认为此类设施作为我国文化语境下的特殊邻避设施,有必要对其邻避效应的内因进行解构。通过梳理此类既有邻避事件可以发现,其产生邻避效应的独有内因主要集中在以下几个方面:

(1)特定社会文化情境下的心理介怀。在特定的文化情境下,公众较少关注此类设施作为公共基础设施的现实功能,而更关注其背后的文化符号和象征意义。正如2015年上海某小区的案例中部分业主的观点:"养老院肯定会有临终关怀病房和太平间,会经常有死人,影响风水,推开窗就看到养老院总不是一件舒服的事。"可见,特定文化情境会影响周边居民的心理判断,从而推动着公众对此类设施关注焦点的转移——其主观态度会放大对于精神层面负外部性的感知,继而强化了公众的邻避情结。

(2) 群体性认知造成物质层面的切实损失。表面上看,此类设施诱发的邻避风险更多源于其在精神层面的负外部性。但就本质而言,关键在于群体性认知的变化会影响公众的切实利益,主要包括:降低居住区域环境的舒适性、拉低房地产价格、长远影响设施周边区域的经济发展等。由此可见,特定文化情境会影响绝大多数人的主观态度,在此基础上形成的群体性认知左右着社会对附近区域的价值判断,物质层面的切实损失亦能构成引发邻避风险的重要动因。

(3) 损失界定、利益补偿难以规范落实。其他类型邻避设施的负外部性,主要集中在空气污染、水污染、噪声污染以及事故风险等物质层面,常常可以通过增加绿化、提升排污技术、完善管理制度以及相应经济补偿等方式加以应对。但特殊文化类的邻避设施,其负外部性主要体现在精神层面,由于涉及特定的文化情境,公众的群体性认知常常难以规范表达和扭转,既无法通过特定方式对其损失加以明确界定,又很难通过某种利益补偿手段实现有效补偿。因此,在既有邻避事件中,此类设施一旦引发周边公众的关注,常常招致强烈抵制从而难以继续推进。上述特征在我国城市不断扩建此类设施的具体实践中体现得尤为明显。

二、我国特殊文化类设施相关政策的内容变迁

尽管精神层面的负外部性是特殊文化类设施引发邻避效应的根本原因,但出于规范公共事业发展的现实需要,相关部门同样在此领域出台了大量政策文件。以丧葬类、养老类设施为例,现有政策更多属于宏观层面的制度建设,并未从邻避视角对其引发的潜在风险加以关注。

(一) 我国殡葬类邻避设施的政策演变历程

中华人民共和国成立以来,我国殡葬改革始终以保障和改善民生为目标,在探索和实践中取得了不俗的成绩,包括:改进了殡葬工作的方法、方式;加强了殡葬方面的法制建设,对丧俗进行整体改进;完善了殡葬基础设施,为人民群众的多样化殡葬需求提供了系统性服务等。我国殡葬类邻避设施相关政策经历了如下演变历程(见表 6-12):

表 6-12 我国殡葬类设施的政策演变历程

颁布单位	颁布时间	政策名称	政策作用
国务院	1985 年	《殡葬管理暂行规定》	第一部全国性的殡葬行政法规,标志着我国殡葬改革进入法制阶段
民政部办公厅	1990 年	《殡仪馆等级标准(试行)》《殡仪馆等级评定办法》	进一步规范了殡葬行业的标准
民政部	1992 年	《公墓管理暂行办法》	初步规范了公墓管理事项
民政部	1995 年	《关于加快殡葬事业发展的意见》	促进我国殡葬事业的健康发展
国务院	1997 年	《殡葬管理条例》	确立了殡葬行业的基本制度
民政部	1998 年	《关于进一步加强公墓管理的意见》	逐步建立起公墓管理工作制度
国家发改委、民政部	2012 年	《关于进一步加强殡葬服务收费管理有关问题的指导意见》	进一步明确了殡葬服务收费有关政策,强化了对殡葬服务收费行为的监管,加大了殡葬服务收费政策宣传和违法处罚力度等
民政部	2012 年	《关于全面推行惠民殡葬政策的指导意见》	全面推行惠民殡葬政策,着力保障群众基本殡葬需求,切实减轻群众殡葬支出负担,实现改革发展成果惠及全民,完善社会保障体系,促进社会稳定和谐

资料来源:作者自制。

1985 年,国务院颁布了殡葬行业首部具有法律效力的行政法规——《殡葬管理暂行规定》,标志着我国殡葬改革由倡导阶段初步进入法制阶段,是我国殡葬行业发展的重要里程碑。1990年,民政部办公厅印发《殡仪馆等级标准(试行)》《殡仪馆等级评定办法》,进一步规范了我国殡葬领域的行业标准。1992年,民政部发布《公墓管理暂行办法》,确立了公墓管理的暂行标准,提高了公墓管理的力度。1995年,民政部发布《关于加快殡葬事业发展的意见》,对我国殡葬事业起到了重要的促进作用。1997年,国务院颁布了《殡葬管理条例》,后成为我国殡葬行业发展的主要管理标准。1998年,民政部发布《关于进一步加强公墓管理的意见》,进一步加强了公墓管理工作。2012年,国家发改委、民政部联合发布了《关于进一步加强殡葬服务收费管理有关问题的指导意见》,进一步明确了殡葬服务收费有关政策、强化了对殡葬服务收费行为的监管、加大了殡葬服务收费政策宣传和违法处罚力度、完善了促进殡葬事业发展的配套政策。同年,民政部发布了《关于全面推行惠民殡葬政策的指导意见》,目的旨在全面推行惠民殡葬政策,着力保障群众基本殡葬需求,切实减轻群众殡葬支出负担,实现改革发展成果惠及全民,完善社会保障体系,促进社会稳定和谐。在国务院及民政部出台相关规定后,各地也纷纷出台了针对殡葬管理、殡葬服务、殡葬设施建设等方面相应的管理条例等。这一系列规范的出台,对我国殡葬行业的法制化、正规化进程起到了很好的推动作用,有力地推进了我国殡葬改革的顺利进行。

(二)我国养老类邻避设施的政策演进历程

相较于丧葬类设施,养老类设施的邻避属性相对较弱。事实上,以临终关怀病房为代表的部分养老设施之所以能够引发邻避冲突,其实与我国养老政策的变迁密切相关。尤其是近年来社会化养老服务政策的出台,在推动养老机构迅速发展的同时,成为引发邻避争议的重要政策背景。

(1)中华人民共和国成立到改革开放初期:由政府和家庭承担主要养老服务阶段。中华人民共和国成立后,主要有两大体系的运作有效支持了家庭养老,即农村集体福利体系和城市社区服务体系。在城镇范围内,单位包办职工及其家属的福利,有单位的老年人退休后的生老病死由原单位负责,单位以外未就业人员进入老年后由家庭人员提供养老服务,对于无劳动能力、无生活来源、无法定赡养人和抚养人的城镇"三无"老年人则由政府送进公办养老院进行集中供养;在农村地区,绝大部分老年人的养老还是靠家庭解决,但1956年全国人大通过的《高级农业生产合作社示范章程》建立起"五保"制度以及少量的救灾救济项目,以为少数农村老年人提供养老服务。无论农村还是城市,集体举办的养老院或敬老院只接收"三无""五保"老年人。综上可见,此阶段的养老服务主要由家庭和单位承担,由于单位主要是政府举办,因此,政府控制着养老服务资源的分布和供给,市场和社会在养老服务中的作用微乎其微。①

(2) 20世纪80年代到1999年:政府责任收缩,家庭、个人独担养老服务阶段。改革开放后,计划经济时期建立的单位福利体制被打破,很多企业退休职工和下岗人员的养老服务需求被推向社会,同时计划生育政策的实施弱化了家庭养老的功能,政府自身无法面对接踵而来的养老服务需求,国家由此开始着手社会福利改革。首先,民政部在1984年全国民政社会福利工作会议上首次提出了社会福利社会化的构想。1994年民政部等十部委又联合发布了《中国老龄工作七年发展纲要(1994—2000年)》,提出要多渠道筹措老龄事业发展资金。接着,1996年全国人大常委会通过的《中华人民共和国老年人权益保障法》进一步指出,国家要鼓励、扶持社会组织或者个人兴办老年福利院、敬老院、老年公寓、老年医疗康复中心和老年文化体育活动场所等设施。两年后,民政部选定13个城市进行社会福利社会化试点工作。总体来看,此阶段出台的养老服务政策将养老问题的解决路径由家庭逐步转向社会。但国家在将社会福利事业引入市场机制、发动社会力量时,忽视了养老服务的准公共物品性质,在没有形成市场、社会有效供给的局面时就过早地让渡、弱化了政府养老服务责任,把养

---

① 韩艳.中国养老服务政策的演进路径和发展方向——基于1949—2014年国家层面政策文本的研究[J].东南学术,2015(4):42—48.

老服务推给了家庭和个人。

(3) 2000—2012 年:政府主导养老服务体系化建设阶段。1999 年,我国已正式步入老龄化社会。出于老龄化形势的严峻性和养老服务的重要性,我国政府集中出台了一系列养老服务政策来推动养老服务的发展。首先,相关部门先后出台了《关于加快实现社会福利社会化的意见》和《中共中央、国务院关于加强老龄工作的决定》,明确提出要努力建立"以家庭养老为基础、社区服务为依托、社会养老为补充"的养老机制。之后,《关于支持社会力量兴办社会福利机构的意见》《民政事业发展第十一个五年规划》《关于加快发展养老服务业的意见》等文件相继出台,开始在全国范围内开展养老服务社会化示范活动,①以引导和鼓励社会力量参与养老服务。为进一步凸显对"居家养老服务"的重视,2008 年出台的《关于全面推进居家养老服务工作的意见》提出,要通过税收优惠政策和培育发展居家养老服务组织等方式,鼓励和支持社会力量参与、兴办居家养老服务业,完善养老服务体系。2011 年 12 月出台的《社会养老服务体系建设规划(2011—2015 年)》中指出,要建设以居家为基础、社区为依托、机构为支撑的社会养老服务体系。② 其中,从"机构为补充"向"机构为支撑"的转变,充分体现出相关部门对养老机构职能和养老服务体系的重新认知。此后,国家又出台了《养老机构安全管理》《国家基本公共服务体系"十二五"规划》《国家人口发展"十二五"规划》和《民政部关于鼓励和引导民间资本进入养老服务领域的实施意见》等一系列促进养老服务发展的政策。在此阶段,养老服务政策的数量和内容都得到了长足的发展,而"以居家养老为基础、社区养老为依托、机构养老为支撑"的养老服务机制的提出,表明我国养老服务政策在养老服务体系化建设方面迈出了重大的一步。

(4) 2013 年至今:政府创新养老服务供给方式、提高养老服务质量阶

---

① 董红亚. 中国政府养老服务发展历程及经验启示[J]. 人口与发展,2010(5):83—87.
② 林卡,朱浩. 应对老龄化社会的挑战:中国养老服务政策目标定位的演化[J]. 山东社会科学,2014(2):66—70.

段。2013年以来,相关部门以创新养老服务供给方式为切入点,集中出台了一系列促进养老服务社会化的政策。2013年,我国实施修订后的《老年人权益保障法》,并出台《国务院关于促进健康服务业发展的若干意见》《关于开展公办养老机构改革试点工作的通知》《关于政府向社会力量购买服务的指导意见》《关于开展养老服务业综合改革试点工作的通知》和《关于推进养老服务评估工作的指导意见》等一系列引导性文件,提出要探索公建民营、政府购买养老服务等多种养老服务供给方式,并对养老服务需求内容进行评估,以提供有针对性的养老服务。2014年年初公布的《关于加强养老服务标准化工作的指导意见》和《关于推进养老机构责任保险工作的指导意见》中提出,要加强养老服务标准化建设,构建养老服务业风险分担机制。随后又发布了《关于推进城镇养老服务设施建设工作的通知》和《关于加强老年人家庭及居住区公共设施无障碍改造工作的通知》,提出要加强养老服务设施建设。之后,又相继出台了《关于做好政府购买养老服务工作的通知》《关于民政部门利用福利彩票公益金向社会力量购买服务的指导意见》和《关于鼓励外国投资者在华设立营利性养老机构从事养老服务的公告》,继续支持鼓励民营资本、外国资本等进入养老服务领域。2016年,国务院办公厅发布《关于全面放开养老服务市场提升养老服务质量的若干意见》,成为近年来支持社会力量发展养老产业的纲领性文件。上述政策推动了我国养老产业的迅速发展,但因为相关设施建设的不规范,可能引发一系列的邻避风险。

第六节
防范邻避风险的行业监管经验

通过对我国常见邻避设施进行个案分析,本部分总结了四类邻避设施治理策略,可以发现,针对不同规模、不同属性的邻避设施,我国邻避治理策略的具体特征也有所不同。

一、大型基础设施类邻避治理策略

近年来我国城市化水平不断提高,使得既有市政设施运营压力骤增,兴建更多、更大的垃圾处置设施不断被纳入政策议程,由此引发的邻避风险也愈发引人关注。通过剖析垃圾焚烧与垃圾填埋领域中的相关政策,可以发现,我国在大型基础设施领域中的邻避治理策略体现出如下特点:

(1) 在政策内容方面,基本涵盖了常见的垃圾处置方式,并对其技术细节不断细化。经过近二十年的不懈努力,我国不断细化和提升了垃圾填埋与垃圾焚烧这两种主要处置方式的技术标准,对其关键环节的工程技术细节逐渐建立起日益严苛的基准体系。

(2) 在政策理念方面,逐渐认识到此类邻避设施的公共属性与政策属性,技术理性不再是唯一标准。从内容变迁的视角来看,近年来的政策在不断细化技术要求的同时,逐渐尝试建立污染物常态化监测机制等制度,并强调通过公开渠道向社会公众进行公示。其间体现出如下发展趋势:尽管国家标准等各类工程技术规范依然是垃圾处置设施的主体内容,但相关部门也逐渐认识到此类邻避设施所具有的公共属性。

(3) 在治理环节方面,前置性处理色彩渐浓。近年来公众不仅反对垃圾焚烧厂等大型处置设施,而且对于垃圾转运站等小型邻避设施也加以抵制。作为回应,相关政策不仅体现在规范垃圾运输环节的技术要求,在垃圾分类回收等前置性环节也逐渐开始探索。上海、北京等城市所启动的垃圾分类回收政策,对于缓解垃圾处置设施的邻避风险具有积极意义。

(4) 在治理机制方面,逐渐重视负外部性的补偿问题,开始探索由"邻避"向"邻利"转型的可行路径。从单一的垃圾填埋到垃圾焚烧,再到垃圾焚烧发电,相关政策不断鼓励垃圾处置设施在供电、供热等方面发挥积极作用,这将在一定程度上抵消其负外部性、缓解邻避风险强度。

二、小型基础设施类邻避治理策略

通过前述对于变电站、通信基站等小型基础设施相关政策的梳理,可

以发现,我国在小型基础设施领域中的邻避治理策略呈现出如下特点:

(1) 在政策内容层面,技术维度的完善仍是主流,但依然存在若干不足。在变电站、通信基站等领域,既有政策基本遵循着以革新技术推动政策完善的发展路径,相关政策和技术规范不断趋向细化。以电磁防护相关政策为例,从最初规定公众照射和职业照射的具体限值,到明确电磁辐射的强度分级并阐释对环境的影响程度,再到逐渐删除职业暴露限值、调整监测要求,此领域政策经历了从原则性指导到规制具体化的发展历程。但不可否认的是,现行政策仍然存在一些不足之处。尤其是缺少国家层面对于变电站、通信基站等安全距离的明确技术标准,这成为影响此类邻避事件有效化解的重要政策空白。

(2) 在政策结构层面,国家标准与地方标准存在鲜明的政策互动。从最初的国家层面出台标准和规范,到地方自主探索、有针对性出台地方性指导文件,我国逐渐形成了"国家标准兜底+地方标准补充"的上下互动、相互交织的局面。比如,上海市自 2006 年开始就探索制定变电站环境保护设计规范,对变电站安全距离作出了探索性规定。但值得注意的是,面对全国范围内的共性挑战,国家标准依然是最具权威性的技术规范。早在 1996 年华东电力设计院便编制了《上海市区 35 kV、110 kV 变电站电磁波及噪声环境影响报告》,建议今后新建变电站应当与居民住宅间留有 15 米以上的防护距离。但由于该报告并非国家标准,缺乏权威性,并不能被公众所认同。

(3) 在治理理念层面,技术应对路径存在现实局限。综合分析该领域邻避政策的演进历程,可以发现,相关政策在技术层面的日益完善,并不能完全打消公众对于此类设施在电磁防护等方面的质疑。这一现象表明,在邻避视域下单纯依赖于技术应对路径并不能有效化解由此引发的邻避情结。究其原因,一方面在于,此类设施通常涉及复杂的技术标准,技术维度的完善并不能化解技术专家与普通公众在此问题上的"技术鸿沟";另一方面,邻避现象本身不是一个技术风险,更大程度上源自主观上的风险感知。如何在进一步完善技术应对手段的同时,综合运用其他手段加以应对,将是未来持续优化相关邻避政策的基本要求。

（4）在治理机制层面，存在补偿机制的制度性缺失现象。近年来在建设部分通信设施过程中，越来越多的建设方采取更为灵活的建构模式，逐渐考虑将项目外观设计、布局选址融入城市规划。这一现象说明，在相关政策的引导下，我国兴建小型邻避设施已从单纯注重项目自身建设，转向从城市规划等更高战略角度统筹安排项目建设。但与此同时，补偿机制的制度性缺失依然存在。这在现实中的表现为，鲜有运营商和政府部门在设施建设过程中就补偿问题进行讨论，公众在健康权受到影响的同时未收到任何形式的补偿。

在此基础上，我们需要进一步思考：在部分技术标准比欧美国家更为严苛的现实背景下，为何小型基础设施所诱发的邻避现象仍在一定时期内集中出现？究其原因在于，尽管小型基础设施的建设受制于具体的技术规范，但此类设施更为贴近居民生活，更直接地影响其主观感知。2016年，海口、三亚将部分通信基站率先建立在党政机关内，成功打消了公众疑虑。可见，小型基础设施更能直接影响公众邻避情结的强弱程度，更契合民意的政策行动往往比提升技术标准更具有说服力。

三、工业类设施领域邻避治理策略

PX项目、造纸项目是我国工业化进程的典型写照。各类工业设施的集中建设在提升我国工业化和城市化水平的同时，又对防范、化解各类社会风险提出了更高要求。综合分析我国已出现的邻避事件，可以发现，包括PX项目、造纸项目在内的各类化工设施，是触发邻避冲突的重要风险源。通过对两类邻避设施相关政策的梳理，可以发现，上述领域的邻避治理策略呈现出如下特点：

（1）"静态性＋动态性"成为该领域政策框架的基本构成。"宏观原则＋专设性法规"是该领域静态层面的基本政策框架。无论是PX项目还是造纸项目，都必须遵循《环境保护法》等宏观层面的政策要求。而经过几十年的发展完善，我国已经在石化、造纸等行业出台了大量的技术规范，专设性法规日益完善。值得注意的是,鉴于江苏启东王子制纸排海工程项目事件等所具有的广泛影响,各地方政府对于包括造纸项目等在内的各类有较强负外部性设施的规划和建设越来越谨慎,并借助重大事件风险评估、制定各类群体性事件应急预案等动态方式加以灵活应对,动态性的政策法规越来越多。

(2)政策内容完善的主要动因存在鲜明的阶段性特征。行业的发展与居民环保意识的提高,先后成为推动政策不断完善的基本动因。PX和造纸等领域邻避政策的完善,本质上是对各自行业快速发展的有效回应,即早期各类技术标准出台的目的在于进一步规范行业的发展,从而推动整体实力的提升。而随着公民环保意识的提高,技术手段成为应对公众诉求、化解公众质疑的重要抓手。可以说,相关政策在技术层面的完善,是行业发展与居民环保意识提高共同作用的结果。

(3)风险综合防治将是治理策略理念转型的基本趋势。尽管技术标准仍然是应对邻避冲突的主要手段,但相关政策已逐渐从风险综合防治的视角尝试加以应对。以2017年出台的《关于推进城镇人口密集区危险化学品生产企业搬迁改造的指导意见》为标志,各类化工设施的建设搬迁,不再仅仅是产业布局的经济性命题,相关部门已开始从城市化建设等多元视角综合分析各类邻避风险,人文关怀与技术理性共同构成了防治各类风险应该遵循的基本原则。

四、特殊文化类设施领域邻避治理策略

尽管随着养老保障、移风易俗等相关制度架构的不断完善,由特殊文化类设施引发的邻避风险将会不断得到疏解,但由于特殊文化类设施具有独特的邻避属性,其对邻避治理策略提出了更高的现实要求。从某种意义上说,化解由特殊文化类设施引发的邻避风险,需要更灵活多元的应对策略。通过上文梳理可知,该领域的治理策略呈现出如下特点与不足:

(1)既有政策的制定逻辑是将此类设施视为公共服务的功能单元,而非带有邻避属性的特殊文化类设施。其政策面向更多立足于设施的使用

者,而较少关注此类设施对于周边公众心理的潜在影响。

（2）此类设施之所以会引发邻避现象,其原因并不在于不甚完善的政策体系,更多源于特定文化情境下的群体性认知。因此,对此类设施邻避风险的防治,更需要人文关怀而非技术性阐释。

（3）在大力引入社会力量进入养老等领域的过程中,常常带来设施设置"失范"问题。现有政策主体更多关注社会化改革在激发行业发展活力等方面的重要意义,但由于缺少相应的限制性规定,市场力量介入时常常会引发周围公众显著的邻避情结。因此,未来在深化社会化改革的过程中,既需要进一步激发市场力量,也应将此类特殊的邻避设施纳入城市规划等更高层面加以统筹。

第七章
风险处置：突发邻避事态下的应急行动

越来越多的设施被周边公众感知到可能造成的负面影响,因而在其建设之初便遭到抵制,所谓的"邻避风险"成为城市建设中无法回避的治理挑战。但与此同时,另一类与之密切相关的现象也逐渐成为地方公众和管理者关注的问题：在城市发展进程中,由于地域扩张和人口集聚等因素,许多原本地处城市偏远地区的既有设施逐渐被城区建设所包围,其运营过程中的环境影响逐渐演变为邻避效应,这一类由于既有设施而非新建设施所激发的邻避效应,成为当前城市发展中邻避风险的新样态。化工企业即是此类设施的典型代表。近年来,有部分化工企业在其运营过程中由于监管不善、管理疏忽、操作不当等原因,陆续发生一定数量的生产安全事故,导致设施本身所存在的"邻避风险"集中爆发。这在对地方公众带来巨大生命健康威胁的同时,往往产生日益广泛的舆论影响,进一步刺激着公众日益敏感的"邻避神经",成为相关行业和产业发展的重要阻力。面对此类突然爆发的邻避风险,政府部门采取的处置机制和治理行动,也成为邻避风险治理中的重要一环。

第一节
基于案例研究的邻避风险处置模式

随着我国城市空间功能的转型升级,以化工项目等为代表的非典型邻避设施不断涌现。区别于"新建即遭抵制"的常见标签,此类设施由于历史原因较早设立于城市之中,并早已融入日益紧凑的城市空间格局之中。① 公众出于对城市环境、生活质量的更高追求,大多对于此类设施正常运行所带来的噪声、废气等负效应带有一定抵制情绪。尤其是当发生一定规模的生产事故时,此类设施便会急遽转变为诱发邻避冲突的潜在风险源。基于上述背景,本章试图分析地方政府在面对城市运行中既有邻避设施突然爆发的邻避风险时,其治理机制和治理行动如何展开。对这一问题的回应需要建立在对现实情境具体、深入的考察和分析基础之上。因此,本章主要采取案例研究分析方法,在案例选择上选取两起近年来发生的、产生重要舆论影响的化工企业安全事故进行比较分析。

本章考察的第一起案例是齐鲁天和惠世制药有限公司"10·10"一般爆炸事故。2016年10月10日晚,济南市齐鲁天和惠世制药有限公司一生产车间发生爆炸事故,使得该公司与邻近学校(济南市历城第二中学)之间原本持续十余年悬而未决的邻避纠纷再度发酵。该事件发生后,各级地方政府及相关部门之间协同联动,迅速对事故进行应急处置,恢复社会生产生活秩序,协调企业同周边学校、居民之间的邻避风险冲突,展现了地方政府在应对邻避风险爆发中的治理机制和协作逻辑。

本章考察的第二起案例是江苏响水天嘉宜化工有限公司"3·21"特别重大爆炸事故。2019年3月21日,位于江苏省盐城市响水化工园区的江苏天嘉宜化工有限公司发生特别重大爆炸事故,共造成78人死亡、76人重伤,640人住院治疗,直接经济损失约19.87亿元。由于其所造成的重大人员伤亡和经济损失,以及在调查过程中暴露的政府监管、企业生产等多环节的违法、违规、违纪现象,事故在全国范围内产生重大影响,也使得化工设施再次成为公众邻避风险抗争的关注焦点。该事故发生后,国家力量介入应急处置、事故分析和责任认定等治理环节,对各级地方政府、各级政府部门进行强有力的追责处置,以倒逼邻避风险治理机制的重塑和治理行动的纠偏,体现出以行政问责为主要特征的邻避风险治理

---

① 王佃利,于棋.高质量发展中邻避治理的尺度策略:基于城市更新个案的考察[J].学术研究,2022(1):56—62.

逻辑。

这两起案例在性质上具有高度相似性,反映出近年来在城市发展运行中,以化工企业为典型代表的城市设施,自身安全事故的发生使得设施本身的邻避风险集中爆发,同时进一步加剧了公众对于邻避风险的主观感知和风险规避倾向。但两起案例具体又呈现出差异化的邻避风险治理特征。在第一起案例中,政府部门的协同成为回应和治理邻避风险的主要举措;而在第二起案例中,政府部门间的碎片化与行动缺失被认为是导致邻避风险爆发的主要因素,邻避风险的治理主要依赖于追责处置下对政府部门职责、运行过程的重塑。两起案例从不同方面呈现出地方政府在治理邻避风险中的应对机制和行动特征。在新时代推进高质量发展背景下,尤其是就城市发展转型与产业结构升级的阶段压力而言,如何识别和防范既有城市设施的邻避风险,将会在未来一段时间内持续成为城市发展的重要议题。

第二节
邻避风险处置的协同治理路径

位于济南历城区的齐鲁天和惠世制药有限公司是当地制药龙头企业齐鲁制药有限公司的子公司。但企业在长期扩张、运营的过程中所带来的环境风险,引发了同周边的学校师生、小区居民之间旷日持久的邻避纠纷。这一持续的纠纷被当地媒体称为"呼吸争夺战",因其具有复杂的历史原因和利益关系,成为地方政府治理的重点和难点问题。2016年10月10日,制药公司发生生产事故,使得该地区长期存在的邻避风险集中爆发,并成为周边师生、居民邻避情结激化的"导火索"。在地方政府及相关部门的有效协作下,该事故不仅得到迅速处置,也为化解邻避风险隐患提供了治理路径选择。

一、邻避风险的缘起与爆发

(一)"呼吸之争"的主体构成

药厂同学校师生、周边居民的邻避冲突可溯源至1995年齐鲁制药有限公司董家生产基地的建设,基地内有齐鲁制药三个全资子公司,分别为齐鲁安替制药有限公司、齐鲁天和惠世制药有限公司、齐鲁动物保健品有限公司。作为中国大型医药骨干企业,齐鲁制药有限公司拥有60多年的发展历史,主要从事治疗肿瘤、心脑血管、精神系统、神经系统等制剂及原料药的研制、生产与销售,现有员工3万余人。作为济南市首家年销售收入过百亿的民营企业,齐鲁制药有限公司历年纳税总额居于济南市与历城区前列,其生产经营活动的有序开展对于区域经济发展意义重大。齐鲁天和惠世制药有限公司是齐鲁制药有限公司和安替香港国际有限公司于2006年12月成立的合资企业,注册资本9000万元,公司占地28万平方米。该公司主要从事化学原料药与相关制剂的生产与销售,有四个合成车间和四个冻干车间,主要产品有他唑巴坦、羟基脲等。

与齐鲁天和惠世制药有限公司一墙之隔的是当地的一所重点名校——历城二中。历城二中始建于1958年,该校主要由初中部(即济南市稼轩中学)和高中部(济南市历城第二中学高中本部及济南市稼轩高中)组成,在校师生曾高达1万余人(含附属学校)。① 历城二中集"全国十佳创新型学校""全国优秀校园文化建设先进单位"等荣誉于一身,在当地具有较强的社会威望。作为山东省级规范化学校、济南教育的窗口学校,历城二中历年考生生源和高考成绩均在济南市名列前茅,每年为全国各大院校输送优质生源。

药厂在长期运营发展过程中,企业规模、运营状态、地方环境、地方社会结构等内外部因素逐渐发展变化,导致了利益主体之间复杂的结构

---

① 济南市历城第二中学学校概况[EB/OL].[2021-01-05]. http://www.lcez.cn/about/about-19.html.

性特征和空间联系,这是其区别于传统"空降式建设"的邻避设施的重要特征。从产权角度而言,企业对其生产空间的占有和使用、居民对其居住和生活空间的利用、城市发展对公共空间的开发和使用等因素相互交织;从利益关系角度来看,药厂周边的居民,不仅是长期在此居住生活的本地居民,也包括由寄宿制学校吸引的教师、学生、家长等群体,此外还有在药厂工作的职工及其家属,和依托药厂、学校集聚的人口而兴起的地方商业经营者。上述多元化的利益群体与药厂之间形成了超越简单"对抗"关系的复杂利益关系,同时在个体层面上也往往重叠多种社会身份和利益关系,由此导致利益关系和群体结构的高度复杂性。

(二)从"相安无事"到"呼吸之争"

在齐鲁制药有限公司董家生产基地设立之初,药厂与历城二中之间曾有一个机械厂和一个棉厂(原"国棉八厂")相隔,两者并不直接搭界,历城二中并不是药厂排放异味的直接受害者。药厂与历城二中之间的安全距离为500米,符合国家安全生产距离最低为100米的相关规定。2000年以后,药厂为了提高生产力,满足药品市场需求增加的发展需要,具有了扩张的内在动力。此时机械厂和棉厂两家企业由于经营不善等问题先后倒闭,两厂空闲出的大量工业用地正好为药厂的扩建提供了难得的机会。随着生产任务的猛增和业务的扩展,药厂先后收购了两家倒闭企业的生产经营用地,进而逐渐向正北和西北方向扩建厂区。与此同时,历城二中由于社会声誉不断提升、师生数量不断增加,学校也在建设发展中不断扩大自身规模。由此,两者之间的安全距离由最初的500米缩小到50米以内,并在2012年左右基本形成了"一墙之隔"的局面。

药厂的扩建使得其在生产运营中的地方影响逐渐显现为影响居民生活的"邻避风险"。这一演变的过程,与企业同周边学校、居民区空间距离的缩进及地方人口集聚程度的提升等因素密切相关。在前期调研中,周边居住的学校教师和居民表示,"一开始没有味道,离着学校还有几百米的隔离带,直到2000年以后,离学校近的几个车间(污水处理厂、化工车间)投产后,问题才越来越严重"。空间距离的拉近意味着污染影响的集中显现,药厂扩建以来同周边学校、居民区的空间距离不断拉近,其对周边环境带来的风险才逐渐被居民察觉到,"关键是它放臭气,特别难闻。一开始还以为是家里下水道的味儿……那时候(刚搬过来)感觉还没那么严重,后来几年这个味儿就严重了,大家都说放'毒气'放得勤了"。

(三)常态化的抗争与处置机制

随着药厂生产过程的环境影响蜕变为对学校师生、周边居民日常工作、学习、生活的"邻避风险",公众的邻避抗争也逐渐展开。但由于药厂邻避效应具有时间上的持续性、视觉上的直观性、后果上的有限性等特征,公众的邻避风险抗争也呈现出频发但规模有限的"常态化"反对意见表达。具体来说,这种"常态化"的风险抗争表现在以下三个方面:

一是从公众自身层面规避风险的"自我防护"。即通过居民在日常生活中的防护与规避,使自身避免污染带来的生活干扰。在调研中,周边居民、师生表示在很多时候特别是夏天,当污染增加时,不得不关闭门窗,待外面空气流通带走污染物后再开窗。在学校层面,历城二中针对日益难以忍受的刺鼻性气味所采取的"自我规避",主要表现在调整校区布局方面。历城二中为尽可能地减少药厂异味对于学生身体健康的损害,学校早在爆炸发生前便将最南侧紧邻日后爆炸车间的教学楼调整为办公楼,以尽可能地减少低于法定安全范围之内的师生数量。结果也表明,这样的做法对于爆炸后确保正常的教学秩序意义重大。这种策略本身是一种消极、被动的规避措施,但由于牵涉的空间利益主体较少,且规避的主动权掌握在公众自己手中,因此具有迅速、灵活的特征。这种措施往往在污染程度不高、时间较短、影响较弱时采用。

二是向企业表达抗议,以推动企业的自我纠正。在调研中发现,向企业反映来表达自身的诉求,而并非直接向政府部门进行投诉和举报,是公众最为普遍的抗争行动。对企业而言,由于产品与生产环境的特殊性,加之邻避效应带来的冲突普遍性,企业自身往往对公众的反映具备足够的敏感性;同时,企业生产层面所进行的调整,也在快速反应、专业处置等方面具有灵活性。在调研时,员工就表示:"第一步肯定是先和药厂沟通,就是'你们这个味儿怎么怎么着了',然后领导就会跟各个车间说。因为二中只要一反映,那就不是针对哪一个车间,肯定是全厂,然后各个车间主任,会根据相应的(要求)做些调整……(有较大异常时)药厂的人一闻就知道是哪个车间生产工作导致的。因为各个车间生产的东西不一样,用的原料也不一样……最起码范围锁定了,然后就是再查是哪一个车间了。"但在学校看来,向企业投诉并没有企业自身所表示的那么高效。尽管药厂方面接到学校反映的情况后会安排工作人员对生产车间进行检查,找到气体排放较为严重的车间后作出相应的调整,但这种调整是一种临时性、应急性的反馈,在过去的十几年里,药厂负责人从未就异味问题与学校负责人见面磋商,学校一方最多只能向药厂中层管理者提出抗议。

三是随着污染的加剧,向政府部门投诉,形成自上而下的监管压力。即公众在异味严重的情况下直接向相关政府部门进行投诉,政府部门在接到投诉后会与药厂方面进行交涉,继而药厂对生产作出相应的调整以回应政府部门和学校、居民的关切。数据显示,仅从2009年下半年至2011年7月,环保部门接到包括历城二中在内的对药厂的投诉达120余次,但是得到的回复通常是"制药厂污染物排放符合标准"之类的口头答复。① 药厂和政府部门的回应往往是隔靴搔痒,治标不治本,异味问题始终没有得到根本性解决。在这一方式中,政府往往进行两方面的行动反应:一是从技术层面向公众反馈企业生产的环境影响结果,疏解和缓和公众抗争的内在动机;二是从管理层面向企业反馈公众抗议的行动意见,触发企业内部的生产调整。

围绕异味产生的矛盾纠纷,药厂和历城二中就在这种微妙且复杂的"投诉—调整"的博弈关系中度过了一个又一个春秋,在这种可称为"常态

---

① 马俊骥.一场"呼吸保卫战"——起底历城二中与齐鲁制药之间的旷日"纠葛"[EB/OL].(2016-10-15)[2023-04-10]. http://www.dzwww.com/dldc/hxbwz/.

化"的抗争表达和治理回应中,地方政府、药厂、学校师生、地方居民之间实现了一个动态性和相对稳定的"平衡"关系(见图 7-1)。一是在抗争和治理的动机上呈现出针对污染影响本身的短期结果导向特征;二是在抗争和治理的过程中呈现出间断频发特征。随着天气因素或生产行动使得污染在短期内加剧,公众的抗争便很有可能再次发生,公众直接向企业反映,或者向政府投诉以使政府向企业反馈信息并进行生产监管,从而使企业调整其正在进行的生产活动,以减缓污染。由此公众达到了行动的目的,企业也重新恢复到平常的生产经营状态。

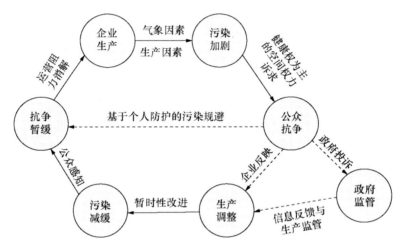

图 7-1 "常态化"邻避风险抗争的表达与治理机制

资料来源:作者自制。

(四)安全事故的爆发与常态化抗争平衡的打破

如果说"一墙之隔"的药厂不定时带来异味尚且是可以忍受的话,那么诸如火灾甚至是爆炸这样的重大安全隐患就不免让历城二中的师生胆战心惊。据不完全统计,自 2015 年年初至 2016 年 10 月 10 日爆炸事故发生前,齐鲁制药有限公司董家生产基地已发生过 5 次规模大小不一的火灾及爆炸事故,[①]

---

① 岳嘉. 齐鲁制药爆炸背后:市委书记与济南首富的博弈[EB/OL]. (2016-10-13)[2023-04-12]. http://finance.ifeng.com/a/20161013/14934010_0.shtml.

极大威胁着历城二中师生的生命安全。近年来规模最大的一次生产事故发生于 2015 年 4 月 30 日凌晨,济南消防支队出动 11 个中队、32 辆消防车以及 164 名官兵用时一个多小时才将火灾彻底扑灭,所幸无人员伤亡。① 2016 年 3 月 24 日和 2016 年 4 月 4 日,齐鲁制药有限公司董家生产基地又曾两次发出令人战栗的"巨响",其中 3 月 24 日事故使得基地的一座生产车间的玻璃大多被震碎。② 2016 年 8 月 16 日上午,齐鲁天和惠世制药有限公司一处 200 平方米的厂房顶部发生火灾,现场浓烟滚滚,虽然大火被消防部队及时扑灭,但是历城二中和附近的居民表示仍然心有余悸。③

频发的生产事故使得历城二中万余名师生就像生活在一个"活火山口"附近,谁都不知道它何时会爆发、会带来何种程度的破坏。此类安全事故加剧了学校师生、周边居民面临的风险和威胁,直接激化了后者的风险抗争行动,也打破了多元主体在常态化抗争中的动态平衡,而随之展开的冲突议题讨论也向多维度与深层次的诉求发展。安全事故的发生,将"呼吸之争"从地方常规性抗争向广泛关注的公共舆论事件发酵;从小范围的社区主体冲突向多元化、高尺度的抗争主体拓展;从针对性投诉与短期污染缓解的原子化行动,向以集聚、上访、舆论发声等集体性抗争行动升级。

二、安全事故爆发下的抗争拓展与部门协同

(一)"10·10"爆炸事故概况

2016 年 10 月 9 日,齐鲁天和惠世制药有限公司五车间开始进行事故批次的废水回收处理。至 10 月 10 日 18 时 40 分左右,操作人员苏某某蒸馏完毕后,关闭蒸汽阀门,此时回收罐内为负压,温度 84.62 ℃,罐内剩余物料 790 kg。苏某某关闭搅拌,关闭真空泵,完成当班操作。19 时 40 分

---

① 王志. 济南齐鲁制药化工厂发生爆炸未造成人员伤亡[EB/OL]. (2015-04-30)[2023-04-12]. http://district.ce.cn/newarea/roll/201504/30/t20150430_5256912.shtml.
② 历城二中师生八年举报制药基地排放[EB/OL]. (2016-04-20)[2023-04-12]. http://news.hexun.com/2016-04-20/183413986.html.
③ 李兆辉,樊思思. 齐鲁制药紧邻历城二中学校,两年内已发生三起火灾、爆炸事故[EB/OL]. (2016-10-10)[2023-04-12]. https://www.thepaper.cn/newsDetail_forward_1541163.

左右,本车间其他岗位当班人员李某闻到现场有异味,立即联系另一岗位当班员工方某现场察看。二人到现场发现异味来自二苯甲酮腙母液回收罐,且回收罐存在起压现象(由于现场异味严重且刺眼,操作人员发现表针波动,没有具体看清压力),于是打开平衡管泄压,并去车间东侧操作台用座机通知车间值班大班长孙某。19时50分孙某到达现场,发现回收罐压力达到0.15 MPa,温度130 ℃,于是打开排空阀进一步泄压,罐内压力逐渐降低。由于现场气味较大,孙某组织人员疏散至室外安全处。20时30分左右,孙某带领员工方某返回现场检查,发现罐内压力降低了,但罐内温度依然呈上升趋势,于是向工段长李某某电话汇报该情况,李某某告诉孙某打开循环水降温,孙某打开循环水阀门后撤离。至20时50分左右,二苯甲酮腙母液回收罐发生爆炸。事故造成安装在罐顶的搅拌系统被炸飞,罐顶连接管线断落,罐内物料散落到周边10米范围地面,附近电缆桥架断落,局部房顶塌落。① 爆炸发生后,药厂员工立即报警,政府部门随即开始进入事故的应急处置与后续治理环节之中。

此次泄爆事故所带来的视觉冲击远远超过之前发生的事故。有周边居民表示此次事故远比之前强烈,在企业周边能感受到强烈的震感,看到大量白色粉末飘散,嗅到空气中的焦煳气味。这一说法在随后的舆论中被多次提及和引用。这起事故和同年发生的火灾事故仅仅相隔两个月,且此次事故中发生的爆炸不论是在影响范围、视觉冲击、危险感知还是在客观损失等方面都远远超过以前发生的多起事故,带来了广泛的地方影响和舆论压力。此次事故性质超越了一般意义上的企业生产责任事故,事故发生后居民在网络上对药厂进行抗议,并在线下集体向政府部门投诉,对于周边居民、师生人身安全的担忧达到一个小高峰。此次事故打破了原有居民"常态化"抗争下和药厂之间的动态平衡状态,激化了公众的"非常态"抗争。

---

① 【事故档案】山东齐鲁天和惠世制药有限公司"10·10"一般爆炸事故[EB/OL]. (2023-12-15)[2023-12-21]. https://mp.weixin.qq.com/s/5_oyhyGUplXhJp5STvrYzA.

(二)协同处置：邻避风险的治理机制与治理行动

在此次事件中,地方政府呈现出新的治理特征。集中表现为,地方政府在治理机制和治理行动上呈现出跨层级、跨部门的协同处置特征。一方面,在突发性安全事故的被动式应急治理环节,面对突发事故带来的地方影响与舆论关切,地方政府通过层级、部门联动的协同处置短时间内平息事故影响；二是面对由安全事故进一步激化的长期邻避风险和矛盾,通过层级、部门协同的多元化治理行动,地方政府尝试主动回应、缓和、化解企业同周边居民、学校师生间长期的邻避纠纷根源。

1. 事故应急处置的协同过程

爆炸发生后,药厂员工立即报警。济南市公安局指挥中心于10月10日20时50分接到报警称,位于历城区董家街道办事处的药厂东边冒烟。接警后,市局指挥中心紧急调动消防支队和历城分局立即赶往现场处置。

10月10日22时起,省、市环保部门开展环境应急监测。根据现场情况,监测人员共在事故现场、厂区北侧历城二中、厂区东侧居民区布设3个监测点,实时监控挥发性有机物、二氯甲烷、丙酮、乙醇等特征污染物,① 每隔两个小时报一次应急监测结果。

10月10日22时49分,济南市公安局官方微博"@济南公安"发布情况通报:"初步了解,现场为齐鲁制药厂回收系统一含有酒精的压力容器发生爆炸,现场有少量气罐内释出的无毒无害气体,现场车间约400平方米。周边无易燃易爆危险品,现场无人员伤亡,无明火。具体情况有待进一步调查。"② 随后,官方根据调查情况,对发布信息进行更正,原文"气罐"更改为"器罐",保证发布信息的严谨性和真实性。

10月10日23时20分,爆炸事故所在地的济南市历城区董家街道办事处组织召开药厂爆炸事故新闻发布会。历城区委、董家街办、历城区环

---

① 齐鲁制药下属公司爆炸 环保部:空气质量已恢复[EB/OL].(2016-10-11)[2023-04-12]. http://news.youth.cn/sh/201610/t20161011_8733441.htm.
② 齐鲁天和惠世制药有限公司"10·10"一般爆炸事故调查报告[EB/OL].(2016-12-20)[2023-04-12]. http://jnsafety.jinan.gov.cn/art/2016/12/20/art_32045_609744.html.

保和安监部门及药厂有关负责人出席了发布会。济南市历城区政府通报如下:"2016年,10月10日20时50分左右,齐鲁天和惠世制药有限公司废水回收车间一回收罐发生泄爆事故,消防人员及时赶到现场,经现场确认,无人员伤亡。环保部门正组织力量对周边环境进行实时监测。事故原因正在调查之中。"在发布会上,环保、安监部门有关人员表示,2016年8月,相关部门就齐鲁天和惠世制药有限公司安全生产问题进行整改并通过验收,但当时整改的并不是该发生事故的车间。环保、安监部门表示将对企业进行严格监督检查。在被问及为何屡屡发生安全生产事故时,齐鲁天和惠世制药有限公司代表称,企业很注重安全生产并有相关制度和规范,但这次事故的原因还要等相关调查结果。

10月11日4时28分,济南市环保局官方微博"@济南环保"发文称:10月11日0时至4时的监测数据显示,挥发性有机物、二氯甲烷符合国家相关标准,丙酮、乙醇均未检出。

10月11日7时左右,"@济南环保"发布微博继续公布此次爆炸事故的监测情况:截至2016年10月11日6时的监测数据显示,挥发性有机物、二氯甲烷符合相关国家标准,丙酮、乙醇均未检出。目前,该区域环境空气质量已恢复到日常浓度范围。

10月11日上午,历城二中200多位学生家长来到济南市政府驻地,向市政府提出三点要求:药厂全面停产、成立监督小组、面见市委市政府领导陈情。据一位和政府领导直接对话的学生家长代表称,当日上午在市信访局接待他们的有济南市委、济南市教育局、济南市环保局以及历城区政府和街道办事处的领导。

同日上午,历城区召开紧急会议,安排部署泄爆事故事后处理工作。会上,在听取了区安监局和区教育局负责同志的汇报后,区委书记、区长就事故事后处理工作作出重要指示,要求:"各相关部门积极地协调配合,做好此次事故的调查和善后处理等工作;保证信息公开,强化管理,确保辖区秩序的和谐稳定。"

2. 邻避风险化解的协同过程

在采取了诸多应急措施之后,有关政府部门开始尝试主动化解此次由邻避设施生产事故带来的邻避冲突。10月11日下午,济南市历城区安全生产监督管理局向齐鲁天和惠世制药有限公司发出《强制执行决定书》,明确指出:"在重大隐患未排除前,无法保证安全的情况下,责令从危险区撤出作业人员,责令你单位暂时停产。"同日,济南市人民政府批准成立了由市安监局、监察局、公安局和历城区政府组成的齐鲁天和惠世制药有限公司"10·10"爆炸事故调查组。同时,聘请化工、制药等方面的专家组成专家组,参加事故调查工作。

10月12日,市委召开紧急专题会议,要求相关部门立即进厂,彻底调查事故真相,逐一排查安全隐患,采取切实措施、确保师生及群众安全。区委及时召开会议要求落实市委工作要求,成立事故联合调查小组,环保、安监部门全力展开事故调查并进行24小时全天候监控。区领导分别召开历城二中在职、退休教师代表座谈会,听取教师的意见和建议,着手委托第三方监测机构对药厂全面展开安全评估。在10月13日16时55分左右,药厂开始对所有的生产车间进行封锁,具体的封锁行为由政府工作人员实施,工作人员将药厂自行印制的"齐鲁天和惠世制药有限公司 封"字样的封条贴在各生产车间的门上。在此次行动中,各生产车间责任人、药厂中负责安全岗位的领导和历城二中的代表师生在一旁见证。

10月13日,国家环保部到齐鲁天和惠世制药有限公司开展现场督查。与此同时,环保、安监等部门正在督促该公司执行停产整顿及危化品生产车间搬迁方案。自当日起,济南市历城区安全生产监督管理局向齐鲁天和惠世制药有限公司派驻了执法人员,对该公司停产行为进行24小时巡查。有关方面还组织了干部教师代表、学生代表等现场察看公司停产情况。

10月14日,历城区委书记、区长到历城二中认真听取教师代表的意见和诉求,并主持召开由区公安局、安监局、环保局、教育局、信访局等有关部门参与的专题研究会议,并就下一步需要开展的工作进行了部署①:一是做好齐鲁天和惠世制药有限公司全面停产,齐鲁安替制药有限公司涉气涉爆车间停产工作;二是建立监督机制,环保、安监部门成立工作组,入驻历城二中和齐鲁天和惠世制药有限公司,实时监测监控企业生产,直到历城二中完成搬迁;三是在聘请专家做好风险评估基础上,排出涉气涉爆危化车间搬迁时序;四是责成齐鲁天和惠世制药有限公司明确完成高浓度废水处理设施迁建工程并投入使用的时间节点。

地方上长期的"呼吸之争"使得地方政府对于相关主体的搬迁早已有所考虑,包括风险生产者——制药企业的高危险、高污染生产线搬迁,以及风险承担者——学校、师生的搬迁安置。但由于其涉及复杂利益关系和决策过程,地方政府对此一直十分慎重。齐鲁天和惠世制药有限公司"10·10"爆炸事故的发生,则显著加速了这一进程。

首先是药厂的迁建。在2016年10月14日召开的专题研究会议明确了药厂相关生产设备、车间的迁建工作。事实上,药厂出于自身发展角度所考虑的搬迁建厂在此之前便已展开,2016年6月同乐陵方面展开洽谈,同年8月双方正式签约。而事故的发生无疑使得济南对于监管、推进药厂迁建给予了更高的政策关注。2017年,齐鲁制药乐陵医药产业园投入建设,作为当地循环经济示范园的重要投资建设项目。2018年10月项目一期正式投入运营。而对于迁建后保留在董家的药厂园区,当地政府则在其转型升级方面给予了重要的政策投入。2018年,历城区政府签约齐鲁制药有限公司董家生产基地制剂园项目,打造齐鲁制药董家工业园新动能车间,从而将企业生产运营的转型升级作为推进城市新旧动能转换的重要内容,②并在2018—2019年作为济南市市级重点项目予以推进。

其次是学校的搬迁。尽管对学校进行搬迁,曾经在很长一段时间内成

---

① 齐鲁制药与历城二中十年恩怨终了结:学校将迁建[EB/OL].(2016-10-15)[2023-04-12].https://news.youth.cn/sh/201610/t20161015_8749536.htm.
② 王震.齐鲁制药董家基地制剂园项目签约[EB/OL].(2018-02-06)[2023-04-12].http://www.licheng.gov.cn/art/2018/2/6/art_15481_542411.html.

为邻避风险治理的决策考虑,但一直未真正付诸实施。直到多次安全事故发生不断激化冲突,才最终推动学校搬迁的政策议程,正如学校教师在调研中所说的,"区里前些年曾经考虑往唐冶搬,也动员过,但没下定决心。药厂爆炸事件使长期以来的矛盾被激化,促使政府下定决心解决"。2016年10月14日23时30分,历城二中发布《历城二中致学生家长的一封信》,信中提道:"长远做好二中的搬迁工作。按照规划,历城区拟将历城二中迁建至唐冶新区,并按照打造百年名校的目标,在学校搬迁过程中,确保教育教学质量不降低,确保教师利益不受损,确保师生有更好的工作学习环境。新学校将在今年年底开工建设,一年半建成搬迁。"①爆炸发生后短短4天的时间里,以历城二中迁校唐冶新区为标志,宣告双方长达十余年的邻避冲突告一段落。2018年学校实现整体搬迁,并在新校址开展正常的教学活动。

三、邻避风险爆发下协同处置的机制与行动特征

"呼吸之争"中针对事故后果与所激发的邻避风险的处置过程,反映了在邻避风险治理中,协同处置机制与行动运作所具备的治理潜力和治理效能,具体表现在以下三个方面:

(一)层级协同的邻避风险处置

此次事故中,政府层级协同的邻避风险处置的实现有其客观因素。一方面,事故自身造成的强烈环境冲击与较大舆论影响,在当前应急管理体制机制之下,成为各级政府无法回避的治理责任;另一方面,2016年10月事故发生时,正值上级巡视组进驻济南展开巡视,事故发生后,亦有周边居民向巡视组进行投诉,可能引发了巡视组的关注和介入。由此这起事故从一起地方上由企业运营不善导致的生产安全事故,扩大到地方发展中化工企业安全风险与运营监管的宏观议题。自上而下的行政介入,不仅增加了邻避

---

① 李超.齐鲁制药与历城二中10年拉锯战终结:学校将在一年半内搬迁[EB/OL].(2016-10-15)[2023-04-12]. https://www.jiemian.com/article/902199.html.

风险治理任务的复杂性，使得邻避风险的治理，在针对处置和平息事故影响本身的同时，还必须直面并采取实质性的治理举措来回应地方上旷日持久的"呼吸之争"。此外，自上而下的行政介入同时增加了针对各级地方政府部门的治理压力，推动事故处置与激发的邻避风险冲突从快、从严治理。

在层级协同的邻避风险治理运作之下，一方面，地方政府建立起多级联动的治理运作机制，国家环保部的督查介入、省委巡视组的巡视督查，成为动员各层级、多元化行政力量的重要因素。市、区、街道基于各自治理权责定位对事故处置进行安排部署，利用新闻发布会、专题研究会、公众座谈会等会议动员、整合、部署各级行政力量协同参与事故处置与风险治理。另一方面，地方政府各层级联动的协同处置，尤其是自上而下的行政权力介入，实际上也成为邻避风险治理中具有象征性和动员性意义的"治理符号"构建，上级政府所施加的垂直治理压力，意味着更高层次行政权力对于公众抗争情绪、冲突诉求的识别与承载，成为吸纳、反映公众邻避风险抗争的"治理符号"，由此在一定程度上有助于公众抗争情绪的疏解。

（二）部门协同的邻避风险处置

部门协同处置，是"呼吸之争"中邻避风险治理的又一重要特征。齐鲁天和惠世制药有限公司的爆炸事故，反映了企业自身生产安全事故向邻避风险激化的冲突扩大和抗争升级。而部门之间横向协同的风险治理，也同样服务于这一具体情境下的多重治理任务。

一是针对企业事故的应急处置。其实质是涵盖现场救援、事故平息与隐患监测排查等多环节有机结合、紧密协调的治理过程。因此，在事故风险处置中，消防部门、公安部门等主体承担主要的现场救援职责，安监部门针对涉事企业进行快速处置以回应舆论关切，环保部门对事故后现场环境进行实时、持续监测以回应周边居民的环境焦虑。

二是针对邻避纠纷化解的风险治理。其实质是涉事企业、历城二中师生、周边居民作为主体，长期邻避风险焦虑在事故激化下的抗争升级。而面对这一情境，地方政府的治理任务就成为在事故和舆论倒逼的治理压力下,缓和并化解多元主体的邻避风险抗争行动。由此,环保部门在地方环境监测之外,同时承担药厂重污染、高风险生产项目迁建的监管工作;针对历城二中作为地方重点名校的特殊性,教育部门发挥面向学校行动的管理职能,在履行教育资源优化配置的相关职责中,推进学校易地搬迁,以回应"呼吸之争"中组织动员能力最强、抗争行动最为激烈的抗争主体;信访部门发挥舆情回应职能,针对事故所激化的公众邻避风险焦虑,通过畅通信访渠道,提供公众邻避情结、抗争诉求的表达、疏解渠道,从而避免抗争情绪积聚下激烈冲突行动的爆发。

(三)行动协同的邻避风险处置

在"呼吸之争"的邻避风险处置中,治理策略上的协同行动也是其突出特征之一。通过考察地方政府的治理举措,可以发现,行动协同从层次上表现为在近期、中期和远期三个层面上治理举措的协同配合,在各层面上也进一步表现为多元主体利益关切的整合与协调。

从近期看,"呼吸之争"中的邻避风险治理首先定位于,要在短时间内快速回应并缓和由事故爆发所迅速激化的公众邻避风险焦虑和抗争情绪。基于这一治理导向,政府部门快速作出应急处置,通过对涉事企业进行停产整顿,对相关责任人启动追责,对周边环境采取监测和修复等举措,尽可能快速消除事故影响,回应舆论关切。针对运营事故的追责处置,以"偶发性""个体因素"转移公众空间抗争的诉求焦点,从而将面向地方管理者表达的空间抗争最大化地限制在企业空间尺度之内;针对企业的追责处置,将地方公众针对企业运营所形成的地方邻避空间的抗争,转向成为针对行为失当的个体的抗争情绪表达。

从中期看,地方政府需要直面并回应企业同邻近学校师生、周边居民的矛盾根源,以缓和乃至化解药厂生产过程中引发的地方邻避风险及风险抗争。在这一治理导向下,邻避风险处置的协同行动主要表现为缓和邻避风险冲突的主体行动。一是通过地方环保、安监等部门的职能运作,推进药厂高污染、高风险危化生产线易地搬迁,从而削弱企业本身所存在的邻避风险。在这一过程中,齐鲁制药有限公司在乐陵的产业园区建设,成为化解邻避风险的重要举措;与此同时,对于乐陵而言,齐鲁制药有限公司项目作为当地"近年来引进的最大单体工业项目",其所能创造的就业岗位和经济效益使得当地政府充满期待。二是通过地方教育部门的职能运作,推进学校搬迁。对于学校教师而言,尽管学校搬迁意味着要从情感上、生活上、教学上重新调整和适应,但也规避了企业所带来的安全隐患;对于学生家长而言,可更少地面对学校搬迁在情感上的冲击,而更多地关注于学校搬迁对自身和子女的安全保障,正如学校教师在访谈中所表示的,"其根本诉求在于远离药厂,而无论是药厂搬迁还是学校搬迁,都能够符合家长的诉求";对于迁入地唐冶居民而言,名校历城二中的迁入实际上是"邻利设施"的建设,其给区域带来的发展增值效益被广泛认可;对于区教育局而言,历城二中从董家向唐冶搬迁仍是属于在本行政区域内的教育资源配置;对于药厂周边居民而言,学校搬迁则极大地缓和了邻避风险抗争的组织动员基础。

从长期看,地方政府需要从根本上重塑药厂及周边城市区域的空间秩序,实现城市发展要素、地方居民及其日常经济和生活活动等方面的再配置,试图从根本上转变邻避风险生成的根源。针对学校搬迁、企业生产车间异地迁建后既有厂区同周边居民之间的矛盾,围绕济南"打造四个中心,建设现代泉城"的目标定位,地方政府通过区域更新发展规划,在董家打造"一港两带四园"的产业布局。为此,历城区针对董家街道开展"十村整合"安置工程,拆迁安置直接涉及同药厂存在空间冲突的周边居民,地方政府将原本属于药厂和周边居民之间的空间冲突,上升到区域更新这一更加宏观的发展议题之上,转移了地方公众的利益焦点,从而推进邻避风险治理由应急式的冲突平息转向升级为区域发展格局的重构过程。

第三节
邻避风险处置的行政问责路径

2019年3月21日,江苏省盐城市响水化工园区内,江苏天嘉宜化工有限公司发生重大爆炸事故,共造成78人死亡、76人重伤,640人住院治疗,直接经济损失约19.87亿元,一时成为舆论焦点。事实上,这并非该化工园区发生的首次事故,也并非事故企业第一次在安全生产环节出现问题。在新时代推进高质量发展背景下,就城市发展转型与产业结构升级的阶段压力而言,企业经营中的邻避风险处置问题持续成为焦点议题。

一、邻避风险的缘起与爆发

（一）风险的隐患与爆发

化工企业生产过程所存在的环境污染与安全威胁,是其邻避风险的主要来源。企业邻避风险防控实际上就是企业生产运营过程中的安全保障,但这一环节往往成为邻避风险爆发的直接源头。一方面,对企业而言,创造经济效益的发展贡献超越了经营活动的安全关注,成为企业最重要的任务;另一方面,化工类企业之所以往往成为经济先发城市产业结构升级过程中调整、转移的对象,就在于其本身具有较高的安全风险,生产过程中稍有疏忽便容易导致安全事故的发生。

"冰冻三尺,非一日之寒。"响水化工园区自2001年建设以来,便曾多次因园区内企业忽视安全生产发生严重事故,导致邻避风险的集中爆发。2007年,园区内的江苏联化科技有限公司曾经发生爆炸事故,导致8人死亡;园区内的江苏大和氯碱化工有限公司曾于2010年发生氯气泄漏事故,导致30多人中毒。这两家企业就位于江苏天嘉宜化工有限公司的西侧。化工企业的"前车之鉴"并未能唤起"邻居"的重视,江苏天嘉宜化工有限公司长期以来忽视生产安全,曾多次因环境污染与生产隐患被给予行政处罚或通知整改。尤其值得一提的是,2018年1月,国家安全监管总局对江苏省包括盐城在内的5市18家化工企业进行检查,指出江苏天嘉宜化工有限公司存在13项安全隐患。

2019年3月21日14时50分,江苏天嘉宜化工有限公司发生爆炸。事故的直接起因是,在公司的旧固废库内长期违法贮存着硝化废料且管理不当,使得硝化废料在仓库持续积热升温中自燃,最后引发爆炸。事故发生后,化工企业对企业职工、周边居民带来的生命威胁、环境污染等邻避风险集中爆发,引发了各级党委、政府部门的高度重视,也激发了社会公众的广泛关注和舆情升级,并成为近年来国家重大邻避风险应急处置的典型事件。就地方政府而言,针对这起事件的邻避风险应急处置大致可分为三个阶段,每个阶段的风险聚焦、处置任务都具有典型的阶段性特征。

(二)事故救援与应急处置

在事故发生后,围绕重大安全事故救援的"黄金72小时"法则,地方政府动员多方力量展开搜救工作,将挽救生命财产的紧急救援作为应急处置第一阶段的核心任务。

3月21日下午事故发生后,消防部门第一时间展开灭火、搜救工作。截止到3月22日7时,园区明火基本扑灭。江苏省、盐城市、响水县三级卫生健康部门共同成立联合指挥部,统一协调指挥,调集4500多名医护人员直接参与救治,共派出116辆救护车参与救援。党中央、国务院高度重视,习近平总书记先后两次作出重要指示,时任国务院总理李克强等中央领导同志作出批示。随后,国务院成立江苏响水天嘉宜公司"3·21"特别重大爆炸事故调查组,于3月23日上午召开了第一次全体会议,事故调查工作全面展开。江苏省委、省政府按照调查组要求,相应调整成立了现场指挥部,指挥现场搜救工作。至3月25日零时,响水爆炸事故现场搜救工作正式结束,共成功搜救164人,其中幸存86人。

(三)邻避风险的应急式回应

事故搜救工作结束后,地方政府面对的是因事故带来的重大生命财产安全损失引发的舆论愤怒,以及由此延伸到对城市化工企业生产安全"邻避风险"的焦虑与抵制。因此,地方管理者对事故直接责任单位与人员进行追责处置,以最大化平息公众焦虑与愤怒,从而将平息舆论愤怒的紧急追责作为应急处置第二阶段的核心任务。

这一追责行动实际上从事故发生后就持续进行,在3月23日事故发生后的第二天公安机关就立案追查,从4月3日、4月13日和4月15日,分三批对发生事故的江苏天嘉宜化工有限公司及其股东公司江苏倪家巷集团有限公司中负有重大责任的嫌疑人、为江苏天嘉宜化工有限公司相关项目作虚假评价的中介组织中涉嫌犯罪的嫌疑人共16人采取刑事强制措施。此外,在4月4日,盐城市委常委会召开会议,决定关闭响水化工园区,会议提出"要以壮士断腕的意志和决心,彻底淘汰整治安全系数低、污染问题严重的小化工。认真研究响水化工园区及全市化工产业综合治理工作,彻底关闭响水化工园区,将陈家港镇列入全市改善农民群众住房条件'十镇百村'试点,加快实现乡村振兴"①。

除此之外,位于盐城市大丰区华丰工业园区内的化工企业,尽管与此事故并无直接关联,但因同属于城市危险化工企业,受事故波及,一并停产整顿。针对事故的追责处置从范围上呈现出扩大倾向,不仅涉及事故单位及其相关单位的责任人,而且涉及全市范围内化工类企业的集体整顿,以扩大化的问责处置换取公众愤怒的平息。

(四)事故问责与秩序恢复

随着对直接责任人的刑事责任追究与化工企业停产整顿的行政处置,爆炸事故所引发的秩序激荡与舆论关注暂时告一段落。此后,举一反三的事故调查与有序恢复地方生产活动,成为事故处置第三阶段的核心任务,即从国家层面,由国务院事故调查组推进事故原因的详细调查与全面问责;从地方层面,逐渐恢复事故所冲击的社会生产秩序。

2019年8月,盐城市化工生产安全环保整治提升领导小组办公室发

---

① 江苏盐城决定关闭响水化工园区[EB/OL].(2019-04-05)[2023-04-12]. https://www.guancha.cn/politics/2019_04_05_496475.shtml.

布《关于印发〈盐城市停产整治化工生产企业复产工作流程〉的通知》,针对停产三个月以上、需要恢复生产的化工企业,制定企业申请、政府审查批准的"一企一议"复产流程。① 2019年9月,江苏省出台《关于规范停产整改化工企业复产工作的意见》,并作出整体性工作部署。此后,受爆炸事故影响的停产化工企业中,陆续有企业提出复产申请,并将相关信息面向社会公示。

与逐渐恢复的生产秩序相对应的,则是专项整治行动的有序开展。江苏省在全省范围内部署开展"危险化学品企业'排险除患'专项行动",盐城市则在进一步"深刻吸取响水天嘉宜'3·21'特别重大爆炸事故教训"②的基础上开展此专项行动,国家层面的事故调查则在2019年11月尘埃落定。

2019年11月15日,国务院事故调查组发布《江苏响水天嘉宜化工有限公司"3·21"特别重大爆炸事故调查报告》,认定该事故是"一起长期违法贮存危险废物导致自燃进而引发爆炸的特别重大生产安全责任事故"③,依规依纪依法对事故中涉嫌违纪违法问题的61名公职人员进行严肃问责。同时,江苏省公安机关对涉嫌违法问题的44名企业和中介机构人员立案侦查并采取刑事强制措施。因事故性质之恶劣、事故问责力度之大,事故报告一经发布便重新引起了舆论的高度关注。

二、治理的割裂:后发城市邻避风险处置的困境

(一)后发城市发展中的政府行动困局

寻求经济发展,是城市治理者无法回避的责任和使命。2000年前后,被苏南、浙江淘汰掉的一批化工企业,沿江北上以寻找新契机。而对于迫

---

① 化工企业复产,盐城化治办出台文件[EB/OL].(2019-09-04)[2023-04-12]. https://mp.weixin.qq.com/s/lNhhOqqZk0ASdQ7_uycNbw.
② 盐城市安委会办公室、盐城市应急管理局关于印发盐城市危险化学品企业"排险除患"专项行动实施方案的通知[EB/OL].[2023-04-12]. http://www.yancheng.gov.cn/art/2019/9/12/art_3239_3278252.html.
③ 国务院事故调查组.江苏响水天嘉宜化工有限公司"3·21"特别重大爆炸事故调查报告[EB/OL].(2019-11)[2023-04-12]. https://www.mem.gov.cn/gk/sgcc/tbzdsgdcbg/2019tbzdsgcc/201911/P020191115565111829069.pdf.

切渴望走上富民富县之路、正热火朝天开展"全民招商"的贫困县——盐城市响水县而言,这却是城市管理者为数不多的发展选择。一方面,化工企业所创造的巨大经济效益,对于迫切寻求经济发展的后发城市而言无异于"雪中送炭";另一方面,后发城市对于企业而言,无论从市场潜力还是公共服务水平而言吸引力都十分有限,招商引资受城市发展水平的制约十分严重。因此,承接经济先发城市产业升级中转移、淘汰的落后产业,从某种程度上成为后发城市被迫的发展选择,而这些产业所具有的环境污染、安全隐患等"邻避风险",便成为这些城市不可避免的治理挑战。内嵌于城市发展困境中的"邻避风险",可以进一步从两个方面分析。

其一,化工企业带来的经济效益与经济地位,使得对"邻避风险"的城市治理让位于追求财富创造与就业促进的城市发展使命。在历史上,盐城是一座因"盐"而兴的城市。而当前以工业为主的第二产业,在自身经济规模、创造的经济财富与经济比重、吸收的就业人口等方面,已成为盐城无法替代的经济支柱(见图7-2)。[①] 这对于事故企业所在的响水县而言更是如此:从一个2000年年初的国家级贫困县,到了2018年已经实现全县脱贫,大力推进的工业发展功不可没。另外,盐城当前仍旧面临严峻的城市发展竞争形势。2018年,江苏全省地区生产总值为92595.4亿元,而盐城地区生产总值为5487.08亿元,占全省5.93%,在全省13个地级市中位列第7,但人均生产总值为75987元,只位列全省地级市第10位;从横向上比较,第一产业仍是盐城的优势产业,而在作为主要产业支柱、反映产业结构升级的第二、第三产业上则未占优势。[②] 除此之外,在同经济带其他主要城市的比较中,盐城也面临极大的竞争压力。可以说,工业不仅成为盐城以往城市发展中的产业支柱,也是未来不可放弃的经济增长点。

[①] 盐城经济概览(2018年度)[EB/OL]. (2019-05-20)[2023-04-12]. http://tjj.yancheng.gov.cn/art/2019/5/20/art_1777_3092391.html.

[②] 同上。

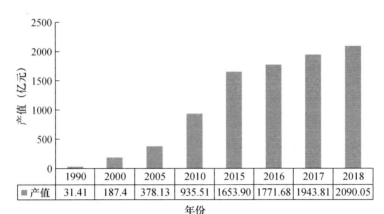

图 7-2 盐城市第二产业产值

资料来源：盐城市统计局.盐城市历年国民经济和社会发展统计公报[EB/OL]. http://tjj.yancheng.gov.cn/col/col1773/index.html.

其二，后发城市面临的招商引资困境，使得政府和化工企业间的权力关系出现失衡。一方面，这增加了企业安全监管的政策成本。针对企业生产经营中的违规现象与安全隐患进行停产整治，是政府邻避风险治理的题中之义。但对于响水化工园区而言，园区内聚集的 48 家企业中有 4 家是上市公司，占据了整个盐城上市企业数量的一半。同时园区又是缴税大户，每年上缴的税收占到响水县财政收入的 1/6。[①] 企业停工所带来的职工收入损失、企业利润损失乃至地方经济损失，使得寻求迫切发展的地方政府必须考虑监管背后的复杂治理成本。另一方面，这引发了招商引资过程中权力寻租带来的治理妥协，企业发展建设规划和生产监管流于形式，监管不严，针对化工园区的污染问题，周边民众多表示"(举报)没用的"。[②]

（二）政府行动困局下的治理割裂

强烈和迫切的地方发展任务以及现实中失衡的政企关系，对地方政府的治理行动带来了极大影响。"3·21"事故的发生，则集中反映了城市发

---

① 张春波.响水大爆炸的背后[J].中国审判，2019(7)：6.
② 余寒.47人死亡，响水爆炸事故背后的那些魔鬼细节[EB/OL].(2019-03-22)[2023-04-12]. https://www.thepaper.cn/newsDetail_forward_3180682.

展中地方政府在邻避风险治理中的行动割裂。

1．"增长"还是"发展"：邻避风险治理中的动员缺失

响水化工园区邻避风险治理的割裂，首先表现在未能针对风险监管形成强有力的领导和动员机制。地方政府对经济增长的发展偏好，导致针对涉事企业乃至事故园区的安全监管未能形成制度化的常态运作，同时也未能在政府部门内部形成垂直渗透的激励机制、横向协同的动员机制。在领导动员机制缺失的背后，是地方发展理念和治理评价标准的失衡，即重经济发展、轻安全生产。在招商引资工作中对"安全环保"把关不严，是化工园区管理机构存在的主要问题；而"安全生产责任制"未有效落实，则是省、市、县各级政府日常管理中存在的主要问题。

一是自上而下重"经济增长"轻"综合发展"的行政偏好，使得邻避风险治理未能成为各级地方政府和各政府部门的行动共识。一方面，地方各级政府对于既有邻避风险治理制度的重视不足，上行下效形成负面的治理示范。江苏省出台的《江苏省党政领导干部安全生产责任制规定实施细则》中对于各级党政核心领导班子的安全生产工作作出了明确规定，要求定期听取生产安全工作汇报，部署工作并将履行安全生产工作职责情况作为领导个人述职报告的内容。但在经济增长导向的行政偏好下，各级党政主要领导对于履行安全生产工作职责缺乏重视。而在地方层面，表现为关注企业投资额和创税等经济增长效益，以此为依据引进高污染、高风险的企业，而这些企业很多都是其他地区产业结构调整后所转移出的企业。[1] 这不仅是受区域后发城市在招商引资中面临的客观情势的影响，在很大程度上也反映出地方领导在响应上级行政偏好时采取的治理行动。另一方面，在经济增长的发展导向下，响水化工园区重视企业引进而忽视企业监管，园区内40家运营企业中超过半数构成重大风险源，同时园区又缺乏充分的风险处置能力、完善的风险防范机制和严格的风险监管行动，与大规模化

---

[1] 国务院事故调查组．江苏响水天嘉宜化工有限公司"3·21"特别重大爆炸事故调查报告[EB/OL]．(2019-11)[2023-04-12]．https://www.mem.gov.cn/gk/sgcc/tbzdsgdcbg/2019tbzdsgcc/201911/P020191115565111829069.pdf．

工企业、大范围安全风险不相匹配。

二是缺乏监督激励的动员机制设计，未能形成多部门协同治理的合力。监督激励是自上而下动员各层次、各部门政府实现协同治理的重要机制，但在响水化工园区的邻避风险治理中，监督激励机制的缺失显而易见。一来，上级党政部门在对下级的工作考核中，往往忽视对安全生产指标的考核。由于缺乏监督约束和工作激励，各下级党委、政府和相关部门在具体工作中缺乏动力，对化工园区的安全监管依赖于相关职能部门的职责履行。但对后者而言，一方面，自身工作成效无法在工作考核中得到体现、评价和激励反馈；另一方面，即便在工作中发现安全隐患，在面对上级"增长导向"的行政偏好以及潜在的工作压力时，相关职能部门在采取监管和处罚行动时也常常慎之又慎，从而制约了监管效果的实现。二来，邻避风险治理中自上而下的协调动员机制缺失，不仅缺乏从省、市、县各级层面开展的风险政治排查管控等专项式治理运动，同时也缺乏安全生产巡查、考核等常态化治理机制；不仅缺乏邻避风险治理行动与机制建设，对于规划审批机制、企业停产整治与复产验收机制等既有制度设计也缺乏严格执行；不仅缺乏规范各层级、各部门行动的机制激励，也缺乏由核心领导班子发起的专项工作会议，来对相关职能部门在邻避风险治理中的任务、职能、近期行动作出统一安排。

2. "监管"还是"护航"：邻避风险治理中的角色异化

后发城市往往同时面对紧迫的发展任务和困难的招商引资环境，这一现实情境深刻地影响了地方政府的行动方式。为吸引投资，地方政府在招商引资中必须给予相对其他地方而言更具有"诚意"的政策方案。邻避风险治理中的弊端和隐患也植根于此。

在响水化工园区招商过程中，响水县政府所给予的优惠主要表现在两个方面，一是便宜的地价所带来的低投资成本，土地出让价为每亩3.6万元，这一价格约为苏南土地价格的1/8；二是政府向企业极力宣传和推荐的当地环境容量高。这两个条件对于正在经历高发展水平城市产业调整影响的化工企业而言，极具吸引力。政策优惠是各地在招商引资中的必然举措，在招商引资中的政策创新也在某种程度上反映着各地政府的治理理念与治理能力，地方政府的这些举措无可非议。问题在于，这些招商引资的优惠政策是否进一步异化为对规则和秩序的突破。在响水事故中，正是政府对企业的优惠与扶持政策逐渐异化，地方政府从"支持、引导、监管"企业正常运营的治理者身份，异化为对企业创收"保驾护航"的合作者，使得邻避风险不断加剧。

这种关系的异化一方面表现在所谓的"环境容量"上。作为一个技术指标概念，所谓"环境容量"，是指"人类和自然环境不致受害的情况下或者具体来说是在保证不超出环境目标值的前提下，区域环境能够容许的污染物最大允许排放量"①。特定环境（如城市、水体等）的容量与该环境的社会功能、环境背景、污染源位置（布局）、污染物的物理化学性质以及环境自净能力等因素有关。② 地方政府试图以"高环境容量"解决企业生产过程中的后顾之忧。但随着化工园区建设所吸引的人口、设施和经济社会活动集聚，当地的环境容量也是逐渐变动的。譬如此次事故企业周边 2 公里内就存在 4 所小学和 3 所幼儿园，如此密集的人口和设施分布显然不会带来较高的环境容量，响水化工园区所在地的环境容量并没有当地政府宣传得那么乐观。在响水化工园区投产后，显然周边居民的生活受到了环境污染的影响，有居民在接受媒体采访时表示，"自从有了化工厂，这里的空气中就总是弥漫着刺激性的气味，尤其是雨天或者雾天，气味非常严重，家里根本不敢打开门窗透气"；"现在化工厂的排水已经好很多了，最开始几年，我们这边小河里的水，红、绿、蓝、黄，什么颜色都有"。③ 但面对长期的环境影响，有调研表明居民对此感到无能为力，表示"（举报）没用的"④。另外，涉事企业多次因环境问题遭受处罚，但地方政府并未采取进一步的实质性

---

① 环境保护部环境工程评估中心. 环境影响评价技术方法（2011 年版）[M]. 北京：中国环境科学出版社，2011：241.

② 环境保护部环境工程评估中心. 环境影响评价技术方法（2011 年版）[M]. 北京：中国环境科学出版社，2011：241.

③ 王煜，刘朝晖，王仲昀. 直击响水爆炸现场 大爆炸摧毁的不仅是生命和财产[J]. 新民周刊，2019(12)：10—17.

④ 余寒. 47 人死亡，响水爆炸事故背后的那些魔鬼细节[EB/OL].（2019-03-22）[2023-04-12]. https://www.thepaper.cn/newsDetail_forward_3180682.

举措对此进行调整。实践中的种种现象表明,对于地方政府而言,"环境容量"这一概念在某种程度上遭到了异化,与其说是地方环境在技术上对于污染的承受能力,倒不如说是地方政府在经济上为实现地方经济增长所能接受、能容忍的环境影响和风险程度。

政企关系的异化在另一方面表现为,政府在制度、规则范围内助力企业投产、运作的政策创新,异化为突破法律和制度约束为企业所作的"保驾护航"。一来,在企业建设过程中,突破既有的规划审批程序和制度设计,在规划审批阶段未认真履行风险识别与风险防范的前期工作,多次对企业违规进行的"未批先建"行为补办手续,且并未对这一行为进行处罚;甚至对同上位规划不一致的园区建设规划"开绿灯",这种事后承认为企业建设提供了极大便利,但同时也无法在规划初期和源头上识别潜在的安全风险。二来,在企业多次因环境和安全问题遭到处罚乃至停产整顿情况下,在考核整顿效果、进行复产验收中地方政府流于形式,为尽快开工避免企业停产给地方带来巨大经济损失,违反法律法规和制度要求,对复产验收把关不严,从而失去了将邻避风险隐患扼杀在早期的宝贵时机。事故调查报告显示,在企业复产验收过程中,"在只有响水县环保局组织专家现场验收,而其他部门都未审核的情况下,就召开县政府常务会议决定对天嘉宜公司等8家企业进行复产验收,并组织多部门短时间内集中签署意见,有关部门先签字同意后进行检查;在有部门持保留意见,未完成相关隐患整改的情况下,就同意天嘉宜公司可申请复产"①。

3. "协作"还是"独斗":邻避风险治理中的职能缺位

在企业生产运营过程中,邻避风险治理是一个贯穿规划建设、运营监管、风险预警识别、事故处置等全部环节的系统性过程,也因此涉及不同环节中不同层级、不同职能部门的协同与合作。重经济发展、轻安全生产的发展和治理理念失衡,导致在园区规划、企业建设再到运营监管、风险识别

---

① 国务院事故调查组.江苏响水天嘉宜化工有限公司"3·21"特别重大爆炸事故调查报告[EB/OL].(2019-11)[2023-04-12]. https://www.mem.gov.cn/gk/sgcc/tbzdsgdcbg/2019tbzdsgcc/201911/P020191115565111829069.pdf.

各环节中,不同层级、职能部门之间呈现出明显的割裂乃至缺位,协同联动的缺失使得地方政府对风险隐患的察觉、识别、预警和处置效果大打折扣,响水化工园区内的邻避风险就在这一过程中不断积聚,最终彻底爆发。

一方面是政府部门监管权力行使缺位,即"该管的没有管"。首先,应急管理和生态环境管理是响水化工园区邻避风险治理缺位最为严重的两个环节。前者涉及对企业运营过程中的安全监管,后者则主要针对企业生产活动中产生的危险废弃物的环境管理。而在这两个环节中,省、市相关职能部门不仅在所辖行政区域内履行相关监督管理职责不到位,而且对于下级职能部门履行职责不力、第三方环评机构违法违规以及涉事企业运营活动存在失管、失察、督促整改不力等问题有所忽略,导致政府主体的职能履行、监督约束机制存在缺位;而在作为主要面向企业、实施监管、执法等行政活动的县级相关职能部门而言,面向企业的监管执法活动存在疏漏,对企业整改后的效果核查、复产验收等工作存在把关不严等问题,导致企业邻避风险在一线监管执法过程中未能被有效识别并进行处置。其次,基层政府部门作为企业邻避风险治理的前沿阵地,响水事故的发生暴露出从园区规划直到企业运营全过程的部门职能缺失,包括规划审批权力违规行使、工程审批程序违规运行、企业运营风险的信息化管理机制缺失、企业整改后的市场活动监督管理疏忽等全方位监管职能的缺位。相关内容如表7-1所示。

表 7-1 响水事故中地方政府的职能缺位

职能部门	部门层级	主要问题
应急管理部门	县局级	未认真履行监督管理职责,日常监管执法不严不实,督促企业排查消除重大事故隐患不力,复产验收把关不严。
	市局级	未认真履行监督管理职责,监管执法存在漏洞,督促指导隐患整改不力。
	省厅级	履行本级政府安委会办公室和本行政区域内安全生产综合监督管理职责不到位。

(续表)

职能部门	部门层级	主要问题
生态环境部门	县局级	未认真履行危险废物监管职责,执法检查不认真不严格,对环评机构弄虚作假失察,复产验收把关不严。
	市局级	未认真履行危险废物监管职责,对有关项目竣工验收把关不严,督促整改不力。
	省厅级	未认真履行危险废物监管职责,对危险废物的收集、贮存、处置等进行监督管理。对市、县环保部门履职不到位的问题失察,对环评机构弄虚作假失管失察。
工业和信息化部门	县局级	未按照省市有关要求,在2018年年底前完成化工园区和涉及危险化学品重大风险功能区建立安全、环保、应急救援一体化管理平台的试点工作。
	县局级	组织推动化工园区和涉及危险化学品重大风险功能区建立安全、环保、应急救援一体化管理平台的试点工作不到位。
	县局级	对化工园区入园项目的评估审查以及严格执行产业政策方面缺乏指导和针对性措施,对化工园区和化工企业的规范化管理未提出明确要求。
市场监管部门	县局级	复产验收把关不严,复产后对存在的问题跟踪督促整改不力。
规划部门	县局级	违规下放管理权,生态化工园区规划与上位规划不符,对"未批先建"违法行为监督检查不力。
住建部门	县局级	违反《建设工程质量管理条例》多次为"未批先建"工程补办施工许可手续且未对有关企业进行处罚。

资料来源:国务院事故调查组. 江苏响水天嘉宜化工有限公司"3·21"特别重大爆炸事故调查报告[EB/OL]. (2019-11)[2023-04-12]. https://www.mem.gov.cn/gk/sgcc/tbzdsgdcbg/2019tbzdsgcc/201911/P020191115565111829069.pdf.

另一方面则是政府部门监管权力行使失效,即"想管的没管住"。在治理割裂的现实情境下,各部门单打独斗、满足于部门常态监管职能的运作,不仅各部门职能运作之间缺乏合力,而且由于缺乏相关的监督激励机制、迎合增长主义之下自身安全监管理念缺失等因素,各部门缺少严格履行部门职责的动力,其行动导向仅在于"治理投入"而非"治理效能"。换言之,各部门的职能运作关注于"做"而非"做好"。在这一行动导向下,监管部门对企业进行的生产安全检查常常"流于形式"。

以安监部门每年例行的安全检查为例,涉事企业领导一般会提前几天通知大家做好准备,并让焚烧炉"空转"以应付检查;而对于企业的"应付"行为,监管部门或"无从得知"或"视若不见",使得安全监管行动并未真正转化为对企业生产过程的"纠偏"。

此外,2018年涉事企业曾因安全隐患被停工整改,之后市、县主要领导也多次前往企业进行调研、了解整改情况,但受制于缺乏自上而下形成的有效动员和监督激励机制,以及后发城市政府和企业之间非均衡的角色关系,地方主要领导通过视察这一行动符号所构建的治理目标与整改压力,并未充分、实质性地转化为企业层面的安全意识提升与生产过程保障。

回顾地方职能部门近年来对涉事企业进行的行政处罚可以看出,管理主体一般都是环保部门,行政处罚的理由多集中于环境污染、违反环境保护相关法律法规(见表7-2)。响水事故显露出涉事企业多年来在规划、建设、运营等多环节存在的突出风险,但近年来在企业风险的识别和处罚中主要表现为地方环保部门的"单打独斗",缺乏相关职能部门的监管介入。在环保部门"单打独斗"之中,对企业施加的行政处罚与整改压力也常常"隔靴搔痒"。尽管市、县环保部门曾在2016—2018年短短3年时间内对企业罚款6次,累计罚没金额159万元,但与企业生产所获得的巨大利润相比显得无足轻重,难以对其安全生产形成有力的利益倒逼。

表 7-2　对涉事企业近年来进行的主要行政处罚

处罚时间	处罚文号	执法部门	处罚事由	处罚措施
2018.7.18	盐环罚字〔2018〕65号	盐城市环保局	私设超越管道排放污染物	罚款20万元
2018.5.25	响环罚字〔2018〕29号	响水县环保局	违反建设项目环境影响评价和"三同时"制度、固体废物管理制度、大气污染防治管理制度	罚款48万元
2018.5.25	响环罚字〔2018〕18号	响水县环保局	采取逃避监管方式排放大气污染物和违反固体废物管理制度	罚款53万元

(续表)

处罚时间	处罚文号	执法部门	处罚事由	处罚措施
2017.9.30	响环罚字〔2017〕52号	响水县环保局	违反大气污染防治管理制度、固体废物管理制度	罚款15万元
2016.7.15	响环罚字〔2016〕036号	响水县环保局	违反固体废物管理制度	罚款5万元
2016.7.15	响环罚字〔2016〕037号	响水县环保局	违反固体废物管理制度、环境影响评价制度	罚款10万元
2015.5.19	—	盐城市环保局	二期工程废水治理设施未经环保验收擅自投入生产;项目未经审批擅自投入生产;未设置危险废物识别标志	罚款10万元

三、追责处置推动的邻避风险治理：过程与逻辑

（一）党政领导问责与领导动员重塑

在响水事故中，自上而下的邻避风险治理意识淡薄与治理动员机制缺失是事故爆发的主要原因。因此，事故调查与问责处置的主要内容之一，就是针对在事故过程中负有重要领导责任或存在违法违纪现象的省、市、县党政领导进行问责、给予处分，并重新调整地方党政领导班子。

响水事故是一场对人民群众生命财产安全带来重大损失的安全生产事故"地震"，同时也引发了一场深刻影响江苏官场的"大地震"。事故问责处置首先指向省级地方政府中负有重要领导责任的主要党政领导干部，负责安全生产（应急管理）的省委常委、常务副省长，分管、协管安全生产（应急管理）及代管生态环境工作的副省长，双双因推进安全生产和生态环境工作中领导不力，出现重大失误，给党的事业和人民群众生命财产造成严重损失，产生恶劣影响而被予以问责处分。其次，在市级层面，盐城市委书记及盐城市市长、常务副市长、副市长等主要领导干部也被分别给予党纪和政纪处分。而在事故所在的县级层面，问责、处分则更加严厉，响水县委书记、响水县县长这两位县级党政一、二把手分别被给予免职和撤

职处理。在官员任命上，原盐城市副市长以市领导身份"高配"主政县域，担任响水县委书记，以其相应的行政力量、行政资源自上而下地施加治理压力。

与领导班子的调整相对应的，则是地方党政领导发展理念的重塑。地方党政领导在邻避风险治理中发挥的领导动员作用薄弱，源自片面追求经济增长的发展偏好和对安全生产责任制的忽视。因此，伴随地方党政领导的问责与调整，自上而下重塑新发展理念的领导观念和领导意识，将危险化学品系统性的重大安全风险摆在更加突出的位置，坚持底线思维和红线意识，牢固树立新发展理念，紧紧围绕经济高质量发展要求，大力推进绿色发展、安全发展，①并以此引导各级政府、各政府部门行政行为导向的重塑。同时，重新树立安全生产责任制的领导理念，强化安全生产责任制在各级地方政府的落实情况，尤其是各级党政主要领导对安全生产责任的重视。

可以说，响水事故问责处置的治理逻辑，不仅在于通过问责和处分事故相关责任人，以回应公众舆论关切、平息公众因事故激发的邻避情结和不满情绪；同时，通过事故问责以及地方党政领导班子的调整，从发展理念、人员能力、管理机制等方面，重塑长期缺失的邻避风险治理的领导动员机制。

（二）基于部门问责的联动机制重塑

由于在安全风险监管防范中缺少统一的领导与有效的治理动员，在响水化工园区日常运营安全监管中，各部门呈现出明显的治理割裂。不仅缺少协作、各自为政，同时由于缺少相应工作成效的监督激励机制，导致日常监管常常流于形式，甚至一些部门基于部门利益和经济增长任务出现违法、违规、违纪现象，成为邻避风险不断加剧并最终爆发的重要原因之一。

针对各级职能部门的问责是事故处置的重点。职能部门在响水化工

---

① 国务院事故调查组. 江苏响水天嘉宜化工有限公司"3·21"特别重大爆炸事故调查报告[EB/OL]. (2019-11)[2023-04-12]. https://www.mem.gov.cn/gk/sgcc/tbzdsgdcbg/2019tbzdsgcc/201911/P020191115565111829069.pdf.

园区邻避风险治理中的失责主要表现在两个方面：一是违法、违规的行政行为，这一问题主要集中于企业规划与建设风险识别与监管的"前端治理"；二是职能履行缺位或者不到位，这一问题主要表现在企业日常运营与生产监管这一"后端治理"之中。可以说，前端治理的违法、违规使企业的邻避风险得以最大化孕育，而后端治理的缺位则导致风险在各个环节不断积聚、升级。而针对各级职能部门领导的问责也是此次问责处分的主要内容，省、市、县各级应急管理系统、生态环境系统、工业和信息化系统、规划住建系统、市场监管系统等职能部门人员共32人被给予党纪政务处分，另有多人被立案调查并采取留置措施。

针对各级职能部门开展的大规模问责处分，实际上是打破各级职能部门在传统邻避风险治理中的行政惯性，从而为重塑邻避风险治理中的部门协同机制奠定基础。在国务院事故调查组发布的事故调查报告中，一项重要的内容就是以危险废物监管为重点领域，构建跨部门的协同治理机制。首先，重新明确了应急管理部门和生态环境部门的监管职能范围，并在此基础上强调建立起监管协作和联合执法两项工作机制；其次，明确了生态环境部门在危险废物排查和风险治理中的牵头责任，并在此基础上进一步明确发展改革、工业和信息化、住房和城乡建设、交通运输、商务、卫生健康、应急管理、海关等职能部门在这一过程中的安全风险治理职责；最后，进一步强调建立跨部门协同治理的主要制度和机制设计，包括区域协作制度、重大案件会商督办制度、危险废物全过程监管体系。

可以说，针对职能部门的问责处置，其治理逻辑并不局限于对责任人进行问责以追究其历史的、事实的责任本身。对责任人的处分同党政主要领导问责一样，直接回应事故受害者及其家属、广大社会公众、社会舆论所关切的事故事实，以平息公众的不满情绪。更主要的治理导向在于，通过问责处置，重新明确各部门失责的范畴和应有的责任范畴、职能定位，由此弥合原有的治理割裂，重构协同联动的部门行动机制，由此方能在事故血的教训中真正进行反思和改进。

(三) 基于第三方机构追责的行业秩序重塑

响水事故的发生暴露出化工园区、涉事企业在规划建设、生产经营等环节的固有风险。在政府规划审批、企业生产监管等环节中,第三方机构作为提供专业设计方案、实施建设活动、提供环境安全评价的重要社会主体,本应成为地方政府依赖、信任的治理伙伴。而响水事故充分暴露出第三方机构在提供专业服务、编制相关材料中存在的弄虚作假行为,这些行为被认为"干扰误导了有关部门的监管工作",成为导致事故发生的重要原因。

要追责的第三方机构涵盖广泛,不仅包括参与涉事企业历年相关建设活动、企业复产整治评估等过程的多家环境影响评价机构,也涉及参与涉事企业复产安全评估的相关机构。此外,还包括参与涉事企业事故仓库设计、建设、鉴定、安全服务等环节的多家相关机构。其中,主动隐瞒风险、降低评价标准从而出具不符合实际的评估报告、不具备相关专业资质,是涉事机构被追责的重要原因。

第三方机构所暴露出的责任行使缺位、专业资质缺失等问题,使得重塑相关第三方评估行业秩序具有重要意义。对第三方机构的追责处置主要针对相关违法违规机构个体层面,试图以此整顿并重塑相关领域的行业秩序。由此,针对事故的追责处置主要基于相关机构和相关责任人的违法事实,重点从三个方面展开:一是对事故责任人追究其刑事责任;二是对相关机构按照法律法规进行没收违法所得并处罚款的经济处罚;三是对相关责任人、相关机构进行市场禁入,将其驱逐出第三方评估市场,即驱逐"市场劣币",从而整顿第三方评估市场秩序。

针对第三方机构进行追责处置的治理指向在于,重新明确、理顺第三方机构在邻避风险治理中同政府职能部门的协作治理关系。一是明确第三方机构同地方政府协作治理所实现的邻避风险治理环节;二是明确第三方机构在协作治理中所承担的职责;三是驱逐行业"劣币",提升第三方评估从业者质量,从而改善地方政府寻求协作治理时的外部环境。

（四）基于涉事企业追责的产业结构重塑

在响水事故中，江苏天嘉宜化工有限公司在自身生产经营活动中长期存在的违法行为，如擅自违反规划方案更改项目工艺、违法储存、处置危险废物等问题，都是导致企业邻避风险集聚并最终爆发的直接原因。除了针对涉嫌刑事犯罪的企业相关责任人依法追究其刑事责任，针对事故企业给予行政处罚之外，对于涉事企业、事故园区的追责处置实际上旨在推动地方产业结构的调整和重塑。

在事故造成的广泛社会舆论影响与安全生产治理压力之下，2019年4月4日，盐城市决定彻底关闭响水化工园区，响水化工园区内企业纷纷关停整顿。除此之外，盐城市华丰工业园区、滨海县化工园区等多家化工园区受事故波及也一并停产整顿，进行安全排查。2019年4月27日，江苏省委办公厅、省政府办公厅发布《江苏省化工产业安全环保整治提升方案》，方案强调对全省化工生产企业做到"四个压减"，即压减沿江地区化工生产企业数量、压减环境敏感区域化工生产企业数量、压减园区外化工生产企业数量、压减规模以下化工生产企业数量，对所有化工生产企业进行评估，不达标的立即停产、限期整改，不具备整改条件和逾期整改不到位的予以关闭，不达标企业限期在2020年年底前退出或搬迁。2019年8月，盐城市化工生产安全环保整治提升领导小组办公室发布《关于印发〈盐城市停产整治化工生产企业复产工作流程〉的通知》，对全市范围内处于停产整治的化工生产企业规定了复产要求和流程，制定了"企业申请—园区初审—县级政府职能部门现场验收—市级相关职能部门现场复核—市政府批复并恢复生产—市级职能部门跟踪检查"的跨层级、跨部门协同治理机制。2019年12月，随着事故调查报告的发布和事故责任的认定，涉事企业江苏天嘉宜化工有限公司被响水县市场监督管理局吊销执照，被江苏省市场监督管理局吊销安全生产许可证。与处罚和整顿涉事企业、化工园区相对应，响水化工园区周边居民的搬迁安置工作也在逐步推进，以缓解密集人口同高邻避风险企业之间的矛盾。

响水事故发生后,大规模的化工园区停产整顿不可避免地给地方社会经济生活带来了影响。在停产过程中,工厂往往要承担员工生活补贴、基本工资发放,许多小企业面临巨大的停产成本从而选择搬迁,而大企业则在等待地方政府对于安全检查和复工复产的进一步政策安排。由于停产导致的收入影响,大量化工企业中的外地员工离职。受此影响,依赖于园区人口集聚和日常生活活动的周边餐饮业、商业也受到明显波及,经营规模、经营收入明显下降。但对于长期面临化工企业邻避风险影响的地方政府而言,这实际上也是在地方产业结构调整中所必然面临的转型阵痛。

但其中引发思考的另一个问题是,对化工园区的关停整顿,是"短平快"推进产业结构重塑的必然之举,还是在某种程度上作为邻避风险治理中"妥协式平息"的另一种形态。在国内邻避风险治理情境中,对于新建设施"一建就闹,一闹就停"的治理妥协并不罕见,而在"3·21"爆炸事故发生不出半月的时间内,地方政府就迅速作出决定关闭响水化工园区的决定,这一长期困扰周边居民生活品质但地方政府一直未给予进一步治理反馈的"庞然大物",就在事故发生后以"迅雷不及掩耳之势"被彻底关停。面对园区停产在短期内带来的地方经济和生活秩序的阵痛、受到事故波及的相关企业陷入生产经营困局,这一举措是否有"矫枉过正"之嫌也成为部分公众、媒体舆论的讨论话题。事实上,从长远来看,化工企业、化工园区的整顿改造、生产技术提升、产业结构转型是实现高质量发展的必由之路,但由于前期邻避风险治理意识、治理机制的欠缺,导致这一进程最终以严重生产安全事故所造成的重大人员伤亡和财产损失为代价来推进,不得不说是一种遗憾。

第八章
邻避治理的公共价值愿景

邻避风险的复杂性加剧了治理的难度。从表现上看,邻避风险所引发的社会抗争和群体性事件,直接影响着社会的运行状态与既有秩序。因此,邻避治理首先是针对公众感知的风险以及由此延伸出的危机与冲突进行治理。而在抗争表现的背后,则是政府和公众之间围绕设施选址、空间利益分配所展开的权力互动与权利博弈,这在很大程度上影响着风险的扩散与冲突的走向。当政府采取行动以尝试化解风险与潜在的冲突可能时,自然会指向平衡多方主体之间的权力关系与权利关系。诚然,邻避风险反映了公益和私利之间的张力,因而其治理的策略思路主要在于平衡公益和私利的关系。但这反而为邻避治理带来了更大的挑战。一方面,寻求利益的共识本身就是一件极具挑战的事情,正如斯通(Deborah Stone)所言:"在公共利益上,永远无法达成广泛的共识。"[1]另一方面,政府在试图引导多方主体寻求利益共识的过程中,不可避免地会涉及一个更加复杂但关键的命题,即在利益诉求的背后识别各方主体所秉持的价值,正如哈特曼(Nicolai Hartmann)所言:"社会的利益冲突……并不依赖于指向他们利益的本质,而是依赖于价值的本质。"[2]因此,对于政府而言,邻避治理不能抛开价值共识问题讨论利益冲突,离开价值共识也不可能对邻避问题作出恰切的判断,更无益于问题的解决。[3]对于政府而言,从思考"邻避风险为

---

[1] Deborah Stone. Policy Paradox:The Art of Political Decision Making[M]. New York: W. W. Norton & Company, 2001:448.

[2] 冯平. 现代西方价值哲学经典:先验主义路向(下册)[M]. 北京:北京师范大学出版社,2009:752.

[3] 郑光梁,魏淑艳. 邻避冲突治理——基于公共价值分析的视角[J]. 理论探讨,2019(2):166—171.

什么会发生"转向回答"治理邻避问题是为了什么",能够更加明确地把握邻避治理的落脚点。

第一节
作为现代治理新范式的公共价值管理

20世纪70年代末,发端于欧美发达国家的新公共管理运动以其分权、改革、市场化等锐利的口号发起了重塑公共部门的声势浩大的运动,这一运动对公共部门的原有组织形态、职能范围和作用领域发起了强有力的冲击。以民营化为工具,以提高公共服务的经济效益和社会效益为目的,公共部门市场化改革开始兴起,这些新理念和新举措一定程度上改变了长期以来公共部门结构臃肿和效率低下的状况,市场化的公共服务供给模式极大地提高了供给效率,并促进了竞争和创新的新局面的形成。但与此同时,私营部门的逐利性与公共服务"公共性"之间的张力逐渐凸显,公共部门在维护公共利益及保障社会公平、民主性和公共性方面的责任逐渐缺失,个人经济至上的观念在公共部门中广泛蔓延。基于此,旨在平衡效率、公平、公共性等众多价值之间张力的公共价值管理范式应运而生。

一、理解"公共价值"

公共价值理论的建构有两大重要历史脉络:其一是现实的历史背景,即新公共管理运动引发的功利主义、个人经济主义至上的潮流强有力地冲击了公共部门原有的公共价值观基础,因此一个新的能够重新审视公共部门功能和价值的理论显得尤为迫切,而公共价值理论显然迎合了这一需要;其二是"效率—公平"这一经典的公共管理命题,从传统公共行政、新公共行政到新公共管理,公共管理的实践和价值取向一直在效率和公平之间摇摆,最终均未能取得平衡。而公共价值理论则超越这一命题,从公共价值视角将公共性、公共责任、民主参与、公平、服务等一系列价值统摄进思考的维度中。

要理解公共价值理论,就必须对"公共价值"概念本身加以阐释。"公共价值"一词最早由美国哈佛大学的穆尔教授提出,他认为,公共价值是与公共部门战略管理紧紧结合在一起的,公共部门管理者的核心任务便是致力于寻求、确定和创造公共价值。① 尽管穆尔并未对公共价值的内涵作出进一步解释,但是其却将效率、经济之外以"公共性"为核心的公共价值引入公共部门管理者的视野,并将满足集体偏好确定为公共机构的目标。波兹曼(B. Bozeman)认为,公共价值是指某一特定社会渴望为所有公民提供的特权、规范标准、社会支持、权利和程序保障。② 凯利(G. Kelly)等学者从公民/国家关系、公用机构价值观和私营部门价值观之间的关系入手,将公共价值界定为政府通过服务、法律法规等行为创造的价值。③

在国内研究中,何艳玲最早关注到公共价值管理这一新的公共行政学研究范式,2009 年她在《政治学研究》上发表了《"公共价值管理":一个新的公共行政学范式》一文,此后国内相关研究逐渐兴起。在这篇文章中,何艳玲将公共价值与公共物品和公共利益进行了系统对比,认为公共价值包含公共物品但不局限于公共物品,接近公共利益但并不完全等同于公共利益,公共价值是比公共物品范畴广泛得多的价值体,其包含了结果的维度,是相对于公民的主观满足感而言的,而非由决策者的话语所垄断和定义,其具有增加和被创造的积极属性,公共价值管理范式的核心是关注集体偏好、重视政治的作用、推行网络治理、重新定位民主与效率的关系,以及全面应对效率、责任与公平问题。④ 王学军等系统回顾了国外学者对公用价值的定义,将其分为由共识主导的公共价值和由结果主导的公共价值两类,其中穆尔对公共价值的研究属于由结果主导的公共价值,而以波兹曼

---

① Mark H. Moore. Managing for Value: Organizational Strategy in For-Profit, Nonprofit, and Governmental Organizations[J]. Nonprofit and Voluntary Sector Quarterly, 2000, 29(1_suppl):183-204.
② B. Bozeman, D. Sarewitz. Public Values and Public Failure in US Science Policy[J]. Science and Public Policy, 2005, 32(2):119-136.
③ G. Kelly, G. Mulgan, S. Muers. Creating Public Value: An Analytical Framework for Public Service Reform[R]. London: Strategy Unit, UK Cabinet Office, 2002.
④ 何艳玲."公共价值管理":一个新的公共行政学范式[J]. 政治学研究, 2009(6):62—68.

为首的学者则关注由共识主导的公共价值。①

可以发现,学术界对于公共价值概念的定义较为宽泛,但均包含了集体偏好、公共性、民主程序等核心要义。因此,本书认为公共价值是经由民主程序而形成的以公共性为核心的集体偏好,既包含政府向公众提供的社会规范,也包含公众的合法性偏好表达。

二、公共价值理论的流派及其观点

公共价值理论产生于新公共管理背景下,效率和个人经济主义蔓延,引发公共部门公共责任缺失、公共价值旁落和公共治理碎片化的治理困境。可以说,新公共管理理论在某种程度上是对与传统公共管理相关联的行政效率低下的一种回应,而公共价值管理至少在一定程度上是对新公共管理理论狭隘的功利主义特征的一种回应。② 在公共价值理论研究的早期阶段,以穆尔、斯托克(G. Stoker)、波兹曼等为首的国外学者形成了研究该理论的三个主要流派。在理论内涵和基本主张上,三个公共价值理论的研究派别各有其关注的议题。

(一) 以战略管理和公共管理者为中心的研究

穆尔作为公共价值的提出者,建构了政府战略管理的"战略三角形"模型,其关注点主要在于政府公共管理人员,认为公共管理人员的最终目的是创造公共价值。可以说,以穆尔为代表的学者关注公共管理者和政府的战略管理。

在穆尔等学者的观点中,公共价值的确立是公共管理者的核心活动,正如创造私人价值是私人部门管理者行为的核心一样。在"战略三角形"模型中,穆尔将授权环境、运营和管理能力、价值、目标和使命统一起来以

---

① 王学军,张弘. 公共价值的研究路径与前沿问题[J]. 公共管理学报,2013(2):126—136.
② G. Stoker. Public Value Management: A New Narrative for Networked Governance?[J]. The American Review of Public Administration,2006,36(1):41-57.

创造公共价值。① 循着该路径,凯利等界定出公共价值的三个关键组成部分:其一是服务,公共价值理论提供了一种工具,通过为顾客提供实际服务以及为公民分配公平、平等和相关价值来传递公共价值;其二是结果,包含更高层次的愿望(如国家安全、减贫或公共卫生);其三是与信任、合法性和对政府的信心相关的因素,信任的缺失也会直接摧毁公共价值。其中,公共偏好是公共价值的核心,集体程序、公众审议是形成、表达和赋予公共价值的主要机制。②

(二)以网络治理为核心的研究

斯托克将公共价值管理确立为继传统公共行政和新公共管理后的第三类范式,将公共价值管理与网络治理结合,主张通过选举、任命政府官员和关键利益相关者经过共同商议而形成公共价值的判断。③

斯托克认为公共价值管理是建立在以对话与交流为特征的网络治理体系之上的。网络治理是集体决策的一种特殊框架,其特点是在相当大的不确定性和复杂性背景下,越来越多的参与者被视为决策过程的合法成员。因此,众多的利益相关者参与是作出正确决策的重要保证,民主与管理是通过民主制度的建构、修改、修正和适应而实现的。④

(三)以社会政策和公共价值失灵为中心的研究

波兹曼主要关注社会政策和社会层面的公共价值,并致力于"公共价值集"的开发和公共价值失灵的发掘。

公共价值失灵理论的提出源自这样一种思考:传统理论认为市场失灵是政府干预的恰当时机,但是如果市场不存在失灵,政府是否就应该无所作为?如果市场完全成功,那么是否仍然存在市场机制不能提供的某些价

---

① 马克·H.穆尔. 创造公共价值:政府战略管理[M]. 伍满桂,译. 北京:商务印书馆,2016.

② G. Kelly, G. Mulgan, S. Muers. Creating Public Value: An Analytical Framework for Public Service Reform[R]. London: Strategy Unit, UK Cabinet Office, 2002.

③ G. Stoker. Public Value Management: A New Narrative for Networked Governance? [J]. American Review of Public Administration, 2006, 36(1): 41-57.

④ Ibid.

值?波兹曼基于此构建了公共价值失灵模型,并提出 8 条原则可识别出公共价值是否失灵,包括价值表达与聚合不足、不完全垄断、利益囤积、公共信息不完善、提供者缺乏、短视效应、可替代性失灵、威胁人权与尊严(见表 8-1)。他主张政府在公共价值失灵发生时应及时介入。[①] 该模型现今已经被国内外众多学者用来分析特定领域的政策研究。我们认为,邻避现象本质上也是一种公共价值失灵问题,而邻避风险治理在本质上是对于公共价值的弥合。

表 8-1 波兹曼的公共价值失灵诊断标准

原则	释义
价值表达与聚合不足	政治代表和政策过程无法充分反映民意
不完全垄断	政府对本应垄断的公共品垄断不足
利益囤积	公共服务被利益集团捕获导致分布不均
公共信息不完善	信息不透明导致公众难以作出恰当判断
提供者缺乏	公共价值提供者缺乏导致公共需求难以满足
短视效应	政策短期效益与长期价值相悖
可替代性失灵	某些价值难以以补偿的方式替代
威胁人权与尊严	人的核心价值和权益受到侵犯

资料来源:B. Bozeman. Public-Value Failure:When Efficient Markets May Not Do[J]. Public Administration Review,2002,62(2):145-161. B. Bozeman. Public Values and Public Interest:Counterbalancing Economic Individualism [M]. Washington,DC:Georgetown University Press,2007.

毋庸置疑,公共价值理论对政府的行政理念、行政手段和行政目标有着重要的指引作用,是对公共管理领域过度蔓延的效率、经济的回应。

第二节
公共价值失灵:邻避风险的本质及其诊断

尽管公共价值理论是一个舶来品,但随着研究的逐步深入,国内学者

[①] B. Bozeman. Public-Value Failure:When Efficient Markets May Not Do[J]. Public Administration Review,2002,62(2):145-161.

已逐渐论证了这一理论对我国的邻避运动、政府绩效管理和公共服务供给等现实议题的解释力,同时公共价值的本土化研究也在逐步推进。邻避风险治理内嵌于我国城镇化发展的历史进程之中,而我国城镇化进程的特征同样能够反映出国家发展中对公共价值的追寻。城市发展中凸显的邻避风险,实际上是城镇化进程中公共价值失灵的典型表现;寻求公共价值,弥合公共价值的失灵以推进邻避治理,则成为保障当下城市高品质发展的重要立足点。

一、公共价值与邻避议题的耦合

改革开放以来,我国在较短时间内便走过了西方发达国家百余年的城镇化之路。但伴随着城镇化的快速发展,经济社会发展的不平衡使得城镇化中的社会治理风险逐渐涌现。这些风险的背后,则是城镇化进程在公共价值层面出现的偏差。

改革开放前我国经济发展受历史因素影响保持相对低速和不稳定的发展状态,经济发展相对落后,人民日益增长的物质需求得不到充分满足,经济发展的现实需求高涨;另外,受世界范围内市场化、民营化和政府改革思潮的思想影响,发展经济和推进效率提升成为我国发展的关键任务。因此,"以经济建设为中心"的发展理念同样嵌入我国的城镇化进程,并演化为城镇化发展进程的主导性价值,即长期以来我国的城镇化发展一直秉持的是"发展主义""开发主义"和"管理主义"为主的经济价值,其目的在于通过大规模的城镇扩张和市民身份转变尽可能实现较快的城镇化发展,其遵循的是一种整体性的发展思维,这种经济价值主导的发展逻辑影响着改革开放以来我国的城镇化发展实践并为其烙上了鲜明的印记,而相对忽视了社会公平、公共性和公共责任等公共价值。与此相应的,则是快速扩张的城市发展实践,土地城镇化、造城运动、开发区模式等增量开发模式,使得城乡二元化结构和城乡差别的矛盾逐渐转化为城市体系内部的矛盾,如经济发展与分配不公之间的矛盾、城市户籍市民和大量非户籍就业人群的利益矛盾、政府管理差别和社会公平公正的矛盾、大城市人口过度拥挤和超越资源环境承载能力的矛盾等①都已经成为现实的社会治理问题;在公共服务方面,基本公共服务在各区域之间以及人群之间发展和分配的不均衡,使得公共服务"公共性"与"公平性"的基本价值难以为继。当下如何通过有效的制度设计将化解社会治理风险、调和公共价值冲突和城镇化发展转型有机结合在一起,已经成为亟须解决的现实问题。

问题的背后则是快速扩散的邻避风险,推动因素表现为三方面:一是城市发展对邻避设施的客观需求。城镇化水平的提高带来人口、资本、技术等大量要素的迅速集聚,从而对城市中邻避设施的数量和质量有了更高的要求,兴建包括邻避设施在内的各类基础设施成为保障城市发展的现实选择。②尽管邻避设施的负面效应由其附近的居民承担,并因此引发居民的抗争活动,但对于中国当下高速发展的城镇化而言,这些设施却面临着不可不建的强烈现实需求。二是网络舆论力量的快速发展与风险传播赋能。截至2021年12月,我国网民规模达10.32亿(其中农村网民规模2.84亿),较2020年12月增长4296万,互联网普及率达73.0%,网民人均每周上网时长达到28.5个小时,较2020年12月提升2.3个小时,互联网深度融入人民日常生活。③史无前例的网络舆论发展同样极大提升了风险传播和政治参与的能力,自媒体、社区、微博等相关应用的涌现,使得网民更容易分享和传播自己的观点与情绪,赋予了网民参与事务更多的话语权,且充当了舆情的"放大器""传播器"。④三是城镇化内在的风险感知与权利意识的双重交织。公众对邻避设施的风险感知往往会经历从"不怕"到"我怕"的感知重构过程,对负外部性的聚焦、对政府和专家的不信任

---

① 韩康.中国城镇化发展的最大风险:城乡矛盾内化[J].国家行政学院学报,2013(3):4—8.
② 王佃利,等.邻避困境:城市治理的挑战与转型[M].北京:北京大学出版社,2017:292.
③ 第49次《中国互联网络发展状况统计报告》[EB/OL].(2022-02-25)[2023-04-12].https://www.cnnic.net.cn/n4/2022/0401/c88-1131.html.
④ 钟慧玲,李伟,张冠湘."邻避"冲突事件网络舆情演化研究[J].情报杂志,2016(3):111—117.

都会推动这一感知的转变;①公众倾向于把政府失德导致的危害视为最大风险,而政府则把社会政治风险视为最大的风险,②这种迥异的风险文化引发了公众的感知挫折,增加了对政府的不信任感,③并因此构成风险感知向抗争行动转化的内生力量。同时,伴随我国城镇化发展的居民权利意识的觉醒,邻避设施的建设热潮与民众日益增强的权利意识之间的激烈碰撞成为邻避风险递增的重要原因。④ 我国城镇化的快速发展所催生的经济积累,进而提升了居民的权利意识以及对美好生活品质的更高层次的要求,在这个意义上,邻避现象中周边居民与政府、运营方的价值分歧,实际上是社会经济发展的必然结果。

公共价值与邻避议题在城镇化进程之中耦合,这一点对于邻避治理的理论进路拓展至关重要。在邻避研究的最初阶段,多数学者将邻避治理界定为围绕邻避设施选址而展开的政府和居民之间的博弈行为,⑤其间核心的问题在于邻避设施的选址,地理规划学派的学者从最优选址的角度探析邻避设施的最佳区位、安全距离等要素对邻避冲突的影响,⑥其他学者则围绕邻避设施的选址展开对治理策略的探讨。⑦ 随着邻避议题研究的逐渐深入,空间理论逐渐被引入邻避研究的分析视野中。在这一分析视野下,邻避问题缘于城市发展中各利益主体对于空间的争夺进而引发各种城

---

① 何艳玲,陈晓运. 从"不怕"到"我怕":"一般人群"在邻避冲突中如何形成抗争动机[J]. 学术研究,2012(5):55—63.
② 汪伟全. 风险放大、集体行动和政策博弈——环境类群体事件暴力抗争的演化路径研究[J]. 公共管理学报,2015(1):127—136+159.
③ 侯光辉,王元地. 邻避危机何以愈演愈烈——一个整合性归因模型[J]. 公共管理学报 2014(3):80—92.
④ 王佃利,等. 邻避困境:城市治理的挑战与转型[M]. 北京:北京大学出版社,2017:292.
⑤ 何艳玲. "邻避冲突"及其解决:基于一次城市集体抗争的分析[J]. 公共管理研究,2006:93—103. 邓可祝. 邻避设施选址立法问题研究——以邻避冲突的预防与解决为视角[J]. 法治研究,2014(7):39—48.
⑥ 杨瑾,朱竑. "邻避主义"的特征及影响因素研究——以番禺垃圾焚烧发电厂为例[J]. 世界地理研究,2013(1):148—157.
⑦ 邓可祝. 邻避设施选址立法问题研究——以邻避冲突的预防与解决为视角[J]. 法治研究,2014(7):39—48. 杨雪锋,何兴斓,金家栋. 邻避效应的行为逻辑、多重困境及治理策略——基于垃圾焚烧规划选址情景的分析[J]. 中共杭州市委党校学报,2018(2):48—54.

市社会运动,当各方利益诉求无法达到有效的折中时,冲突便在所难免。① 利益的定义与争夺是空间冲突中的基本主题,价值、利益、风险则构成了空间冲突的三个基本维度。② 纵观这两种研究路径,无论是以邻避设施选址为核心的研究路径,还是空间治理角度的邻避成因剖析,其本质上均是将关注的焦点放在利益冲突上,基于这两种路径而提出的邻避风险治理措施也集中在利益冲突的化解上,如何寻求公共利益和居民的个人利益之间的协商、平衡和共识是研究重点。但是,正如斯通所言:"在公共利益上,永远无法达成广泛的共识。"③ 从这个意义上说,单从冲突化解的角度是无法破解邻避风险治理难题的。

邻避问题在本质上存在更深层次的价值因素,不能抛开价值共识问题来谈利益冲突,离开价值共识也不可能对邻避困境作出恰切的判断并解决问题。④ 邻避问题和公共价值之间具有很高的契合度。这表现在:(1)在邻避问题的成因上,已有研究指出价值因素是聚集者参与集体行为的核心动力,⑤利益相关各方的价值观冲突难以调和是邻避事件悬置的影响因素,⑥而行政价值失衡是导致邻避项目社会价值失败的重要原因。⑦ (2)在邻避问题的判定上,邻避问题往往是由公共价值偏离、分歧激化而导致的,⑧其在本质上是以政府奉行的经济价值与社会遵循的价值之间的

---

① 王佃利,邢玉立. 空间正义与邻避冲突的化解——基于空间生产理论的视角[J]. 理论探讨,2016(5):138—143.
② 邓可祝. 邻避设施选址立法问题研究——以邻避冲突的预防与解决为视角[J]. 法治研究,2014(7):39—48.
③ Deborah Stone. Policy Paradox: The Art of Political Decision Making[M]. New York: W. W. Norton & Company,2001:448.
④ 郑光梁,魏淑艳. 邻避冲突治理——基于公共价值分析的视角[J]. 理论探讨,2019(2):166—171.
⑤ 张荆红. 价值主导型群体事件中参与主体的行动逻辑[J]. 社会,2011(2):73—96.
⑥ 张乐,童星. "邻避"冲突管理中的决策困境及其解决思路[J]. 中国行政管理,2014(4):109—113.
⑦ 王冰,韩金成. 公共价值视阈下的中国邻避问题研究——一个整合性理论框架[J]. 中国行政管理,2017(12):74—78.
⑧ 郑光梁,魏淑艳. 邻避冲突治理——基于公共价值分析的视角[J]. 理论探讨,2019(2):166—171.

冲突所引发的公共价值失灵问题,[①]亦是各级政府所秉持的"开发主义"和"科学主义"的价值与邻避设施附近居民秉持的"后物质主义"价值、强烈的风险意识和生活品质追求之间的价值冲突。[②](3)在邻避问题的治理层面,已有学者指出要合理引导并化解价值诉求的形成,[③]通过协商达成行政系统内部和公众的价值共识,[④]从组织、个人、体制和机制各个维度强化治理主体的共识价值理念,培育具有公民道德修养、担当公共责任的新公民,完善以公共责任、公共价值为基础的治理模式。[⑤] 或许对于解决邻避风险更重要的是,在价值层面重新审视政府在邻避问题中所扮演的角色,辩证看待邻避风险的价值冲突,以更具包容性的心态与企业和民众进行价值共识的磋商。

因此,在本质上,邻避风险可以视为价值的冲突张力,即政府奉行的价值和社会价值的结构性冲突,并由此引发邻避设施建设中的公共价值失灵。邻避治理,亦需要挖掘邻避风险之中的公共价值失灵要素,在政府主导下,引导多方社会力量共同弥合公共价值的失灵。

二、公共价值失灵的理论框架

既有研究多从邻避设施及其引发的群体性事件作为主要的切入点,在研究视角上涵盖了冲突管理、公共政策、风险治理和空间治理等,对邻避治理提供了诸多有益的理论阐释。一方面,目前众多的理论阐释加深了我们对于邻避问题的认识,提供了邻避治理的新方法;但另一方面,过于纷繁的理论也影响了我们对于邻避问题的认定,有关邻避性质界定和成因解释的

---

① 王佃利,王铮. 城市治理中邻避问题的公共价值失灵:问题缘起、分析框架和实践逻辑[J]. 学术研究,2018(5):43—51.
② 张乐,童星. "邻避"冲突管理中的决策困境及其解决思路[J]. 中国行政管理,2014(4):109—113.
③ 张荆红. 价值主导型群体事件中参与主体的行动逻辑[J]. 社会,2011(2):73—96.
④ 王冰,韩金成. 公共价值视阈下的中国邻避问题研究——一个整合性理论框架[J]. 中国行政管理,2017(12):74—78.
⑤ 郑光梁,魏淑艳. 邻避冲突治理——基于公共价值分析的视角[J]. 理论探讨,2019(2):166—171.

众多理论之间彼此割裂,未能形成统一的话语体系,加大了邻避治理的难度。当前邻避研究的主要维度与代表性观点如表 8-2 所示。①

表 8-2 邻避研究的维度与观点

研究维度	主要思路	代表性观点
研究主题	(1) 邻避原因:① "成本—收益"分配不均衡;② 公民权利意识;③ 民主政治发展 (2) 邻避类型:污染类、风险集聚类、心理不悦类、污名化类 (3) 邻避对策	(1) 冲突治理:① 协商民主与公共政策:信息公开、公民参与;② 协商对话、政治吸纳 (2) 风险治理:风险理性培育机制、第三部门引入机制、风险管理机制 (3) 空间治理:① 空间是涵盖权利、资本、权力的社会关系场域;② 价值融合、利益补偿、风险化解;③ 利益相关者参与、多元补偿
研究视角	(1) 多学科视角 (2) 单维度与系统视角	(1) 政治学、社会学、经济学、人类学、传播学等 (2) 系统视角:① "萌芽—形成—成熟"阶段;② "设施—效应—诉求—决策—冲突"环节

如前所述,公共价值失灵理论始于这样的思考:传统理论主张市场失灵是政府介入的理由和边界,但是如果市场不存在失灵,政府就不应该介入了吗?可见,市场失灵理论不能够完全解释政府的作用时机和作用边界。基于此,波兹曼建构了公共价值失灵理论,即正如市场机制和政府机制存在失灵一样,公共价值同样会存在失灵,所谓的公共价值失灵是指公共价值在政策议程或者政府履职过程中,公共价值旁落或者遭受到侵害,或者市场机制和政府机制都无法提供某些核心的公共价值,此时公共价值失灵便会发生。而政府所要做的,便是在公共价值失灵时及时介入,充当公共价值的维护者、创造者角色。

根据波兹曼的公共价值失灵模型,有 8 条原则②可以诊断公共价值失

---

① 王佃利,王铮. 城市治理中邻避问题的公共价值失灵:问题缘起、分析框架和实践逻辑[J]. 学术研究,2018(5):43—51.

② 需要解释的是,波兹曼最初关于公共价值失灵的认定是基于 7 条原则[B. Bozeman. Public-Value Failure: When Efficient Markets May Not Do[J]. Public Administration Review, 2002,62(2):145-161]。但 2007 年的研究中新增了"公共信息不完善"这一原则,相关论述可参见:B. Bozeman. Public Values and Public Interest: Counterbalancing Economic Individualism [M]. Washington, DC: Georgetown University Press, 2007: 148.

灵是否发生：(1) 价值表达与聚合不足：政治代表、政策过程和程序无法充分反映民意；(2) 不完全垄断：政府对具有规模效应的公共品垄断不足；(3) 利益囤积：公共服务被利益集团捕获导致分布不均；(4) 公共信息不完善：信息不透明导致公众难以作出恰当判断；(5) 提供者缺乏：公共价值提供者缺乏导致公共需求不能充分满足；(6) 短视效应：政策短期效益与长期价值相悖；(7) 可替代性失灵：政策通过补偿和替代品进行弥补，但某些价值无可替代；(8) 威胁人权与尊严：人的核心价值和权益受到侵犯。需要说明的是，一方面，上述原则仅仅是诊断公共价值失灵的框架，是对市场失灵的一种有益补充，而非一成不变的黄金定律；另一方面，上述原则的对立面并不等于就是公共价值成功，对于公共价值成功的界定可能需要更多的案例支撑和理论论辩。

公共价值失灵理论为重新定义政府角色以及审视民主和效率、价值和利益之间的关系提供了一种新的思路。不同于从市场机制和经济学成本收益视角的考量，公共价值失灵理论将其视野放在更广阔的公共价值创造的背景下，提供了诊断公共价值的规范和标准，尽管其操作规范和测量精度并不精确，但重新定义了公共部门的核心使命，使该理论对于众多政策领域与社会问题具有较好的解释力度。

三、邻避风险中的公共价值失灵

尽管目前有关中国邻避问题的研究有多种理论解释，但是结合波兹曼的公共价值失灵理论，我们认为发生在中国场域内形形色色的邻避问题，其实质上是一种公共价值失灵。波兹曼的公共价值失灵模型已经被广泛应用于美国的科技政策、流感疫苗政策、高等教育政策等诸多政策领域中。在中国的邻避问题中，公共价值失灵主要体现在如下几个方面：

（一）价值表达与聚合不足：邻避决策的封闭性

如果核心公共价值因决策过程中的缺陷而被回避，就会发生公共价值失灵。① 在邻避问题中,包括地方政府、设施运营方、专家学者、媒体以及受设施影响的居民等均是主要的利益相关方,各方的利益诉求理应经过民主协商程序进入政策议程,最终产出公共价值共识,但现实情况并非如此。

首先,封闭决策思维主导多数的邻避决策过程。邻避冲突的管理困境在一定程度上是政府过分垄断决策权而轻视公众意见所致,具体表现为项目决策的自我闭合性。② 譬如是否建设、如何建设、在哪里建设等关键议题往往是由政府自身的行政与技术系统来决断,部分地方政府和设施运营方在涉及设施的专业技术信息方面存在有意隐瞒或者不及时公示的情况。归根结底,部分地方政府未将民众参与决策作为项目决策的一个正式制度环节,在思想上仍然遵循传统的封闭决策思维。

其次,决策过程代表性不足,参与地位不平等。横向而言,地方政府、设施运营方、专家学者、媒体以及受设施影响的居民等均是主要的利益相关方,因此多个利益相关方参与决策过程是应有之义,但是现实的邻避决策过程往往是政府相关单位和设施运营方参与,缺乏民众代表足够的参与。在纵向上,在各个利益相关方内部,也应该考虑到不同的主体。譬如受邻避设施影响的企业可大致分为受邻避设施影响的同行业企业、受其负外部性影响的相关企业以及邻避设施运营方,不同的企业会采取不同的策略,进而影响设施的建设、运营以及邻避冲突的事件走向。③ 因此,在决策过程中不仅要考虑到多个利益相关方的参与,同时也要考虑不同性质、不同立场的参与主体,以此达成价值共识。与此同时,涉及项目的具体技术信息往往具有较强的专业性,民众缺乏解读信息的能力,因此即使参与到决策过程中也往往缺乏影响决策的能力。

最后,制度性参与渠道闭塞。邻避冲突的形成尽管根源在于设施成本

---

① B. Bozeman. Public-Value Failure: When Efficient Markets May Not Do[J]. Public Administration Review,2002,62(2):145-161.
② 张乐,童星."邻避"冲突管理中的决策困境及其解决思路[J]. 中国行政管理,2014(4):109—113.
③ 王军洋. 超越"公民"抗议:从企业竞争的角度理解邻避事件[J]. 中国行政管理,2017(12):84—90.

和收益的不均衡分配,但是从风险感知、邻避情结形成、事件发酵到最终演化为邻避冲突,制度性参与渠道闭塞发挥着重要的催化作用。已有案例表明,政府在前期规划阶段共性的做法便是对涉及规划和环评的决策信息采取封闭式决策,没有进行必要的民众告知和民意征求。民众往往是在政府发布了施工通告,或者自己察觉项目施工时才知晓项目的存在,由参与渠道闭塞而引发的"权利剥夺感"往往成为民众情绪爆发的导火索。

(二) 可替代性失灵:补偿机制的失灵

邻避问题公共价值失灵的第二个表现即是可替代性失灵,具体指的是地方政府和设施运营方往往倾向于通过邻避补偿和利益回馈对受设施负外部性影响的民众进行补偿,但一方面并非所有的价值均能通过替代品补偿,另一方面现有的补偿机制也存在失败情况。学界关于邻避回馈和利益补偿的研究并不鲜见,总体上可以分为两个路径:

(1) 邻避补偿机制研究。该路径关注补偿机制的设定和完善,具体回答下述问题:谁补偿(补偿主体)?补偿谁(补偿对象)?如何补偿(补偿方式、补偿标准)?补偿的范围和条件(补偿的适用性)?汤汇浩以公益性项目的补偿机制为例,认为补偿方式和补偿标准等问题应充分听取区县、街镇、企业和居民的意见,不断增强公益性项目补偿的科学性、民主性和透明度;[①]刘冰以邻避补偿政策为切入点,认为邻避补偿的形式及组合、补偿对象和标准、补偿时机和期限等是补偿政策设计的主要内容,有效的风险管理机制是补偿政策存在的前提,协商决策机制是补偿政策发挥作用的保障,[②]因此要通过复合型邻避补偿政策保障补偿机制发挥实效;黄峥关注到补偿机制的失效问题,研究发现受动机挤出效应和贿赂效应的影响,货币补偿不仅没能提高人们对邻避设施建设的支持率,反而产生了负作用,而公共物品补偿由于不受这两个效应的影响,更容易赢得民众的支持,但

---

① 汤汇浩.邻避效应:公益性项目的补偿机制与公民参与[J].中国行政管理,2011(7):111—114.
② 刘冰.复合型邻避补偿政策框架建构及运作机制研究[J].中国行政管理,2019(2):122—127.

这两种补偿方案与人们实际上接纳邻避设施的责任动机相悖,因而都难有积极的治理效果。①

(2) 邻避回馈机制研究。回馈与补偿的基础与对象不同,回馈金的提供是基于潜在风险的存在(未出现实质性伤害),补偿金的提供则是基于明显伤害的出现,且回馈金的直接提供对象是群体,补偿金的直接提供对象则是个人,因此要秉承"自主性理念"推进回馈金制度的施行。②

无论是货币补偿、非货币补偿、公用物品补偿还是回馈金制度,尽管其对于改善邻避设施选址和建设的阻力是有现实功效的,但最根本的问题是涉及民众的健康权、生命权这样的根本价值,无论补偿机制的科学性几何,其在本源上是不是正义的?健康权和生命权这样的价值是否可以以其他形式的替代品予以替代?已有研究发现货币补偿和公共物品补偿两种方案都假定人们决定是否接纳邻避设施的根本动机是个人的福利算计,这与人们实际上接纳邻避设施的责任动机相悖,因而都难有积极的治理效果。③ 标准经济学往往能很好地处理效率标准,但在保护问题上却做得很差。经济学倾向于寻找可消耗资产的替代品,但生态系统复杂而多层次的相互作用阻碍了人类计算什么是不可接受的替代品的尝试,而且有时几乎不可能对损害的影响或可逆性的潜力作出令人满意的经济计算。④

与此同时,现行的补偿机制并不总是灵丹妙药。一项针对上海市市级邻避公益性项目的研究发现,"谁影响谁补偿、谁受益谁补偿"的补偿原则很难得到有效实施,补偿的平衡性、历史情况与制度纠缠、福利损失测量的难度、权威部门和相应决策与财政机制的掣肘、技术标准和上位法律法规的不完善、全成本投资概算(污染防治成本、社会稳定成本)等均是补偿机

---

① 黄峥. 金钱、公园还是养老保障:邻避设施的补偿效应研究[J]. 中国行政管理,2017(10):108—113.

② 王奎明,张贤桦. 邻避设施回馈金制度:重塑政府公信力的路径借鉴——来自台湾的经验[J]. 台湾研究集刊,2018(1):64—72.

③ 黄峥. 金钱、公园还是养老保障:邻避设施的补偿效应研究[J]. 中国行政管理,2017(10):108—113.

④ B. Bozeman. Public-Value Failure: When Efficient Markets May Not Do[J]. Public Administration Review,2002,62(2):145-161.

制失灵的重要原因。①

（三）利益囤积：项目环评的法治失灵

所谓利益囤积，指的是公共领域的利益应该在人口中自由分配，但由于某种原因没有分配。这可能是由于利益囤积造成的，一群人或一部分人设法吸收了本质上属于公共领域的利益。②邻避议题中的利益囤积主要发生在项目环评和邻避决策过程中。邻避设施的规划、环评和建设并非只是简单的工程项目问题和经济技术指标考量问题，其在本质上具有强烈的公共性和社会性特质。然而，据2008年全国人大常委会执法检查组关于检查《中华人民共和国环境影响评价法》实施情况的报告显示，一些地区和部门存在着"未批先建""批小建大""未评先批"等违法现象，全国不少环评编制单位往往与环评报告审批单位存在利益关系等。③ 实践中，一些重大的邻避型项目容易出现利益囤积的现象。在投资380亿元的彭州石化项目中，时任中石油四川石化有限责任公司的总经理由于在工程中暗箱操作，配合总承包方操控招标而被立案侦查。彭州石化项目规模庞大，需要采购大量仪器设备，其中乙烯项目中的色谱仪极为关键。在项目启动后，包括美国厂商在内的多家供应商随即对这一工程发起竞标。但在后续的设备招标过程中，惠生工程这家号称中国最大的私营EPC（设计、采购及施工管理）服务供应商则成为左右招标的主导者，而其负责采购的项目经理与中石油四川石化采购部门负责人也让这一项目招标变成了一场暗箱操作游戏。利益囤积引发招投标腐败，进而导致设备配置的安全性降低，在供货价格不变的情况下大幅度降低了设备的配置，而降低配置所"节省"的费用

---

① 汤汇浩.邻避效应：公益性项目的补偿机制与公民参与[J].中国行政管理，2011(7)：111—114.

② B. Bozeman. Public-Value Failure：When Efficient Markets May Not Do[J]. Public Administration Review，2002，62(2)：145-161.

③ 全国人大常委会执法检查组关于检查《中华人民共和国环境影响评价法》实施情况的报告[EB/OL].（2008-10-27）[2023-04-12]. http://www.npc.gov.cn/zgrdw/npc/zfjc/hpjc/2008-10/27/content_1455671.htm.

则变成了相关负责人的"佣金"。① 可以说,设备配置的降低导致设备的安全性下降,增加了生产过程中的安全隐患,后者则与公众感知到的邻避效应密切相关。

(四)提供者缺乏:社会组织的治理缺位

由于提供者缺乏,不能充分提供关键的价值或服务,则可能发生公共价值失灵。在邻避议题中,政府、媒体、民众、社会组织和设施运营方等均是公共价值生产的主体。尤其是各类环保社会组织,其担任着"中介"的角色,通过利益协调保障"公众参与"从而缓和并化解邻避困境。然而,一项关于2003—2012年十年内230余起邻避案例的研究表明,仅有不足5%的案例中有环保NGO的参与,②组织化程度低是各类环境群体事件的重要特征。在面临邻避冲突事件时,各类环保组织或缺位,或"集体失语",组织力度不够,这与西方公民社会理论中非政府组织的角色存在明显不同。传统发展模式的强大惯性、制度供给不足、专业能力不足等因素制约环保组织的现实发展,有调查表明相当一部分的环保社会组织缺乏固定经费来源。上述种种原因导致社会组织缺乏有效参与的能力,加之决策渠道封闭,民众往往同样难以参与到邻避决策中,由此造成了一种提供者稀缺的公共价值失灵。

(五)短视效应:短期偏好的替代效应

许多公共问题,如公共安全、社会稳定,偶尔需要将短期利益置于长期利益之上。但是,当短期利益被不必要地优先于长期利益时,公共价值失灵便会发生。1994年我国实行了分税制的财政体制改革,但"财权上收、事权下放"的局面未得到根本扭转,企业依然处于"条块分割"的行政隶属关系中。加之党政干部考核指标中偏重GDP增长,使得地方政府推动短期经济增长有强大的内在动力。"先污染,后治理"等成为当时一些地方的

---

① 中石油四川石化老总涉嫌违纪被查 辞人大代表职务. (2014-03-05)[2023-04-12]. https://www.yicai.com/news/3540826.html.
② 张萍,杨祖婵. 近十年来我国环境群体性事件的特征简析[J]. 中国地质大学学报(社会科学版),2015(2):53—61.

发展观念、主抓经济、热衷于项目建设和招商引资成为主要行动策略，眼前利益和短期目标的决策偏好，凌驾于规划本身的全局性和长远性要求。虽然这一模式和制度安排促成了经济发展，但它也导致公共价值失灵的发生。

（六）公共信息不完善：涉邻信息的不对称

当公众的利益因信息获取不足而受到损害时，公共价值失灵就会发生。邻避议题中公共信息的不完善至少有两个方面的原因：其一是地方政府自我闭合式的决策模式，导致民众难以知晓有关项目的信息和决策进度；其二是邻避项目信息具有技术性和专业性的特点，由此产生政府、设施运营方、专家和民众之间的信息不对称。有证据表明，地方政府与居民在邻避设施建设方面存在严重的信息不对称，居民对拟建邻避设施的不知情已然成为邻避抗争的导火索。地方政府在决策过程中往往选择不公开甚至隐瞒相关重要信息，在此情况下民众往往会通过论坛、微博和微信等"线上"方式进行风险沟通和情绪宣泄，各种"小道消息"的发酵又会诱发线下的抗议活动。单一渠道的信息公示、短时间的公示、不及时的公示等因素均造成民众难以有效知晓有关邻避项目的信息。此外，由于邻避项目多涉及噪声标准、辐射量和安全距离等技术性和专业性强的信息，官方介绍的专业性和民众接受信息能力之间的巨大张力，同样造成邻避项目公共信息的不对称。

第三节
邻避治理与公共价值共创

不同于以往冲突治理视角、空间治理视角下邻避"恶"的面貌，在公共价值视域下，邻避问题是中国城镇化进程中伴随民众权利意识觉醒而必然发生的社会问题，其在本质上并不是所谓"十恶不赦"的。事实上，邻避问题是社会发展进程中会普遍出现的现象。社会发展伴随工业化和城镇化进入一个新的阶段，大规模建设公共设施成为社会发展的必然选择。与此同时，经历过经济快速发展、物质生活水平普遍提高的社会公众，开始对生活质量、环境问题和健康问题提出更高的要求。无论是发达的欧美国家或地区,还是亚洲经济领先的日韩等国或地区,自20世纪60年代至90年代,先后都经历过邻避问题凸显、公众抗议频发的阶段,而现在这些国家或地区都对具有邻避属性的公共设施持有一种更加理性、包容、平和的态度。①

一、面向公共价值创造的邻避治理模型

如果说邻避风险在本质上是公共价值失灵,那么,如何在治理层面对该问题进行回应?借助穆尔和波兹曼的公共价值理论,本章试图构建出邻避风险治理的分析框架。在该框架中,中国的城市化发展为邻避问题出现提供了具体的场域,即正是现实城镇化发展的强烈需求促使邻避设施的建设,从而引发广泛的邻避风险问题;同时经济水平的提高催生了民众权利和价值意识的提升,进而对于邻避设施的风险感知、价值诉求和维权意识得以提升,并作用于邻避冲突的演进方向和抗争强度。在公共价值视域下,邻避风险治理的转型和路径如图8-1所示:

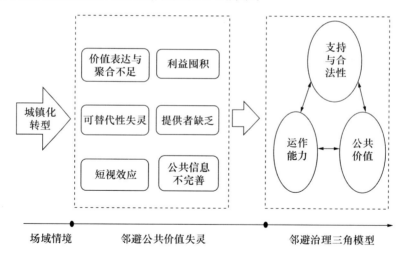

图8-1 公共价值视域下的邻避治理模型

资料来源:作者自制

---

① 王佃利,等. 邻避困境:城市治理的挑战与转型[M]. 北京:北京大学出版社,2017:292.

二、回归政策共识的公共价值生产

对于邻避项目,不同主体遵循的价值取向不同,因此衍生出不同的行动动机和行动策略,并最终作用于邻避风险事件的具体走向(见表8-3)。其中,毗邻公众的价值取向是环境质量、资产保值、人身安全和环境正义等集体偏好;①邻避设施的运营方企业、同行竞争企业和受负外部性影响企业遵循的都是经济价值,但基于各自立场不同对邻避设施采取的行动策略也迥然不同,邻避设施的运营方企业会想办法澄清设施的负面影响以推进项目进行,同行竞争企业及受负外部性影响企业则会采取体制内外的隐蔽或公开的手段阻挠邻避设施建设;②地方政府的决策部门基于财政税收、就业、政治机会的考量会积极引进和推进项目落地,环保部门则会基于环评作出对项目的客观评价,并对决策部门和环评机构实施监督制衡;专家和

表 8-3 邻避设施相关价值主体及其取向

相关主体	价值取向	行动动机	行动策略
毗邻公众	环境质量、资产保值、人身安全、环境正义	个体环境	线上动员、线下抗争
运营方企业	经济价值	逐利、扩张	游说政府、启动项目
同行竞争企业	经济价值	同业竞争	体制内参与、体制外动员
受负外部性影响企业	经济价值	负外部性	体制内参与、体制外动员
决策部门	经济价值、政治机会、稳定	经济、晋升	启动政策议程
环保部门	客观、公正、有效	责任性、专业性	环评审批、执行行政决议
专家、官方媒体	客观、公正	专业性	信息发布、舆论引导
环保组织	环境正义	专业性	体制外动员、体制内协调

资料来源:作者自制。

---

① 王冰,韩金成.公共价值视阈下的中国邻避问题研究——一个整合性理论框架[J].中国行政管理,2017(12):74—78.

② 同上.

官方媒体基于现实的风险评估和事件进展作出相对客观的事实判断并进行舆论的引导；环保组织充当着社会舆论的引导者和价值协调者角色，一方面组织民众进行线下的组织动员，另一方面与政府相关部门进行价值交涉和协调沟通。

因此，对于政府部门而言，首先要转变对于邻避项目的发展理念，改变公共决策的短视效应，不能简单地用经济领域改革的理念处理公共产品供给领域的矛盾问题，[1]在邻避决策过程中需要加大决策的透明度，保证公民的切实参与。至少在短视效应和利益囤积方面，邻避决策的封闭是诱发邻避风险的重要成因。

其次，应对价值表达与聚合不足，在政策设计环节，需要搭建制度性渠道将众多价值主体的价值诉求统摄进来，明确各方的价值诉求，审议、协商、民主和参与是寻求公共价值创造的基础和重要途径。需要指出的是，在参与主体上，要尽可能统摄进所有的价值相关者，与此同时要考虑到相关者内部的同质性问题，将不同立场的企业、相关的政府部门都纳入政策议程的讨论中。比如，对企业而言，根据企业的立场、所在行业以及与邻避项目的竞争关系展开针对性的对话是其价值递送的逻辑起点，即要充分考虑到企业的异质性问题，对不同立场的企业采取不同的价值吸纳机制：（1）对于邻避设施的运营方企业而言，其义务在于及时在听证会上公开项目的真实信息，直面民众的质疑，同时对于自身的价值诉求也可以以书面形式向社会公开；（2）与邻避设施存在竞争的同行业企业，尤其是规模和影响较大的同行业企业，也要被考虑进邻避决策的过程中，政府要和其协商是否通过产业整合升级、淘汰转型或政策优惠的方式降低新引项目对其的影响，以避免其利用自身的资源采用体制外非理性的渠道形成邻避风险；（3）对于受邻避项目负外部性影响的相关企业而言，要搭建"政府—邻避设施的运营方企业—受负外部性影响企业"的对话平台，就是否通过政

---

[1] 郑光梁，魏淑艳. 邻避冲突治理——基于公共价值分析的视角[J]. 理论探讨，2019(2)：166—171.

策补偿、如何补偿以及补偿的标准问题展开磋商,以期达成共识。

最后,针对邻避公共信息不完善的问题,需要通过制度性途径增强相关信息的披露力度、加强社会参与。通过增强民众利用信息优势增强谈判能力,收集政府和专家忽略甚至不知道的有关该项目的风险信息和数据,以改变政府、专家和运营方对信息的垄断优势带来的社会话语权缺失状况。对和邻避项目存在竞争的同行业企业和受负外部性影响企业而言,可以尝试利用自身的资源优势,帮助环保组织和民众发掘邻避项目的风险信息,以及分析政府和专家决策中存在的问题,通过切实的证据数据增强与邻避支持方的博弈能力。环保组织则可以发挥组织化优势,将前期从民众和企业那里收集到的证据通过正式渠道理性地向政府提出诉求,并就双方的分歧展开磋商对话。

三、完善授权环境的公共价值整合

在穆尔的"战略三角形"模型中,授权环境意指政府的支持与合法性的来源,即政治和法律上的可持续性。① 在邻避风险治理中,授权环境既有来自上级政府的价值需求,也有来自内部授权环境中各个机构间(人大政协、决策部门、环保部门等)的价值整合,以及外部授权环境(环保组织、社会公众、专家媒体、各类企业)的价值需求。② 也就是说,上级、内部和外部的授权环境共同构成了邻避问题中的授权环境,并影响邻避决策、治理手段的合法性和可持续性。

事实上,邻避风险治理中的价值表达与聚合不足及利益囤积的发生,很大程度上缘于授权环境中各个主体间的价值冲突。其一,在上级授权环境方面,由于地方政府兼具"代理人"和"自利者"的双重角色,既代理上级

---

① 马克·H.穆尔. 创造公共价值:政府战略管理[M]. 伍满桂,译. 北京:商务印书馆,2016.
② 王冰,韩金成. 公共价值视阈下的中国邻避问题研究——一个整合性理论框架[J]. 中国行政管理,2017(12):74—78.

政府指令和地方公共事务，也追求自身的政治和经济利益，[①]既需要承接上级政府的发展、稳定、法治、环保等价值，也需要贯彻自身的发展、效率等价值，与此同时，各个价值之间存在较大张力。地方政府在面对政策执行中的价值冲突时往往倾向于采取选择性执行、目标循环等策略，在邻避治理中，地方政府会在"发展"和"稳定"两个价值之间进行循环选择。其二，在内部授权环境中，对于同一个邻避项目，尤其是关系到地方经济发展的重大邻避项目，不同政府部门之间的态度不一。此时话语权较重的政府部门（譬如发改委、财政局）往往通过集体主义、忠诚等话语的规劝争取其他存在异议部门的支持。决策部门和环保部门在邻避问题中扮演着重要的角色，环保部门要通过客观公正的环评影响邻避决策，但决策部门倾向于高效快速的决策方式，在其强意志影响下环保部门的环评可能会流于形式。其三，在外部授权环境中，普通民众往往被决策部门排斥在决策系统之外，也因此引发网上污名化邻避设施、线下动员的社会现象，环保部门、信访部门也因此可能会承受较大的压力，此时各级政府部门倾向于通过发动官方媒体宣传项目的技术安全性、正向效益产出来争取项目的合法性，但由于此时价值冲突已然发生，这种事后寻求合法性的策略往往是"亡羊补牢"。

因此，完善邻避治理的授权环境，最重要的途径是通过价值整合来避免和缓解各个政府部门、社会主体之间的冲突、排斥。首先，这里的价值整合不仅仅意味着要通过信息公开、听证会吸纳民意等形式使民众知晓有关邻避设施的信息，更意味着在实施层面要真正通过协商网络的构建探寻和回应社会的价值偏好，以获得实质性的参与。比如在信息公开和决策方面，除却政府官员和参与决策的专家团体之外，环保组织，尤其是企业和民众代表更应该有实质性的价值表达渠道。其次，为了改善公共价值提供者不足的尴尬局面，需要鼓励和培育环保类社会组织，提高其组织化程度，利

[①] 赵静,陈玲,薛澜. 地方政府的角色原型、利益选择和行为差异——一项基于政策过程研究的地方政府理论[J]. 管理世界,2013(2):90—106.

用环保组织的科普宣传、政策倡议将民众纳入理性对话的平台。需要说明的是，这种价值整合并非价值冲突之后采取的补救措施，而是在邻避决策环节便将相关的政府部门、设施运营方、受设施影响的其他企业代表、毗邻设施的居民代表等主体纳入政策议程。对于决策部门和环保部门而言，要明确其在邻避设施决策中各自的职权，避免出现相互交叉和相互抵牾的价值冲突；对于政府和民众之间而言，决策部门和环保部门要联合发布关于项目环保性和安全性的书面报告，并对受设施影响的公众明确补偿的标准、适用范围，减少民众由于制度性参与渠道不畅通而引发的冲突事件。

四、依托监管与回馈的公共价值产出

政府效率不高，因为它缺乏拥有技术效率的所有者和经营者。[①] 在邻避项目的运营中，尤其是涉及国计民生的大型邻避项目，尽管政府是项目的牵头方或者发起人，但是项目的运营往往是大型的国有企业或者颇具实力的民营企业。项目外包是大型邻避设施建设运营的主要形式，然而一方面，私营企业和公共部门的价值目标迥异，私营企业往往以效率、利润最大化为导向，而公共部门则承担着更广泛意义上的公共利益维护和公共价值创造，一旦政府监管不到位，社会公共价值就会受到侵犯；另一方面，设施的建设运营涉及大量的技术和信息问题，大量的信息不对称使得政府缺乏有效监管的能力。现有的做法是成立项目管理委员会进行项目的监管，此外还可能采取的措施是通过建立监管信息平台，实施动态的可持续的信息发布。就信息的采集而言，要适当让第三方机构和环保组织参与协助信息的采集，对于未及时公布相关数据以及指标不达标的项目，要及时对相关责任人进行问责，把监管落到实处。[②]

与此同时，针对以往邻避补偿机制失灵的状况，可借鉴实践中的做法，

[①] B. Bozeman. Public-Value Failure: When Efficient Markets May Not Do[J]. Public Administration Review, 2002, 62(2): 145-161.
[②] 王佃利，王铮. 城市治理中邻避问题的公共价值失灵：问题缘起、分析框架和实践逻辑[J]. 学术研究，2018(5): 43—51.

实行邻避利益回馈机制。如表8-4所示,相比于邻避补偿,公共部门与设施运营方为消弭邻避效应,对可能导致民众利益受损的潜在危害进行回馈,其根本目的在于矫治正义。① 作为邻避补偿的互补机制,"邻避回馈"更能够弥合政府的风险承诺与民众臆想之间的鸿沟,重塑政府公信力。②

表 8-4 补偿与回馈对比

维度	补偿	回馈
设施定性	不正义现象	正义的规划选址
理论假设	利益和价值多元(存在分歧)	利益和价值共同体
利益相关者关系	政府、设施运营方(补偿者)和民众(被补偿者)之间关系不对等	政府、社会民众、其他主体间平等
对象	受损对象或个人	群体为主
适用条件	已发生实质伤害(结果导向)	有潜在风险,未发生实质伤害(过程导向)
用途(金额)	个人支配,不受限制	存在分配机制,使用受限
方式	货币、社保、就业补偿等	回馈金、构建信任共同体、空间更新等

资料来源:作者自制。

在公共价值视角下,首先,邻避设施动机是正义的,其是以提供公共服务为目的所建设;其次,邻避设施相关方之间是彼此平等的关系,也是合作、利益共享的"利益共同体";再次,补偿往往是一次性的,回馈更多表现为一种长期合作机制;最后,补偿往往是结果导向和事后行为,难以平息民众对信息不对称情况的不满,而回馈则是过程导向,着眼于早建立、早沟通,针对的是潜在风险。在具体的回馈策略上,目前我国回馈实践很少,主要集中在台湾地区的回馈金制度中。

回馈金制度较早出现在我国台湾地区的垃圾焚烧厂利益回馈实践中。早在2006年,《宜兰县区域性垃圾资源回收(焚化)厂营运回馈自治条例》便对回馈金分配方式[当地村里占40%,相邻村里占30%,焚化厂址所在

---

① 刘阿荣,石慧莹. 社群意识与永续发展:邻避现象及补偿金之分析[J]. 中国行政评论, 2004(2):1—32.
② 王奎明,张贤桦. 邻避设施回馈金制度:重塑政府公信力的路径借鉴——来自台湾的经验[J]. 台湾研究集刊,2018(1):64—72.

地乡(镇、市)占30%]、回馈金用途(环境卫生、教育文化、医疗保健、环境监测鉴定、公共设施)、受偿区职责(维稳)作出了明确规定;2016年,修正后的《新北市垃圾处理场(厂)营运阶段提供回馈金自治条例》对回馈金来源[每处理一公吨垃圾,提列回馈金新台币二百元;处理场(厂)汽电共生产值之25%]、回馈金使用项目[全民健康保险费补助、医疗保健事项或生活补助金;相关地区内一般住(租)户水、电费或社会福利之补助、教育奖助学金、环境监测鉴定事项等]作出了较为细致的规定。

在回馈金制度中,比较关键的几个议题是明确回馈主体和回馈对象、运行机制(包括核算方法、运行方式)以及评价机制。在现有的为数不多的实践中,较为成熟的是台北市文山区垃圾焚化厂的回馈金实践,其构建了回馈金管理委员会、等级评定委员会和监督委员会三位一体的机制。回馈金管理委员会定性为社会民间组织,而非政府部门或者事业单位,委员会的组成人员包括设施所在里的里长("里"相当于街道),设施所在区的区长、区政府会计人员,区政府推举的社会公正人士3—5人;在职位设置上,设主任委员(通常由社会人士担任)、副主任委员、监督委员各一位,其中主任委员与副主任委员由委员互选产生,具体人数由设施所在区的里数决定;政府只起监督作用,不直接参与资金的分配使用。等级评定委员会根据不同方面的影响程度权重赋值,确定设施周边里的具体回馈等级,其人员由设施利益相关方推举组成,通常是利益相关里推荐的专家学者3人,设施所在区政府推荐的专家学者4人;在回馈经费的使用环节政府部门绝对回避,台北市环保局仅负责预算计划的备案和决算执行的核备(监督作用)。监督委员会由环保局等部门的政府人员、利益相关里长代表、邻避设施运营方、第三方监管机构(监委会讨论决定)、社会环保人士构成;委托独立第三方不定时随机监测,在每两个月一次的监委会会议期间发布监测报告(涉及空气污染检测、水污染检测、噪声检测等),民众可以根据自身感受随时向监委会提出质询,政府则负责召集召开监委会会议(两月一次)。

可以发现,我国台湾地区回馈金制度的实践实质上是对于政府和社会角色的重新划分,最终目的是维护设施产生的公共价值。正是公共价值的最终旨归,决定了回馈金制度实践不应由政府垄断,而是设施运营方、第三方机构、邻近居民等主体平等参与协商。换言之,政府和社会的角色得以重新界定。政府不直接参与回馈金的分配、使用和标准的确定,只负责召开定期会议以供各主体进行价值协商,并履行监管职能;第三方参与评估监测、受设施影响居民的直接参与以及其他利益主体的实质参与是制度的核心价值所在。政府决策过程的开放、社会主体的引入以及制度化的保障方式,均是我国台湾地区回馈金制度的主要特色,该制度的精髓是"自主性理念"的秉承。[①]

---

① 王奎明,张贤桦. 邻避设施回馈金制度:重塑政府公信力的路径借鉴——来自台湾的经验[J]. 台湾研究集刊,2018(1):64—72.

第九章
面向城市高质量发展的邻避治理体系建设

自 2007 年厦门 PX 事件起,国内围绕邻避风险议题的理论研究积累了丰富的知识,政府邻避风险的处置能力亦有所提升,但实践中存在的问题也不容忽视。既有城市邻避风险治理模式多为应急型治理、管控型治理。应急型治理的缺陷在于缺乏规范化的应对程序和回应式的民意沟通;①管控型治理则由于传统封闭式决策模式容易造成信息的缺失,等到冲突发生后,政府即便及时补救也常会事与愿违。这两种治理方式无疑均属于传统型的治理模式范畴,②在城市化转型和邻避风险扩散的时代背景下,传统的邻避治理模式愈发难以为继,化解邻避风险需要在审慎思考的基础上寻找新的路径。

城市高质量发展,需要审慎处置各类潜在隐患。由邻避设施建设和运营所引发的邻避风险在本质上是一种价值冲突,即政府奉行的价值和社会价值的结构性冲突。③ 而公共价值范式作为一种区别于传统公共行政和新公共管理的崭新范式,强调政府部门应始终以实现公共价值为目标。正如穆尔所言:"政府的最终任务应是为社会公众创造公共价值。在这一过程中,政府应承担起创造者的角色,以社会环境、组织内部环境的不断变化为依据,以政府部门对公共价值的考虑和理解为导向,通过调整改善行政机器或工具的职能和行为规范,从而服务于社会公共利益,创造出新的公

---

① 王佃利,等. 邻避困境:城市治理的挑战与转型[M]. 北京:北京大学出版社,2017:254.
② 邓集文. 中国城市环境邻避风险治理的转型[J]. 湖南社会科学,2019(3):60—68.
③ 王佃利,王铮. 城市治理中邻避问题的公共价值失灵:问题缘起、分析框架和实践逻辑[J]. 学术研究,2018(5):43—51.

共价值。"①作为一种与邻避风险处置相契合的治理理念,本章将在立足公共价值理念的基础上,结合中国城镇化高质量转型的时代背景,从邻避风险处置宏观层面的制度体系、中观层面的策略组合以及微观层面的治理工具三方面对邻避风险的化解进行思考。

第一节
邻避治理的制度安排

《孟子·离娄上》中有言:"离娄之明,公输子之巧,不以规矩,不能成方圆。"这用来比喻做事要遵循一定的法则,引申含义可以理解为:大到民族国家,小至家庭秩序,如果没有一定的制度或规则,做起事情来就很容易陷入混乱的状态,因此治理就需要既定的制度来加以约束。在邻避风险处置的语境中,该理念同样适用。虽然邻避风险的出现是城镇化进程中特定阶段的产物,并且存在一定的突发性特征,但是从城镇化发展的长期目标来看,政府要想顺利化解邻避风险,仍然需要一套相对固定的宏观制度体系作为依托,从而在处置过程中有的放矢,以增强处置结果的可预见性。

一、完善顶层法律法规体系

《荀子·君道》中说:"法者,治之端也。"治理一个国家、一个社会,关键是要立规矩、讲规矩、守规矩。法律是治国理政最大最重要的规矩,法治也是国家治理体系和治理能力的重要依托。作为社会治理的一个重要面向,邻避风险对新时代中国城市的发展提出了严峻的挑战,因此有必要率先构建起以法律法规为核心的邻避风险处置的顶层制度体系。

2014年10月,中共十八届四中全会胜利召开,全会提出全面推进依法治国的总目标和重大任务,指出目前中国特色社会主义法律体系已经形

---

① Mark H. Moore. Creating Public Value: Strategic Management in Government[M]. Cambridge: Harvard University Press,1995:402.

成，法治政府建设稳步推进，司法体制不断完善，全社会法治观念明显增强。但是，"必须清醒看到，同党和国家事业发展要求相比，同人民群众期待相比，同推进国家治理体系和治理能力现代化目标相比，法治建设还存在许多不适应、不符合的问题，如有的法律法规未能全面反映客观规律和人民意愿，针对性、可操作性不强"①等。在邻避议题中，这样的困境同样存在。进入 21 世纪，伴随着整个社会环境保护意识的觉醒，人们开始更多关注自己的环境权利，社会的可持续发展议题也更多进入公众视野，邻避风险正是在这样的社会背景下备受关注。尽管既有环保领域的法律法规给现实问题的解决提供了有力的依据，但是邻避问题的复杂性使得既有法律体系在帮助政府化解邻避风险时显得捉襟见肘，往往导致政府陷入无法可依的境地。在"邻避时代"，邻避风险的扩散直接导致邻避事件的爆发频率的增加，此起彼伏的邻避问题若没有制度化的应对方式，对于社会秩序的稳定与政府的形象都是一种威胁。基于这样的社会现实需求，有必要将制定和完善邻避问题处置的相关法律法规纳入政府的议程，这也是在全面推进依法治国社会背景下的必然要求。

  邻避问题的复杂化要求审慎考虑邻避风险处置法律体系的建设问题，使它能够涵盖邻避设施的选址、建设和运营的全过程。基于此，相关立法部门可以统筹考虑调整相关法律条文，这既是政府部门在处置邻避风险时得以顺利履职的重要依据，同时也可以避免政出多门，造成行政资源的低效使用或者浪费；更重要的是，法律体系的制定和完善也是对公民权益的重要保障。如美国、法国等核能大国均已建立适应自身需求的法律、法规、标准体系。特别是在法律制定层面，除了服务于核能发展的基本法，它们还都建立了针对放射性废物管理的专门法。② 对于中国新时代的邻避风险治理而言，一方面政府需要继续完善现有法律，如《环境保护法》《环境影

---

① 中共中央关于全面推进依法治国若干重大问题的决定[EB/OL].（2014-10-29）[2023-04-12]. http://politics.people.com.cn/n/2014/1029/c1001-25926893.html.
② 吴宜灿，等. 国际放射性废物处置政策及经验启示[J]. 中国科学院院刊，2020(1)：99—111.

响评价法》等法律,尤其要细化法律法规中关于邻避项目信息公开、公众参与和意见征询方面的法律条文,使公众的知情权、参与权和表达权都能得到法律的切实保障;另一方面要探索制定新的专门法律,基于目前在邻避风险处置方面相应法律法规的缺位,可以考虑整合各不同地区与邻避项目相关的"办法""制度""规定"等低位法,在中央层面建立统一的法律法规,保证政出一门。

二、建构全流程运行体系

对国内邻避案例的观察和总结发现,政府在城市邻避风险的处置过程中并没有将不同的邻避设施进行分类考虑,这就容易产生"一刀切"的问题,即对所有邻避设施引发的风险问题一视同仁,而忽略邻避问题的复杂性和不同邻避设施之间的差异性。因此,在面对邻避风险时,政府常用的处置方式是在意识到邻避风险发生以后开始被动式反应,通过信息公开及邀请公众召开座谈会、听证会等公众参与的形式来试图化解邻避风险。这种被动式的治理方式往往让政府陷入进退两难的境地,甚至引发激烈的群体性事件,最终由政府宣布暂缓项目上马、停止建设或运营邻避设施。究其原因,是因为缺乏健全的运行制度依托,政府在邻避风险处置过程中缺少强制性和稳定性的回应方式,因而难以达到良好的治理效果。

在邻避风险的处置中,国务院及其组成部门与地方政府是邻避事件中的决策主体,尤其后者是当地邻避风险问题的直接责任主体。按照既有的法律规定,不同层级的政府部门可以按照法律制定相应的行政法规、规章和规范性文件等,推动具体政策和法律的落实,[①]实现社会治理的目标。在邻避风险问题的处置中,由于各地实际情况的差异,以行政法规、规章和规范性文件为主要内容的行政立法和决策体系会对邻避风险的处置产生重要影响,而这些正是地方政府行政决策的重要内容。政府在过去的时间里针对邻避问题先后制定并出台了相关的政策法规用来指导邻避风险的

[①] 杨述明.现代社会治理体系的五种基本构成[J].江汉论坛,2015(2):57—63.

预防和化解,如《关于进一步加强城市生活垃圾焚烧处理工作的意见》《关于推进城镇人口密集区危险化学品生产企业搬迁改造的指导意见》《环境影响评价公众参与办法》等。但是,对邻避风险处置的政策设计依然尚未健全,缺乏更有针对性的制度设计以防范和化解邻避风险。当邻避风险发生时,总是会发现问题错综复杂的程度超出既有政策的覆盖范围。实践证明,要想更好地化解邻避风险,需要建立一套科学的决策制度体系,通过加强政策供给来为邻避风险的化解提供处置依据。

公共政策的制定与实施可以提高行政职能,使政府在风险处置工作中游刃有余。当然,这样的政策不仅仅是针对邻避风险发生时的应急式治理,从邻避风险发生前的预警问题到邻避风险化解后的善后问题,需要政府建立起贯穿邻避风险发生全流程的决策制度体系,从而为邻避风险的处置提供支撑。具体而言,在邻避风险的预警阶段,可以建立信息收集与发布制度及强化邻避设施的知识科普、信息公开等的具体办法;在风险的应急处理阶段,可以就风险处置的程序与原则及风险沟通、舆论引导等问题作出具体规定;在风险处置的后期,可以补充建立相应的配套政策如利益回馈制度,以及邻避设施的运营监督和惩罚机制等,进一步强化社会公众对于邻避设施的接受度和信任。

三、夯实全要素保障体系

邻避风险处置的保障制度体系的目的,是为邻避风险处置提供各种体系合理、有效运行与深入推进的环境条件,其对于邻避风险处置体系的建立与运行起着统筹和支撑作用。未来,邻避风险处置的要素保障体系,应主要围绕组织机构体系、人才培养体系、财政支撑体系等核心内容展开建设。

(一)组织机构体系

党的十八大报告提出:"要围绕构建中国特色社会主义社会管理体系,加快形成党委领导、政府负责、社会协同、公众参与、法治保障的社会管理体制"①。其中,"党委领导、政府负责"就是明确强调党委、政府的战略统筹地位与作用。② 在有些邻避事件中,主要涉及地方政府,部分典型性的邻避案例甚至将中央政府也牵扯进来。因此,就邻避风险处置的组织机构体系而言,中央政府应该发挥顶层设计的宏观调控作用,决定邻避风险处置的方向、战略等内容;作为治理主体的地方政府则是推动风险处置的直接实践者,应在立足于中央的宏观调控和"党委领导、政府负责"的基本原则下,努力整合既有的力量以应对邻避风险问题。由于现行的政府部门机构设置是按照职能划分的,而邻避设施的类型多样,涉及的问题包括环境、法律、公众参与、经济赔偿等多个领域,主体复杂多元,这就需要多部门的协作治理。但既有的机构设置难以有效应对邻避风险,往往陷入被动的窘境。因此,有必要建立"统一领导、分工合作"的邻避风险处置体系,建立能够整合各职能部门的高层次指挥与协调机构,且可以在机构下设置更为细化的部门,如信息预警、冲突管理、事后监管等,各司其职进而达到整合资源、战略制定、沟通协调的目的,最终提升邻避风险的处置效率和质量,避免由手足无措和职能模糊引发的责任不清与互相推诿。

(二)人才培养体系

邻避风险具有一定的特殊性。由于它有时候会和群体性事件紧密相连,进而对社会的和谐与稳定产生不利影响,因此,在有效应对公众意见、化解邻避风险时,就需要一支训练有素的人才队伍。首先,作为核心领导力量的党和政府决策时需要强化对邻避风险的全面认识和了解,运筹帷幄,科学决策和应对,真正承担起化解邻避风险、实现城市"善治"的治理目标。其次,由于邻避风险问题的复杂化,要培养对所有邻避问题都熟悉的"通才"不具有较强的可行性,因此,可以考虑在环境治理、公民参与、公共安全等领域集中专业人才队伍,从而为邻避风险的化解奠定坚实的人才队伍基础。再次,在国家治理体系和治理能力现代化的时代背景下,智库的

---

① 胡锦涛在中国共产党第十八次全国代表大会上的报告[EB/OL].(2012-11-18)[2023-04-12]. http://cpc.people.com.cn/n/2012/1118/c64094-19612151.html.
② 杨述明. 现代社会治理体系的五种基本构成[J]. 江汉论坛,2015(2):57—63.

建设和发展逐渐受到重视,地方政府可以考虑和智库机构建立起常态化的合作关系,在应对邻避风险时,可以寻求智库机构更为专业化、科学化的建议。最后,从长远的角度来看,邻避问题的化解并非朝夕之事,人才的培养不能急于求成,对于实现化解邻避风险以维护社会稳定的短期目标和人才培养的长期目标之间存在的矛盾,需要政府予以合理权衡加以解决。

(三)财政支撑体系

既有邻避风险化解多为应急式的治理,在财政资金的使用上无疑会存在一些混乱的状况,如"拆东墙补西墙"等现象。尽管有时候邻避风险得以暂时平复或顺利化解,但是这种行为对于现行财政制度和政府职能顺利履行的损害也是不言而喻的。纵观国内的邻避事件,经济补偿在邻避问题的处置中依然扮演着重要角色,并且政府处理邻避问题本身也需要一定的资金做保障。这要求在既有财政预算中设置对于邻避风险化解的专门资金。党的十八大以来,国务院对现有财税体制进行了改革,修改后的《中华人民共和国预算法》切实坚持民主与法定的原则,顺应社会发展的时代要求,确保了有限的财力集中于国家治理与社会治理重要领域,有利于巩固和维护国家、社会和谐稳定的大局。[①] 即便有国家法律作为坚强的依靠,地方政府仍可以考虑对既有的财政制度安排作出适应性的调整。邻避风险的处置既有应急式也有常态化的需求,因此,政府可以考虑在预算年度内列支专门的项目开支,从而为邻避风险的处置留下足够的资金准备。

城市化转型和邻避风险扩散的态势要求政府在化解邻避风险方面作出回应,建立起一套邻避风险处置的宏观制度体系,从而增加邻避风险应对的科学性、连续性和预见性。但是,这套制度体系并非一成不变,它应该具有相当的动态性和灵活性。因为城市化在不断推进,邻避问题也在更迭。就地方政府而言,需要及时审时度势,针对城市化进程中的邻避风险作出精准研判,通过制度的适时调整来顺利化解邻避风险。

---

① 杨述明. 现代社会治理体系的五种基本构成[J],江汉论坛,2015(2):57—63.

第二节
邻避治理的策略选择

邻避问题的复杂性决定了邻避风险的处置并非朝夕之事，需要久久为功。既有实践表明，政府在应对邻避风险问题时更多扮演"事后应急"的角色，"事前预防"的工作仍显不足。在邻避风险扩散的背景之下，这种邻避风险处置方式的社会成本高昂，对于政府正当性和合法性以及公众权益的保障都会产生消极影响。因此，在完善政府既有邻避风险处置方式的基础上，应该同时注重邻避风险爆发前的信息预警和风险处置后的监管工作，建立起环环相扣、无缝衔接的邻避风险应对策略。

一、前端治理：提前行动以争取主动权

（一）技术升级以实现邻避风险最小化

当前，我国正处于城市化进程的转型期，一方面是各种传统风险和新型风险的叠加，另一方面则是公众权利和环境风险意识的觉醒，人们保障自身权益、规避风险的诉求不断增强。既有邻避处置经验表明，技术升级仍是实现设施风险最小化、化解冲突的关键要素之一。在公众的主观认知中，但凡存在风险的设施，无论大小都会被冠以"邻避"的称谓。其中固然有公众认知放大的因素，但也与邻避设施客观的负外部性密不可分。化解上述认知偏见的根本途径，就是通过技术手段的升级来降低乃至于消除设施可能对环境与公众带来的潜在的威胁。这一方面要求政府相关部门对城市邻避设施的选址、建设和运营进行科学、合理的规划布局，不同类型的邻避设施均设置不同的安全标准并予以严格执行；另一方面，需要政府及企业加强研发经费的投入，不断升级诸如垃圾焚烧发电、核燃料的处理、噪声和辐射的控制等邻避设施常见技术手段，确保邻避设施建成后能够安全、稳定运行，从而实现邻避设施与民为邻、和谐共存。

（二）强化邻避风险知识的供给

互联网时代信息获取的便捷性大大提升，但信息的真实性也成为当前所面临的重要挑战。在自媒体空前发达的今天，作为知识内容的重要生产来源，自媒体在信息的生产和传播过程中扮演着不可替代的角色。在邻避事件中，由于邻避设施涉及的知识内容相对专业，进入门槛较高，有时自媒体会根据自己的理解对邻避设施的安全标准、辐射水平等内容断章取义，而公众在接收这样的信息时往往又难辨真伪，从而导致关于邻避设施的谣言此起彼伏。因此，强化邻避风险知识的科普教育宣传尤为必要。公众是邻避风险认知的主体，其对邻避设施涉及的专业知识的熟悉程度是风险认知的重要依据。开展邻避风险知识科普教育宣传的主要目的在于增进公众的科学知识，提高其对邻避设施风险的认知能力，特别是在面对伪科学谣言时，能保证理性思维，有效甄别，不信谣、不传谣。对此，需要优化邻避风险知识科普教育宣传的媒介和方式，除继续依靠运用传统大众媒介外，还要善于结合使用各类新媒体，构建全媒体科普传播模式，实现整合传播，提高环境科学知识的受众覆盖率和接受度。[①] 此外，参观标杆性的邻避设施也是科普知识的重要途径。在项目建设前期，可以组织周边公众参观标杆性的邻避设施，了解其规范运营状况，让公众眼见为实，在增强公众对于邻避知识了解的同时，还可以消除不理解和不信任的抵触心理。

（三）健全完善风险评估制度

环境影响评价制度在城市邻避风险治理中发挥着重要作用。尽管环境影响评估的基本制度体系在我国已经初步建立，但在实际工作中还存在着各种问题。比如在部分邻避事件中，一方面是政府对于环评制度的执行力度有待改善，公众的抗争诉求中经常出现对于环评信息公示的诉求；另一方面，公众对于环评机构也存在着不信任的情况，环评机构的威信有待提升。因此，在邻避风险的处置中，有必要对既有环评制度进行改革和完

---

① 刘智勇，陈立，郭彦宏. 重构公众风险认知：邻避冲突治理的一种途径[J]. 领导科学，2016(32):29—31.

善,从而全面提升环评制度的有效性和公信力。首先,需要强化邻避设施相关主体的责任。对于邻避设施的建设和运营主体而言,要提升其执行环评制度的力度,对于邻避项目建设和运营过程中存在的环评违法行为要加大处罚力度,提高违法成本,并追究相关人员责任。其次,健全环保信用评价体系。要进一步严格环评资质标准,规范审查程序,建立诚信档案,全面公开所有环评机构和从业人员的基本信息、奖惩信息和资质管理信息,让违规环评机构无处遁形。最后,提高环评内容的针对性。环境和风险问题是邻避事件中公众关注的焦点之一,相关部门应该优化环境影响评价内容,把重点集中到环境影响和环境保护对策措施上,从环境影响角度分析论证项目建设的可行性。

环评制度要求对邻避设施风险信息进行科学测量,倘若信息只掌握在政府和企业手中,那么环评信息就将失去缓解公众焦虑情绪的重要价值。邻避风险治理中信息的供给和分享是参与过程的基本要求之一,[1]没有更多的信息协商和民主都将不可能实现。[2] 尽管今日的信息获取相对于前互联网时代变得更加方便、快捷,但是关键信息的获得依然存在障碍,而这些关键信息正是人们得以进行判断的重要依据。随着我国法治建设的推进,有关政府信息公开的法律体系也逐渐建立起来。但是,在执行的过程中也涌现出新的问题,包括信息公开的形式化、信息公开的渠道单一化以及避重就轻漠视公众的重大关切等。[3] 由于邻避项目的信息模糊,公众与政府之间产生了信息不对称,公众心中的疑虑自然难以消除,无法与政府达成共识。[4] 邻避抗争很大程度上就是由于信息传播的不及时与不完整造成的,它使得公众形成正向的反馈环路,进而增强认同感,盲目信任群体

---

[1] R. Likert. New Patterns of Management[M]. New York: McGraw-Hill,1961:243.
[2] 吴翠丽. 邻避风险的治理困境与协商化解[J]. 城市问题,2014(2):94—100.
[3] 张紧跟,叶旭. 邻避冲突何以协商治理——以广东茂名PX事件为例[J]. 中国地质大学学报(社会科学版),2018(5):113—123.
[4] 同上.

内部成员的言论、不断强化固有的偏见。① 因此,预防邻避风险的重要策略之一便是准确、全面、可靠地公开邻避项目的信息。

首先,主动地进行信息公开。研究表明,以政府为代表的城市"增长联盟"在长期邻避事件中的行为表现让公众的信任有所下降,这也成为邻避风险沟通中的最显性难题。② 因此,重建信任应是贯穿在所有风险沟通策略中的一条主线,在此基础上才可能实现交流、构建共识等目标。③ 相关实证研究也证明,信息公开是重建信任的前提和基础。④ 因此,政府应当及时、准确地公开各类邻避风险信息,以保障公众的知情权。

其次,加大风险信息的公开力度,拓宽风险信息的公开渠道,尤其应增强邻避决策前信息公开的力度,使民众能够及时、便利地获取全面可靠的信息。这样既可以促进公众参与,也可以有效避免谣言的传播,使公众能感受到作为城市主人翁的主体地位。在信息披露方式的选择上,则要综合运用正式信息披露和非正式信息披露相结合的方式。因为就邻避冲突的治理效果而言,非正式信息披露有时候比正式信息披露对邻避冲突治理效果的影响更加明显。⑤

最后,随着互联网时代的到来,政府应充分利用诸如政府网站、微博和微信等网络媒介公开邻避项目的风险信息,并开设专门的留言板块让公众能够畅所欲言。这样有利于及时收集民意,从而评估公众对环境邻避设施规划的接受程度。

(四) 以公众参与打造开放式邻避决策

从外部的经验来看,在邻避项目决策过程中采取更为开放的姿态可以

---

① 郝亮,郭红燕,王璇. 由"破"到"立":动力学视角下中国环境社会风险化解机制研究——以杭州九峰、湖北仙桃垃圾焚烧发电项目为例[J]. 生态经济,2020(4):188—192.
② 曾繁旭,戴佳、王宇琦. 风险行业的公众沟通与信任建设:以中广核为例[J]. 中国地质大学学报(社会科学版),2015(1):68—77.
③ 龚文娟. 环境风险沟通中的公众参与和系统信任[J]. 社会学研究,2016(3):47—72.
④ 芮国强,宋典. 信息公开影响政府信任的实证研究[J]. 中国行政管理,2012(11):96—101.
⑤ 刘玮,李好,曹子璇. 多维信任、信息披露与邻避冲突治理效果[J]. 重庆社会科学,2020(4):73—83.

有效改善决策质量并降低决策风险。① 近年来部分西方国家兴建邻避设施遇到的阻力逐渐减少,其原因就在于相关法定程序为公众有序参与邻避项目决策提供了充足机会。② 在我国,邻避问题的出现和研究起步相对较晚,且邻避项目的相对特殊性决定了公众参与在邻避决策中的推进面临着困境:一方面,公众参与的时机相对滞后;另一方面,公众参与的范围与深度受到限制。政府的客观技术取向和公众的主观感知取向产生了冲突,政府垄断着风险分配的权力并将公众拒之门外。尽管存在诸如座谈会、听证会等公众参与途径,但有限的公众参与范围,使得更多的利益相关者无法通过制度化途径参与到邻避决策过程中。因此,有必要进一步完善既有的公众参与模式。

首先,公众参与时机的选择。实践表明,公众如能更早了解邻避项目的相关信息并参与到邻避决策的过程中,那么对于邻避社会的认知和接受度就有可能得以改善。因此,政府应当选择尽早将公众纳入邻避决策过程,但是具体时机则要视情况而定。

其次,公众参与渠道的多元化。以往的听证会、民主恳谈会等公众参与形式依然有其不可替代的特殊性,面对面的沟通能够更加有效地谈论和解决问题。但是,在信息时代,政府也可以采取更为多元化的公众参与模式,比如线上的直播和实时互动、政府网站开辟专门的留言板块等,以多元化的参与方式倾听更多元的声音,进而帮助政府作出科学、民主的邻避决策。

最后,公众参与范围的扩大和内容的深化。邻避问题涉及的利益群体错综复杂,需要讨论的议题同样是多元化的,将尽可能多的利益相关者纳入邻避决策有助于提升邻避决策的民主化和接受度。而公众的参与也不应该仅限于出席听证会的形式或者简单的投票等,政府和公众之间的双方互动可以更好地寻求共识,从而为邻避风险的化解奠定坚实的群众基础。

---

① 黄振威."半公众参与决策模式"——应对邻避冲突的政府策略[J].湖南大学学报(社会科学版),2015(4):132—136.
② 陈佛保,郝前进.美国处理邻避冲突的做法[J].城市问题,2013(6):81—84.

通过公众参与,政府与公众之间可以展开理性的沟通,民意能够得到充分尊重,那么政府真诚的态度就会赢得公众认可及肯定以实现互利共赢,最终促使邻避风险得以顺利化解。

二、中期响应:风险沟通促进良性互动

尽管事前预防被证明是一种社会成本更低的风险化解途径,但是邻避问题的复杂性决定了并非所有的预防策略都可以如预期般和公众达成共识。比如,信息公开时的晦涩语言、信息渠道的不通畅等因素,都有可能导致公众对风险认知产生异化从而难以顺利推动邻避设施的落地和运营。因此,在邻避风险爆发以后,如何进行有效的风险沟通,及时安抚公众的情绪、缓解公众的担忧成为该阶段化解邻避风险的重要议题。

(一)及时响应公众关注,为进一步的对话铺垫

面对邻避风险,受到邻避设施潜在影响的周边居民往往会通过制度化或非制度化的方式来加以抗争,表达自己的利益诉求。在高度重视稳定的社会背景下,政府通常会从绝对管控的逻辑出发,将公众的风险异议和由此产生的抗争行为视为"非理性"的行为。因此,在邻避事件发生后,政府倾向于严控网络舆论并加大宣传教育力度,甚至采取行政强制性手段来压制和消解民众的诉求表达。这种维稳式的策略旨在及时消除邻避危机而不是致力于邻避问题的解决,在这个过程中政府对于公众的邻避诉求和利益关注点并没有及时回应或者是回应不足,往往会进一步加剧政府和公众之间的对立态势。因此,在邻避风险发生以后,政府更为可取的做法是及时回应公众的关注。尽管大多时候公众的担心可能是没有科学依据的,但是公众的恐惧是确凿无疑的。这个时候首先需要应对的是情绪的安抚,在此基础上双方才有可能进一步展开理性的对话。[①] 对此,政府要努力了解公众的关注点在哪里,通过公开讨论、委托专业的民意调查机构调查等方

---

① 劳伦斯·萨斯坎德,帕特里克·菲尔德.如何应对愤怒的公众[M].霍文利,译.北京:北京联合出版公司,2016:35.

式把握公众关注的敏感问题。如果政府和公众都无法理解对方的需求和关注点,那么下一步的协商和对话就难以开展,无法形成共同立场。

在及时回应的基础上,如果条件允许,政府可以作出应急承诺来缓解公众的担心,减少不确定性。这里强调应急承诺的重要性,即提前作出保证,如果日后邻避设施在建设或者运营的过程中发生了某些可感知的风险,将会采取相应的补救措施。① 当然,即便如此,仍然无法完全消除公众的担心,因为公众相信自己所要承受的负面影响超过了自己的想象。虽然主张政府应主动为自己的行为承担责任,但这并不等于政府要不加区分地接受公众所有的利益诉求。比如除了经济赔偿,还有其他的赔偿方式可以采取。但是,在赔偿金和其他的承诺事项以及可能出现的伤害之间,一定要存在确切的关联性。两者越匹配,越能够被认为是公正的解决方式,就越容易赢得信任。

(二) 搭建风险沟通的双向通道

在既往的邻避案例中,政府的风险沟通往往是一个由精英向普通公众单向"告知"和"宣布"信息的线性过程,目的是引导并教育公众按照政府预设的框架来理解、认知和接受邻避项目及其风险。这一单向的、片面的、经过精心包装的风险沟通,非但没有整合公众风险认知并弥合其与政府之间的认知差异,反而刺激公众建构了"我怕"的风险认知体系。② 对此,政府既未能作出贴合公众实际、符合公众情感的解释,也没有提供令人信服、可操作性强的解决方案。最终,"供需错位"的风险沟通使得政府舆论引导变成了"自说自话",显得"一厢情愿",甚至被公众理解为"操纵舆论"。③ 当今社会,风险因子在更大范围内被注入现代政府决策进程,由政府决策直

---

① 劳伦斯·萨斯坎德,帕特里克·菲尔德. 如何应对愤怒的公众[M]. 霍文利,译.北京:北京联合出版公司,2016:192.
② 何艳玲,陈晓运. 从"不怕"到"我怕":"一般人群"在邻避冲突中如何形成抗争动机[J]. 学术研究,2012(5):55—63.
③ 张紧跟,叶旭. 邻避冲突何以协商治理——以广东茂名PX事件为例[J]. 中国地质大学学报(社会科学版),2018(5):113—123.

接或间接引发风险的概率日益提高。① 在城市化进程中,有关邻避设施的项目决策从一开始就被打上"风险"烙印,公众对潜藏风险的疑虑是引发邻避冲突的直接诱因。因此,加强政府与公众之间的风险沟通,以建构相对统一的风险认知就成为必然要求。②

首先,地方政府要具备主动、及时、双向、平等的风险沟通理念。为了使风险沟通能够实现预期目标,必须坚持双向互动、反思与开放原则。因此,一方面,地方政府可以在选用有信誉的专家作出精准而专业的邻避风险判断基础上,制定完整有效的专业沟通方案;另一方面,地方政府在风险沟通中必须充分重视公众反馈并及时有效地进行回应。地方政府不仅要建立畅通有效的邻避风险信息传播和沟通机制,更要重视通过对公众的反馈回应以使沟通内容和沟通方式更具有针对性和有效性。

其次,地方政府要完善相关风险沟通机制。一方面,需要在确保公众风险信息知情权的基础上,形成能够让公众及舆论就相关风险问题提出咨询乃至质询的沟通渠道,主动向公众公开相关邻避设施的信息并主动回应公众的疑虑。另一方面,对风险沟通的回应时限、回应渠道、回应主体和回应对象等进行明确规范,以此使政府、专家与公众之间的风险沟通由单向告知转为双向互动,在有效缓解风险信息不对称的基础上增进公众对地方政府应对风险行动和理念的了解,使多元主体之间能够通过风险沟通来建构共同的风险认知,从而为最终的邻避风险协同治理奠定基础。③

最后,要建设多元化的通畅的风险沟通渠道。在继续发挥传统媒体与官方网站作为最便捷也最具权威性信息沟通渠道的基础上,要充分把握新媒体迅捷灵敏的特点。在邻避设施规划和选址等各个阶段,除了将相关信息发布在当地主流媒体之外,还应该同时开通热线电话并建立网站以主动吸纳公众的咨询、评论乃至质疑;地方政府不仅要主动利用社交媒体如创

---

① 朱正威,刘泽照,张小明. 国际风险治理:理论、模态与趋势[J]. 中国行政管理,2014(4):95—101.
② W. D. Ruckelshaus. Science, Risk, and Public Policy[J]. Science,1983(221):1026-1028.
③ 詹承豫. 风险沟通关系风险治理成效[N]. 学习时报,2016-09-12(06).

办微信公众号、建立 QQ 或微信群组来与公众展开交流互动,而且还应该借助举办论坛、召开专题听证会等方式来邀请专家与公众进行互动。[1] 通过邻避风险沟通,一方面,及时且有效地将邻避设施相关的风险信息以适当方式传递给公众,保障公众知情权,从而赢得公众信任;另一方面,坚持双向沟通,让公众参与项目建设过程,赋权于公众,让公众情绪逐渐平复,更加趋于理性。[2]

(三) 正确发挥媒体的舆论引导作用

媒体在邻避事件中的独特角色不言而喻。在风险爆发的过程中,媒体不仅展示着政府的行动,同时也将事件参与者的心理需求反映出来,体现出信息的互动性,这将是政府组织研究化解邻避风险的政策源。作为政府与公众风险沟通的重要渠道,媒体对于引导公众客观理性认识邻避设施风险有着不可或缺的作用。当前以微博、微信公众号、论坛为主的新媒体异军突起,成为公众喜闻乐见的信息接收平台。因此,政府也应当学会利用好新媒体平台,一方面要规范新媒体行为,净化新媒体平台,遏制谣言产生和蔓延,降低公众风险认知偏差,消除公众对邻避设施的恐慌。各级政府部门和主流媒体要积极开通官方微博、微信公众号,及时发布权威信息,引导社会舆论。另一方面,政府应当考虑到媒体的利益,信息是媒体生存的根本,因此政府可以选择主动告诉媒体有关邻避项目的信息。如果得到信息,媒体就得到了原材料,拒绝向媒体提供信息,只会鼓励它们去揭发自己能够发现的所有事情,没什么比揭开掩盖的真相更有吸引力。同时,还应该努力说服媒体去实现教育功能。媒体对公众不仅仅具有娱乐和信息的功能,更承担着教育功能,在促进公民社会建设的事业中,媒体也扮演着重要的角色。媒体可以为普通公众而不仅仅是专家提供渠道,使他们就公共

---

[1] 高原,马克布扎·叶尔江. 公众参与环保,重要的是细节[N]. 法治周末,2015-04-02.
[2] 张紧跟. 邻避冲突何以协商治理:以杭州九峰垃圾焚烧发电项目为例[J]. 行政论坛,2018(4):92—99.

问题实现对话。①

（四）以共识会议打造利益共同体

尽管专家往往被认为属于和政府站在同一阵营的"发展联盟"，并且陷入专家信任的危机，但不可否认的是，由于邻避设施所涉及问题的复杂性和专业性，专家依然是在邻避风险的测定和处理中必须依靠的专业力量。那么，专家和公众如何能就邻避风险问题的处理达成共识呢？起源于丹麦的"共识会议"可以为邻避问题的处置提供有益启示。它本质上是一种科技风险的民主治理方式，既能体现出公众在邻避治理中的主人翁地位，同时也可以有效地运用专家的专业知识。"共识会议"的作用机制主要体现在通过搭建沟通认知的多方互动平台，推动公众有效参与，它是一个在科技专家与社会公众之间进行双向甚至多向交流，促进彼此之间互相理解、求同存异、达成共识的沟通模型或平台。这个沟通平台首先是公众表达意见、获得反馈的平台，专家以专业知识提供技术支持，其最鲜明的特点就是公众的参与及主导性地位。② 在共识会议的整个过程中，专家的参与非常有限，只负责为公众介绍相关的知识背景，回答公众的提问，为最后的公众提案作一些技术上和表述上的修改。共识会议中重要的环节，包括专家与公众之间的协商、公众内部的讨论以及最终报告的撰写，都是由公众主导或由公众独立来完成的。③ 具体而言，可以通过明确参与主体的行为规则、制定共识达成的会议程序、注重共识结果的公开和应用等步骤，最大程度上消除公众和专家之间信息不对称的情况，将公众对风险的感知与专家对风险的判断有机结合起来。通过有效的公众参与将公众的价值理性与专家的工具理性结合起来，实现公众与专家的充分对话与理解，使公众对

---

① 劳伦斯·萨斯坎德,帕特里克·菲尔德. 如何应对愤怒的公众[M]. 霍文利,译. 北京:北京联合出版公司,2016:282.
② 王佃利,王庆歌. 风险社会邻避困境的化解:以共识会议实现公民有效参与[J]. 理论探讨,2015(5):138—143.
③ 刘兵,江洋. 对共识会议之"共识"的反思[C]//中国科普研究所. 中国科普理论与实践探索——2010科普理论国际论坛暨第十七届全国科普理论研讨会论文集. 北京:科学普及出版社,2010:159—164.

邻避风险产生理性认知,从而有助于化解邻避风险。

(五)依托权威声音赢得信任

在邻避风险爆发后,社会上会充斥形形色色的声音,包括对于邻避设施的反对、对于政府的质疑、对于建设方和运营方的不满情绪等。传播学中有一个"沉默的螺旋"概念,它指的是如果一个人不及时发声,那么他的观点将会被其他人的声音渐渐压下去,从而陷入一个恶性的循环:越不敢说,到最后也就没法说。因此,在嘈杂的环境中,需要掷地有声的声音及时发出以稳定社会的情绪,而这种声音必须要由政府来发出。另外,关键人物常常能够极大地影响公众对整个邻避事件的看法。

有效领导也就是一个领导者不仅把事情做对,还必须做对的事情。就化解邻避风险而言,第一,要主动分享邻避项目推进的信息。邻避事件中,抵触分享信息的缘由在于:信息意味着权力,分享信息也就意味着分享权力,而这可能会使人产生不安的感觉。但是,领导者能够主动与他人分享自己所掌握的信息,不仅是打造政府信任的重要途径,还可以帮助公众作出更好的判断。第二,领导者的倾听能力也很重要。面对愤怒的公众需要把个人的自我防卫意识先放在一边,像关注自身利益一样关注对方利益。不倾听就不知道对方在想什么,最关心的是什么。第三,领导者也要善于学习。不同的立场会产生不同的想法,尽管公众有着多元化的利益诉求,甚至有时候看起来有些"无理取闹",但是公众同样也能为政府化解邻避风险提供有益的建议。邻避问题会在分歧和争议及反复斟酌的过程中变得明晰,通过协商,政府和公众都有可能从新的思路出发理解问题,从而寻找解决问题新的突破口。

(六)积极吸纳社会组织参与

近年来,我国社会组织的数量快速增长,广泛分布于社会治理的各个领域,以其专业性、志愿性等特征在政府、市场之外发挥着不可替代的作用。尽管目前我国社会组织的发展良莠不齐,但是在构建国家现代治理体系的过程中,社会组织占有一席之地。在邻避风险的处置过程中,政府同样应该主动吸纳社会组织的参与,这既是培育和发展社会组织的重要途径,对化解邻避风险也有独特的作用。通过观察既有邻避风险处置实践,可以发现,目前我国政府在化解邻避风险的过程中主要还是政府的"单兵作战",对于第三方组织力量的吸纳还存在较大的优化空间。由于社会组织涉及的社会领域多元,其在邻避风险的化解中可以发挥独立性、专业性的特长,从而成为政府和公众之间沟通的重要纽带。比如,为了提高公众对邻避设施风险评估和预测等报告的信任值,除了政府参与评估外,还可以考虑引入第三方机构进行邻避风险的评估,与公众一起监督邻避项目的实施。第三方介入的目的是向邻避冲突中的各个利益主体展示一种相互合作、相互信任的解决问题的观念和态度。[①] 参与邻避风险处置的第三方机构至少应遵循两项原则:一是独立性原则,不偏向任何一方,科学、客观地对邻避设施作出评价;二是权威性原则,当邻避项目遭到公众的质疑或公众因设施负面影响而与政府产生冲突时,这些社会机构有能力并且会主动缓解邻避困境,将利益相关者拉回谈判桌,协助他们在平等的基础上进行协商,达成共识。社会组织的加入有利于进一步弥补公众在邻避风险知识方面的不足,同样也有助于协调政府和公众间的利益关系。

三、后期巩固:监管回馈增强社会信心

邻避风险的紧急事态得以化解,并不意味着邻避风险的终结。对于政府而言,邻避决策能够获得公众的理解和接受,只是邻避风险处置的阶段性胜利。城市化水平的提升,仍需要诸如垃圾焚烧发电站、养老关怀设施、道路交通设施等硬件设施的持续存在和运转。从长远的角度出发,政府需要在严格执行对公众利益回馈承诺的基础上,进一步营造社会对邻避设施持开放态度的氛围,并通过严格监控邻避设施的运转状态、及时公开运营信息等手段增强公众对政府和邻避设施的信心,从而努力降低乃至消除邻

---

① 张勇杰. 邻避冲突中环保 NGO 参与作用的效果及其限度——基于国内十个典型案例的考察[J]. 中国行政管理,2018(1):39—45.

避风险再次发生的可能性。

（一）强化对邻避设施运营的监管

尽管邻避设施能够为公众所接受而得以建设和运营，但是邻避设施的客观负外部性决定了其在建设和运行的过程当中依然会存在各种潜在的风险。尽管技术升级等手段在客观上会减少各种风险爆发的可能性，但是从现实的案例中依然可以发现，处于建设或运转状态的邻避设施同样会因为管理、操作等各种各样的原因再次引发公众的恐慌情绪，从而面临邻避风险"复燃"的隐忧。因此，有必要强化对邻避设施建设和运转的安全监管。邻避设施的安全运行是消除社会紧张、提升公众信任的根本途径。选址实践是关注如何能让邻避设施成功落地，围绕选址成功做短期性的说服工作，事实上最强有力的说服和长期的公众支持是通过良好的安全记录建立起来的，只有在不断被证实的安全运行现实中，公众的疑虑才能被彻底打消。[①] 在邻避设施的运营环节，以及停止运转后的处理过程中，风险监管不仅不能有丝毫放松，反而应该根据政府角色转变和政府职能要求大大强化。这一方面需要进一步强化邻避风险安全监管机构的职能配置，赋予其必要且充足的人力、物力和财力；另一方面还要动态更新风险的监管技术标准，采用相对严格的技术标准，运用更加先进的监测技术。

（二）构建积极的邻避形象

被"污名化"的邻避设施隐含着偏见的认知倾向，这也成为邻避项目建设环节的主要挑战。当前，我国正处于城市化转型的关键时期。各类邻避属性的公用设施对于城市内涵式的发展必不可少。这也就意味着随着城市化的发展将需要越来越多且种类愈发多样的邻避设施，未来邻避治理将面临更复杂的挑战。因此，从城市长远发展的角度考虑，及时强化整个社会对邻避设施的积极认知是非常必要的。建立公众邻避设施的信心，首先

---

① 刘冰，苏宏宇. 邻避项目解决方案探索：西方国家危险设施选址的经验及启示[J]. 中国应急管理，2013(8)：49—53.

需要政府主动进行信息公开,尤其是关乎邻避设施运转安全的关键信息要及时公开。通过建立常态化的邻避设施运转信息公开机制,以简单易得的方式让公众接触到这些信息。其次,借助设置公众开放日等方式,允许公众定期实地参观以了解邻避设施的运转状态。现场参观可以给公众更加直接的感官体验,这是邻避知识的"再学习"的重要途径,同时也是尊重城市主人翁地位的很好体现。最后,政府依然要学会善用媒体,借助媒体的力量将自身关于邻避设施建设和运营取得的关键成果向社会大众进行展示,尤其是定期对邻避设施运转示范案例进行宣传和报道,这也是重塑公众对邻避设施认知的重要途径。

(三)以邻避利益回馈增强公众满意度与获得感

邻避诉求随着邻避风险的扩散呈现出多元化的趋势,包括环境、健康、收入减损、心理不悦等多重维度。在应对公众邻避诉求时,经济补偿通常会成为最普遍的邻避风险化解方案。尽管有学者的研究已经揭示了公众不再因经济利益而毫无条件地接受各类邻避设施,而是从环境保护和健康防护的角度出发对邻避设施进行综合衡量,[①]但是利益补偿仍是化解邻避风险中不可或缺的选择。邻避问题在发达国家或地区已不多见,最关键的原因就是对选址区居民进行利益补偿。如卡勒斯(S. A. Carnes)等人于1980年在美国威斯康星州进行了一次有关核废料储存场设置的民意调查,发现采取补偿回馈后,公众反对比例从71%下降到47%。[②] 实践中的处置经验显示,以合理补偿为主要内容的邻避利益回馈机制,将在解决邻避冲突中发挥关键作用。其通常做法包括:政府或开发者可以通过给予邻避设施周边地区居民一定数额的补偿金来化解风险,或者是通过为社区提供优质的公共服务和基础设施对"受害者"进行补偿等,以增强城市居民的获得感。

---

① 王婕,戴亦欣,刘志林,廖露. 超越"自利"的邻避态度的形成及其治理路径[J]. 城市问题,2019(2):81—88.

② S. A. Carnes, et al. Incentives and Nuclear Waste Siting: Prospects and Constraints[J]. Energy Systems and Policy,1983(7):323-351.

第三节
邻避治理的工具应用

一、风险治理理念：从"补偿"到"回馈"

邻避风险问题产生的一个核心原因就是风险承担与收益分享不均衡带来的利益矛盾，即邻避项目的正外部效应为大多数市民分享，而负外部效应则由设施周边居民集中承担。因此，把邻避设施外部成本内生化，提供经济诱因并进行有效补偿是化解邻避冲突的最基本策略。但在众多邻避案例中，无论是在规划决策阶段、宣传动员阶段还是危机应对阶段，都缺少对项目建设、运营可能对周边居民造成的风险危害进行评估并制定相应的补偿方案。大多情况下只是单方面的劝说，要求公众服从地方发展大局，而对公众可能承担的风险却没有作出任何补偿承诺，从而使得部分地方政府的处置策略陷入进退两难的窘境。既有的研究已经表明，在通过风险沟通让公众降低了对邻避设施的风险疑虑后，合理的利益补偿即用付费方法来平衡邻避设施导致的成本和收益分配不均，[1]能对化解邻避冲突产生积极效果。[2] 政府应该进一步调整邻避风险化解理念，建立起合理的利益回馈机制来赢得公众对邻避设施的接纳。

这里强调"回馈"而非"补偿"，是考虑到两者之间所存在的本质差异。"补偿"字面意思是补足或者偿还，放在邻避问题的语境中，补偿的提供是基于明显伤害的出现，如财务损失、健康危害等。邻避设施往往在规划、选址阶段就遭受抵制，此时损害的事实并未发生，一切都是基于主观的认知和建构。从经济学的角度看，把邻避设施外部成本内生化，提供经济诱因、

---

[1] H. Kunreuther, et al. A Compensation Mechanism for Siting Noxious Facilities: Theory and Experimental Design[J]. Journal of Environmental Economics and Management, 1987(14): 371-383.

[2] H. Kunreuther, D. Easterling. Are Risk-Benefit Tradeoffs Possible in Siting Hazardous Facilities? [J]. The American Economic Review, 1990(80): 252-256.

进行有效补偿是化解邻避风险的一种最基本的策略。因为邻避设施具有负外部性,其产生的效益为地方共享,但负外部效果却由附近的居民来承担,补偿强调成本分担和收益分享,可以减轻公众对邻避设施的不满。补偿的关键是在具体操作上要有完善的机制。例如,在补偿的效率与公平问题上,经济学家已经设计了一套竞标机制,设计的原则是其他条件不变的情况下,设施的建设与运作成本要最低,附近居民各方面的损失要最小。[1] 此外,在其他的补偿方式方面,还有直接货币补偿、同类型奖偿、应急基金、好处保证和经济友好奖励等,[2]这些补偿方式为居民的利益最大化提供了保障。但是,补偿也并不总是处置邻避风险的最佳手段,甚至还会遭受质疑。有学者研究认为,虽然采用补偿的策略可以减少邻避冲突,但针对具备高风险的邻避设施,如高放射性核废料处置场等,采取补偿措施通常是无效的。[3] 另外,在民主意识发达的社会中,具有强烈责任感的居民通常会抵制补偿,他们会把补偿视为一种不道德的贿赂行为,接受补偿意味着接受贿赂。在这种认知前提下,有时候增加补偿的诱因并不一定会增加居民对于邻避设施的接受程度。[4]

回馈则有着和补偿不一样的内涵。首先,补偿往往是一次性的,回馈则更多表现为一种长期合作机制。补偿往往容易把建设方和周围居民分成相互对立的两方;回馈则更强调双方利益的一致性,强调双方是个彼此合作、利益共享的整体。其次,邻避设施动机是正义的,是以提供公共服务为目的进行建设的,而且在科技发展的今天,传统观念中的污名已经被科技所消除,邻避设施难以建设,在更大程度上是公众心理上的抗拒,而非邻避设施所带来的负面效果。最后,补偿往往是事后行为,难以平息公众对

---

[1] D. Minehart, Z. Neeman. Effective Siting of Waste Treatment Facilities[J]. Journal of Environmental Economics and Management, 2002(43):303-324.

[2] R. Gregory, et al. Incentives Policies to Site Hazardous Waste Facilities[J]. Risk Analysis, 1991(11):667-675.

[3] H. Kunreuther, K. Fitzgerald, T. D. Aarts. Siting Noxious Facilities: A Test of the Facility Siting Credo[J]. Risk Analysis, 1993(13):301-318.

[4] B. S. Frey, F. Oberholzer-Gee. The Cost of Price Incentives: An Empirical Analysis of Motivation Crowding-Out[J]. The American Economic Review, 1997(87):746-755.

信息不对称情况的不满。如若补偿力度和方式没有满足设施周边居民的心理估价,还会适得其反,引起更强烈的反对。因此,对于部分居民来说,捍卫家园、"根"的情结是补偿完全弥补不了的。倡导以"回馈"代替"补偿",强调了邻避设施应有的开放性和包容性,而不仅是地方政府的一家之言;强调了邻避设施本身的正义取向,违背公众福祉、做错事需要补偿,而因为做正确的事带来的安抚手段,应该称为回馈。结合上述特点,本书选择使用"利益回馈"这一概念。① 当然,词汇的改变并不是简单的文字游戏,更多是一种理念和制度的改变,它要求政府探索建立起一种科学、合理的回馈机制。在这方面,我国台湾地区关于邻避回馈机制的实践可以为未来邻避治理提供启示。

二、邻避利益回馈机制的实践与启示

我国台湾地区的邻避运动于20世纪70年代末开始广泛出现,现已进入成熟阶段,即治理方式的常态化与制度化。我国台湾地区对于邻避运动的治理方式经历了"冲突后化解"到"冲突前规避"的转变,这种治理方式转变的核心是回馈金制度的建立,这也是台湾地区邻避运动成功治理的关键。②

台湾地区的邻避回馈案例可以溯源自1987年的林园事件和1990年的五轻设厂案。特别是林园事件,时任台湾地区经济事务主管部门负责人的陈履安承诺由各石化厂赔偿居民约新台币13亿元,换取居民停止围厂抗争活动,创当时台湾地区公害史上最高赔偿额。当然,这种直接性的金钱补偿方式被认为有"贿赂"的嫌疑。在此之后,台湾地区的邻避事件处置实践逐渐建立起更为合理化的回馈金制度。制度的确立给邻避风险的化解提供了重要依据,以帮助地方政府在面对公共设施污染环境所造成的邻避问题时能够以常态化、稳定性的回馈方式予以应对,常用的回馈内容如

---

① 王佃利. 化"邻避"为"邻利"的空间补偿和政策创新[N]. 济南日报,2018-02-27(A05).
② 王奎明,张贤桦. 邻避设施回馈金制度:重塑政府公信力的路径借鉴——来自台湾的经验[J]. 台湾研究集刊,2018(1):64—72.

减免电费、减免土地相关税赋、给予奖学金以及设立公园、图书馆、运动中心、温水游泳池供附近民众免费使用等。表 9-1 展示了我国台湾地区各县市关于垃圾焚烧厂的一些回馈金制度的相关内容。

表 9-1　我国台湾地区各县市垃圾焚烧厂运营阶段回馈金制度

项目	具体内容
回馈地区	(1) 厂址周边 1.5—2.5 公里内行政村里;(2) 焚烧厂所在地的行政区、行政里或乡镇市;(3) 垃圾车出入主要道路;(4) 厂址与当地村里紧邻之行政村里
回馈金来源	(1) 每处理一公吨回馈新台币 200 元;(2) 如有售电,回馈售电收入的 25%—40%
回馈金分配方式	回馈金全部回馈给前述所界定之回馈地区,并以影响程度分配
回馈金的管理	各县市邀请当地里长及环保部门工作人员等组成委员会统筹管理
回馈金的用途	公共建设、美化环境、医疗、民俗娱乐活动

资料来源:丘昌泰,等. 解析邻避情结与政治[M].台北:翰卢图书出版有限公司,2006:181. 杨芳.邻避运动治理:台湾地区的经验和启示[J].广州大学学报(社会科学版),2015(8):53—58.

回馈金制度,顾名思义是指给予邻避设施周边居民的金钱回馈制度。该制度设计的直接原因是,邻避设施会给周边居民造成有形、无形的健康或者财务方面的损失而给予的补偿。所涉及的损失包括垃圾焚烧厂、PX 项目、核电站等显性高污染设施存在的安全隐患,以及精神病院、墓地、养老院等隐性污染设施造成的心理不悦。回馈金制度的设计初衷包括两个方面的内容,从浅层来讲是规避冲突。邻避设施存在潜在风险是不争的事实,周边居民必然感觉自身利益面临风险,回馈金的提供就是为了平复居民的心理落差,从而规避邻避冲突。从深层次来讲,回馈金制度是为了矫治正义。邻避概念本身折射出的就是"多数人得益,少数人受损"的社会现实,而这明显是有失公允的,回馈金制度的存在就是为了尽可能地实现社会正义。回馈金制度中需要特别澄清"回馈金"与"补偿金"的不同,两者存在质的区别。首先,两者提供的基础不同,回馈金的提供是基于潜在风险的存在,换言之并未出现实质性的伤害,存在的伤害也仅仅停留在噪声污染、心理不悦层次;补偿金的提供则是基于明显伤害的出现,如财务损失、健康危害等。其次,两者用途的规定不同,回馈金的直接给予对象是群体,且在用途上多有限制;而补偿金的直接给予对象是个人,用途不受限制。

台湾地区回馈金制度成功的关键不在"金"(即回馈金额的多少),它的精髓在于"自主性"。台湾地区回馈金制度设计的核心原则是"利益相关人参与原则",即利益相关人共同参与公共事务的管理与决策,民间组织、私人部门与政府建立伙伴关系并共同承担责任,①实现公众对于回馈金制度操作的自主性,这同样是欧洲很多国家或地区处理邻避设施争议的关键指导原则。具体来讲,台湾地区回馈金制度建设有以下启示:

(1) 政府角色的定位是主持而非主导。在回馈金制度中政府只是各个利益相关主体博弈的召集人和平台提供者,超脱于制度实施的具体事务之外。(2) 民间力量是制度执行的核心。成立多元主体组成的专门机构如回馈经费管理委员会,全面负责具体设施辐射周边区域的回馈金制度实施。(3) 政府回避。回馈等级和标准敲定之后,进入回馈金的使用过程,这个阶段政府部门绝对回避。政府不参与任何一项涉及回馈经费的具体工作,其核心职能仅仅就是监督。(4) 自主监督。成立专门的邻避设施风险监督机构,定期召开会议,政府仅仅是会议的召集人和主持人,监测数据由邻避设施运营方和第三方监管机构发布。②

台湾地区回馈金制度的探索和实践,为地方邻避风险的化解提供了良方。虽然大陆和台湾在社会环境方面存在着一定的差异,但是就面临的邻避风险问题而言是存在共通之处的。从效果来看,以应急式思维来处置邻避风险仍存在一定的改善空间,台湾地区的回馈金制度或许可以带来一些有益启示。

---

① United States Development Programme. Governance for Sustainable Human Development[M]. New York:UNDP,1997.
② 王奎明,张贤桦.邻避设施回馈金制度:重塑政府公信力的路径借鉴——来自台湾的经验[J].台湾研究集刊,2018(1):64—72.

三、新时代中国城市邻避利益回馈机制建设

上海交通大学民意与舆情调查研究中心曾对邻避设施回馈制度的接受度展开调查,对我国35座主要城市的居民进行了随机抽样和电话问卷调查,统计结果显示:有42.8%的居民明确表示会考虑接受回馈政策,也接受邻避设施落户周边,而明确反对邻避回馈设施的居民比例为33.2%。由此可以说明,作为一种激励机制,公众对于邻避回馈制度的接受度较高。① 面对邻避风险扩散的现实背景,要实现从"邻避"到"迎臂"的转变,需要政府从公共价值理念的立场出发,树立起利益回馈的治理理念,探索并建立多元化的利益回馈形式,减轻乃至消除公众的相对剥夺感。

(一) 回馈机制的价值理念:平衡"多数人得益"与"少数人受损"

邻避风险运动的广泛出现是社会进步的必然结果。一方面,公众权利意识与环保意识增强;另一方面,邻避设施的大量兴建是完善基本公共服务的必然要求。邻避困境的出现,是我国现阶段社会主要矛盾"人民日益增长的美好生活需要和不平衡不充分的发展之间的矛盾"在特定领域的集中体现:公众对于完善基本公共服务具有强烈需求,但政府对于邻避设施的监管与治理措施仍有较大完善空间,两者之间的矛盾成为邻避问题的触发点。从根本上而言,邻避设施之所以为"邻"所"避",原因在于设施本身具有"多数人得益,少数人受损"的天然特性,这也是邻避困境的根本性症结。由此,破题的关键在于如何填补利益的沟壑,让受损的少数人得到相应的补偿,避免多数人的得益建立在少数人的牺牲之上。② 为此,在公共价值的指导下,政府应转变思想观念,站在公共利益的基础上,倾听与尊重民意,与公众站在同一立场,采用公平公正的方法共同解决邻避风险问题。

(二) 回馈机制的基础:公共价值运作的条件

既有研究表明,政府公信力、风险管控技术是影响公众对回馈机制接

---

① 王奎明. 我国近七成民众表示接受邻避回馈制度[EB/OL]. (2018-01-23)[2023-04-12]. https://www.thepaper.cn/newsDetail_forward_1951814.
② 张婧琦. 公共价值视域下我国邻避利益回馈机制研究[D]. 山东大学,2019:18.

受度最为核心的决定性因素。因此,要提高公众对于回馈机制的接受度,必须着手提高政府公信力,同时完善风险管控技术。

政府的公信力是建立邻避利益回馈机制的基础。在邻避冲突中,地方政府往往面临极大风险处置压力。因为地方政府承担着设施选址、规划、招标建设等直观可见的责任,使得本来应该是多元主体的博弈在一定程度上转化为官民诉求的不匹配。其实在博弈过程中,政府并不是单一的利益主体,还有设施运营方等,但是最后的矛头大多都指向了政府。一般认为,就公众信任程度而言,我国政府呈现出差异化格局,即对基层政府信任度低,对高层政府信任程度高。一旦地方政府在特定事件中失去信任,公众对政府的不良评价会从事件本身扩散到其他层面。因此,着手巩固政府的公信力是邻避利益回馈机制建立和运转的基础。[1]

多元主体的参与是邻避利益回馈机制的必然条件。从公共政策的角度来看,邻避设施的负面效应使得周边居民受损,从而使居民转化为政策反对者进入政治过程。在主客观因素的综合影响下,如风险感知、信息不对称、缺乏对政府信任以及相对剥夺感增强等,会促使居民产生非理性的抗争行为,并使得政策执行陷入短暂僵局。透过现象看本质,想要解决邻避冲突,关键是要给予潜在的利益受损者相应的利益回馈;从执行方法来看,要想通过协商的方法达成回馈共识,最好的办法就是要吸纳这些利益受损者参与到决策过程中,将对立者的身份转化为内部参与者,从而形成统一的利益共同体。因此,如何建立良好有效的多元主体参与渠道,是解决邻避问题的重中之重。邻避利益回馈机制主张以"回馈"代替"补偿",其关键性就在于将公民被动接受转变为吸纳各方参与的建设过程,达成各方共识。[2]

(三)回馈对象的选择:公共价值客体的识别

在政府展开利益回馈时,需遵守如下一般规则:平衡多数人得益和少

---

[1] 张婧琦. 公共价值视域下我国邻避利益回馈机制研究[D]. 山东大学,2019:18.
[2] 同上:19.

数人受损,也就是受益者补偿受害者。但邻避项目往往作为公共设施的一种,所要服务的对象众多且复杂,所以也造成了补偿的困难。既难以确定回馈对象是谁,也难以确定哪些人得益、哪些人受损。在这种情况下,传统的金钱利益补偿往往难以实施和操作,无法获得公众的信任和支持,这也是导致邻避冲突发生的一个重要原因。对此,杭州九峰垃圾焚烧厂项目在回馈对象选择方面积累了诸多有益经验。

杭州九峰垃圾焚烧厂在建设的时候,选址地附近的居民普遍反映的就是如果要建设该项目,那么具体的拆迁范围是哪里、如何进行相关补偿,以及是否有细则规定等问题。在居民们反馈了意见之后,余杭区中泰街道给予了极大的重视,马上将这些意见反馈给了区政府。随后,区政府展开工作,组建了协调委员会进村开展工作,挨家挨户进行走访,了解每户居民的利益诉求,告知大家具体拆迁措施和补偿明细,协调村民之间的利益。同时,制定设施选址地附近今后几年的政策规划,并帮助居民解读。此外,政府成立了基金会,将该项目建设后拟收的垃圾焚烧补偿费、税费的绝大部分用于余杭区中泰街道的环境改善,使得垃圾焚烧厂项目真正为民、惠民。通过上述做法,地方政府能够明确掌握群众的利益诉求,并及时开展多元化的回馈措施和渠道,获得了居民的信任和支持,使得政府工作终于得以顺利进行。

总结杭州邻避风险治理实践,可以发现,该项目最终得以顺利推进的关键在于,政府在打破传统封闭决策模式的基础上,通过和公众的互动沟通来识别利益主体并确定回馈的方案,使得最终的决策得以被公众认可和接受。因此,就利益回馈对象的选择而言,政府首先需要开放决策的过程,立足于将利益回馈和邻避设施选址紧密结合的原则,通过及时公开邻避项目的风险信息及召开听证会、论证会等吸纳多元主体参与到政府决策过程中来,这是邻避利益主体识别的基础。再者,政府和公众之间进行平等的互动与协商。由于涉及具体的利益问题,往往存在着一定的协调难度,这意味着有关邻避利益回馈方案并不是一次谈判可以完成的,而是要经过双方不断博弈才能最终确认,这就要求政府搭建起顺畅的利益表达和沟通渠道,使得价值客体和回馈方案在对话中得以逐渐厘清。

(四) 回馈方式的选择:公共价值的运作与实现

(1) 经济回馈。在众多的邻避诉求中,经济诉求成为公众抗议邻避设施建设和运营的重要因素。在邻避风险处置的过程中,可以利用经济回馈的方式、附加公共设施和公共服务等手段实现共享发展。① 邻避效应向来和大众视野的"利益诉求"有着强关联,所以金钱补偿也是化解问题矛盾的重要补偿手段。金钱补偿往往指的是经济补偿措施,常涉及的有降低税费、缴纳医疗保险、缴纳养老保险、直接支付现金、建设基础设施和公共福利项目、成立邻避设施基金等。比如,在周边配置相关公园、操场、游乐园、植动园等设施,让本地住户免费使用;或补充周边住户的就业机会;对部分动迁的公司、住户提供金钱补偿;利用专项拨款给予投资帮助。2009年广州番禺业主反对垃圾焚烧发电厂事件和2012年北京市民反对京沈高铁项目事件中邻避效应的解决,均以金钱补偿为主,并给予精神上的安抚。不过,金钱补偿也并非在所有的邻避事件中都有效。有研究指出,我国民众不再因经济利益而毫无条件地接受各类邻避设施,而是从环境保护和健康防护的角度出发对邻避设施进行综合衡量。② 与此同时,作为一种相对传统的邻避风险化解方式,金钱补偿和政府的财政能力密切相关。由于不同地方政府的财政情况不尽相同,对于那些政府财政能力有限、存在其他诸多规章制度限制的地方,金钱补偿难以实行。因此,对于公众更为多元化的价值追求,有必要探求更为合理的利益回馈方式。故而有必要引入参与式治理,寻求整体性解决邻避冲突的路径。③

(2) 空间回馈。空间理论是近些年在探讨城市问题中较为热烈的焦点,尽管在后现代主义的语境中,空间的社会性更被重视,但是空间的物质性同样是不容忽视的存在。邻避设施的建设和运营本质上是一种空间生

---

① 王佃利. 化"邻避"为"邻利"的空间补偿和政策创新[N]. 济南日报,2018-02-27(A05).
② 王婕,戴亦欣,刘志林,廖露. 超越"自利"的邻避态度的形成及其治理路径[J]. 城市问题,2019(2):81—88.
③ 吴一鸣. 参与式治理应对邻避冲突问题探究[J]. 中国行政管理,2017(11):141—144.

第九章 面向城市高质量发展的邻避治理体系建设

产的活动,这种空间既有物质性的层面,也有社会性的意蕴。但就邻避设施的利益回馈机制建设而言,本书重点探讨的是物质性空间的生产。具体来说,通过对邻避设施周边的空间环境进行优化来缓解公众的焦虑,对邻避设施周边的空间加以置换来改善公众的权利体验,也可以通过"共享"空间的建设来进行补偿,以从根本上转变周边居民和邻避设施之间的利益关系模式。①

首先,可以对邻避设施进行空间优化以争取公众支持。通过对邻避设施的有效监管,最大限度控制邻避设施对周边环境的影响,化解公众的邻避焦虑,使邻避设施更好地融入而非隔离于周边城市空间。2017年环境保护部开展的"装、树、联"是其中代表性的创新实践。根据环境保护部于2017年4月印发的《关于生活垃圾焚烧厂安装污染物排放自动监控设备和联网有关事项的通知》,"装"即要求所有垃圾发电厂依法安装污染源自动监控设备,实时监控排放信息;"树"是在便于群众查看的显著位置树立显示屏,把这些监控到的数据实时向社会公开;"联"则是要求企业的自动监控系统与环保部门联网,从而便于环保部门执法监管。截至2017年8月,全国垃圾焚烧企业"装、树、联"完成率达74.58%,山东省则达到90.91%。实践证明,"装、树、联"工作,对于化解以生活垃圾焚烧为代表的污染类邻避设施引发的邻避情结起到了良好的效果。②

其次,对邻避设施的空间置换也是化解邻避风险的重要途径。决策者和建设者的换位思考和行动,是化解邻避困境的重要前提。海南三亚在建设移动通信基站的成功经验证明,地方政府如能进行"率先建在我家后院"的空间置换,将会有效化解邻避困境。针对移动通信基站选址难、进场难问题,三亚市委市政府率先垂范、以身作则,批示中国铁塔三亚分公司在其办公大院内建设基站,先于2015年12月建成市委大院内首个移动通信基站,进而又于2016年7月完成市政府大院的基站建设,不仅保障了移动通

---

① 王佃利. 化"邻避"为"邻利"的空间补偿和政策创新[N]. 济南日报,2018-02-27(A05).
② 同上.

信基站建设的顺利进行,随后的辐射测试也完全化解了公众对电磁辐射的误解。空间置换,置换的不仅仅是邻避设施的空间方位,更是决策者和公众之间的权力配置和权利关系,公众不再成为决策影响的被动承受者,避免了相对剥夺感的产生。①

最后,以邻利设施建设打造"共享空间"会是公共价值理念的最佳实践。在邻避设施建设遭到抵制时,可通过建设相配套的邻利设施,或出台邻利型的区域发展政策,整合各种利益主体共建共享,从而换得支持、协同发展。其中一种可行方式是附加公共设施和公共服务,从而在邻避设施周边营造共享空间,助力共享发展。2016年10月,住建部、国家发改委、国土资源部和环境保护部联合出台《关于进一步加强城市生活垃圾焚烧处理工作的意见》,强调"因地制宜配套绿化、体育和休闲设施,实施优惠供水、供热、供电服务,安排群众就近就业,将短期补偿转化为长期可持续行为,努力让垃圾焚烧设施与居民、社区形成利益共同体",将环境友好的邻利设施建设、优惠的公共服务和就业政策与邻避设施相结合,化解后者引发的邻避情结。2016年12月,广东省出台《广东省人民代表大会常务委员会关于居民生活垃圾集中处理设施选址工作的决定》,从操作层面明确了"以居民生活垃圾集中处理设施所在村(居)为接受补偿区域,以居民生活垃圾输出区域为提供补偿区域",并从生态补偿费和附加公共服务的共享区域建设等方面实现共享发展。② 可见,邻利设施的合理布局将在邻避问题长期治理过程中扮演重要角色。

---

① 王佃利. 化"邻避"为"邻利"的空间补偿和政策创新[N]. 济南日报,2018-02-27(A05).
② 同上.

结　语

在当代中国城市发展转型的关键时期,此起彼伏的邻避风险事件使得地方政府面临着巨大的治理压力。均衡城市不同地区的空间需求、兼顾不同群体的利益诉求并在此基础上实现城市公共物品的有序供给,都需要极大的治理智慧。站在城市发展的高度上看,邻避问题的有效化解不再仅仅是少数地区的维稳需求,更是关乎我国城市治理高质量发展和基层治理现代化的共性命题。既有风险处置实践告诉我们,化解城市邻避风险的核心还是在于政府,尤其是地方政府。作为邻避事件的直接责任者,地方政府的每一个决策都可能直接关乎邻避设施的建设和运营状况,并最终对事件整体走向产生关键影响。实现邻避风险的有效处置,是时代交给地方政府的治理重任!

值得欣喜的是,在历经十余年的探索之后,我国地方政府在邻避风险的处置问题上积累了大量经验,对于偶发的邻避事件不再是"谈之色变",而是在化解风险的过程中使其成为推进治理能力现代化的有益变量。总的看来,针对"中国式邻避问题",我国地方政府在邻避风险处置领域,在治理理念、治理策略以及治理方式等多个维度呈现出积极的转向趋势。这无疑对正处于关键转型期的中国城市而言,意义重大。

治理理念层面的转变,直接体现出地方政府风险处置思路的转变。其一是技术理性与人文关怀并重。我国邻避领域相关政策的不断出台,尤其是针对关键环节中的工程技术细节逐渐建立起日益严苛的基准体系,这在很大程度上细化并增强了我国处置邻避风险的技术手段。但与此同时,我国既有的邻避事件表明,邻避设施具有鲜明的公共属性与政策属性,单纯依靠技术阐释路线并不能彻底打消公众对于邻避风险的感知。因此,近年来,政府相关部门在不断细化技术标准的同时,逐渐尝试运用信息公开等方式加强与公众的沟通,逐步体现出日益强烈的人文关怀色彩。

其二是风险化解层次的不断拔高。近年来我国出台了各类邻避领域相关政策,其中体现出更高尺度的邻避风险化解理念。即邻避风险的化解,不应仅仅关注各类邻避设施本身状况,更应从城市增长、工业发展、环境保护、社会风俗等更高层面加以解决。以2017年出台的《关于推进城镇人口密集区危险化学品生产企业搬迁改造的指导意见》为标志,各类化工设施的建设或搬迁,不再仅仅是产业布局的经济性命题,说明相关部门已开始从城市化建设等多元视角综合分析各类邻避风险。

其三是"邻利"属性的逐渐强化。在邻避风险早期处置实践中,由于邻避设施所带有的负外部性,其常常被视为社会管理实践的"负担"。但近年来,邻避领域相关政策在各类设施发挥"邻利"作用方面存在越来越鲜明的引导趋势。以垃圾处置设施为例,从单一的垃圾填埋到垃圾焚烧,再到垃圾焚烧发电,我国邻避相关政策不断鼓励垃圾处置设施在区域供电、供热等方面发挥积极作用。上述政策设定,将在一定程度上抵消邻避设施的负外部性、缓解邻避风险,逐渐激发邻避设施的"邻利属性"。

在治理策略层面,地方政府风险处置政策"工具箱"愈发完善。一方面,政策领域不断延展。尽管缺少专设性的邻避法规政策,但我国通过不断加强邻避风险潜在领域制度建设的方式,逐渐规范和延展我国邻避政策的覆盖领域。当前我国邻避政策已基本覆盖常见的邻避设施,并从生产环节等角度不断规范相关邻避设施的运营实践。尽管如此,我国邻避领域相关政策依然存在"重大型设施、轻小型设施;重工业类设施、轻文化类设施"的不足,即相较于大型邻避设施的建设,小型邻避设施的相关政策设定还不完善;工业类邻避风险的处置大致"有章可循",但特殊文化类邻避风险的处置策略还处于相对薄弱的状况。随着我国邻避领域相关政策制度的不断完善,上述问题将是持续优化的重点所在。

另一方面,政策结构不断完善。从政策结构层面而言,我国邻避领域相关政策也在不断完善。"静态性+动态性"成为不少领域政策框架的基本构成。前者既包含《环境保护法》等宏观政策要求,也包括各类行业出台的专设性法规和技术标准;后者则体现为政府部门越来越习惯借助重大事件风险评估、制定各类群体性事件应急预案等动态方式,灵活应对可能的邻避风险。同时,国家标准、地方标准和行业标准之间存在鲜明的政策互动。从最初的国家层面出台标准和规范,到地方自主探索、有针对性地出台地方性指导文件,再到行业内自发出台相关技术标准,我国逐渐形成了"国家标准兜底、地方标准补充、行业标准完善"的互动局面。

在治理方式层面,地方政府的风险处置方法也同样渐趋成熟。其一是治理场域不断丰富。当前在我国化解邻避风险过程中,相关治理场域也在不断丰富。直观表现为,随着互联网技术的发展,网络舆情问题愈发得到重视。互联网空间成为化解邻避问题的重要阵地。从早期各类线下民主恳谈会,到如今政府部门借助 QQ、微信、微博等互联网平台发布信息、沟通互动,线上、线下各类沟通途径有效结合,已成为当下邻避治理场域不断丰富的重要见证。但值得注意的是,互联网空间也同样是谣言传播的重要领域,治理场域的丰富需要更体系化的制度设计。

其二是治理主体日趋多元。随着我国经济社会的全面发展,邻避事件中涉及的社会主体也日趋多元。这既表现在公民维护自身合法权益的强烈意愿,也表现为各类社会组织在邻避事件中的广泛参与。从这一角度来讲,邻避风险的处置过程,是包括政府、公民、社会组织在内的多元主体相互沟通博弈的过程,单一主体所采取的管控、回避等方式已无力化解多元主体之间的复杂利益纠纷。但针对我国既有邻避治理的相关政策设计,如何保障多元主体在邻避风险化解中的有效参与,将是地方政府未来优化治理策略的重要方向之一。

其三是治理手段更为灵活。经过几十年的更新发展,我国邻避领域相关政策已逐渐完善,其所体现的治理手段也更为灵活、有效。就我国邻避政策所体现出的治理手段而言,政府部门也经历了从早期一味回避其他社会主体诉求与质疑,到陷入"一闹就停"的喊停"怪圈",再到如今综合运用生态补偿、心理补偿、空间补偿等手段以灵活化解邻避风险。毫无疑问,长期以来的制度建设与实践经验的积累，使得我国政府部门在面对邻避问题时拥有了更为灵活的治理手段，从而可能带来更好的治理效果。

在地方政府不断积累和总结风险处置经验的同时，零星散发的邻避危机同样需要邻避治理主体保持应有的冷静。既有实践表明，将治理重心放在邻避风险问题发生之后，往往会丧失问题处置的最佳时机，且会造成相关主体之间缺乏有效的沟通。上述这种传统的邻避风险处置方式在邻避风险扩散化的背景下已经难以为继。尤其是在当前中国城市社会治理态势日益复杂化的情况下，单纯依靠事后的补偿式、维稳式的应对举措，无法有效回应多元相关主体、多重风险感知标准所带来的邻避治理困境。以利益回馈机制取代风险补偿机制，成为化解未来邻避风险、助力中国城市"善治"的基本路径取向。而本书所倡导的以"利益回馈"代替"风险补偿"，是强调邻避设施应有的开放性和包容性，其设置与调整并非地方政府的一家之言；是强调邻避设施本身的正义取向，其建设行为并非违背公众福祉、做错事需要补偿，而是做大义之事所必需的安抚手段。

区别于以经济手段为主的风险补偿手段，利益回馈需要立足于更加精准的制度设计，而这一长期过程绝非以政府一家之力独自完成。随着公众权利和环境意识的觉醒和提升，对于政府而言更为可取的选择是努力尊重公众的邻避诉求，吸纳公众等多元主体参与到邻避决策的过程中来，构建起以政府为主导、企业为主体、社会组织和公众共同参与的邻避风险治理体系，实现社群联盟和增长联盟之间顺畅的风险沟通和良性互动，最终实现城市邻避风险的顺利化解。这既是公共价值理念的必然要求，同时也是推进新时代中国城市治理体系和治理能力现代化的应有之义。

参考文献

一、中文专著、译著

[1] 艾伦·哈丁,泰尔佳·布劳克兰德.城市理论:对21世纪权力、城市和城市主义的批判性介绍[M].王岩,译.北京:社会科学文献出版社,2016.

[2] 包亚明.现代性与空间的生产[M].上海:上海教育出版社,2003.

[3] 彼得·马库塞,等.寻找正义之城:城市理论和实践中的辩论[M].贾荣香,译.北京:社会科学文献出版社,2016.

[4] 波洛玛.当代社会学理论[M].孙立平,译.北京:华夏出版社,1989.

[5] 布赖恩·贝利.比较城市化[M].,顾朝林,等译.北京:商务印书馆,2010.

[6] 曹海军.城市政治理论[M].北京:北京大学出版社,2017.

[7] 陈向明.质的研究方法与社会科学研究[M].北京:教育科学出版社,2000.

[8] 陈映芳,等.都市大开发——空间生产的政治社会学[M].上海:上海古籍出版社,2009.

[9] 陈悦,陈超美,胡志刚,等.引文空间分析原理与应用 CiteSpace 实用指南[M].北京:科学出版社,2014.

[10] 陈忠.空间理论与城市秩序:中国特色城镇化研究报告(2010)[M].哈尔滨:黑龙江人民出版社,2011.

[11] 戴维·哈维.叛逆的城市:从城市权利到城市革命[M].叶齐茂,倪晓辉,译.北京:商务印书馆,2014.

[12] 丹尼斯·R.贾德,托德·斯旺斯特罗姆.美国的城市政治[M].于杰,译.上海:上海社会科学院出版社,2017.

[13] 冯平.现代西方价值哲学经典:先验主义路向(下册)[M].北京:北京师范大学出版社,2009.

[14] 高恩新.灾后风险与危机应对:结构·情感·文化[M].北京:北京大学出版社,2021.

[15] 高芳芳.环境传播:媒介、公众与社会[M].杭州:浙江大学出版社,2016.
[16] 杭正芳.邻避设施区位选择与社会影响的理论与实践[M].西安:西北大学出版社.2014.
[17] 何明俊.空间宪政中的城市规划[M].南京:东南大学出版社,2013.
[18] 胡德.权力空间过程与区域经济发展[M].南京:东南大学出版社.2014.
[19] 胡洁人.使和谐社区运转起来:当代中国城市社区纠纷化解研究[M].上海:上海人民出版社,2016.
[20] 环境保护部环境工程评估中心.环境影响评价技术方法(2011年版)[M].北京:中国环境科学出版社,2011.
[21] 黄萃.政策文献量化研究[M].北京:科学出版社.2016.
[22] 贾旭东.虚拟政府视域下的公共服务外包:基于中国城市基层政府的扎根理论研究[M].北京:中国社会科学出版社.2016.
[23] 简·雅各布斯.美国大城市的死与生(纪念版)[M].金衡山,译.南京:译林出版社,2006.
[24] 姜维.文本分析与文本挖掘[M].北京:科学出版社,2018.
[25] 凯西·卡麦兹.建构扎根理论:质性研究实践指南[M].边国英,译.重庆:重庆大学出版社,2009.
[26] 科塞.社会冲突的功能[M].孙立平,等译.北京:华夏出版社,1989.
[27] 劳伦斯·萨斯坎德,帕特里克·菲尔德.如何应对愤怒的公众[M].霍文利,译.北京:北京联合出版公司,2016.
[28] 李杰,陈超美.CiteSpace:科技文本挖掘及可视化(第二版)[M].北京:首都经济贸易大学出版社,2017.
[29] 李林,田禾.中国法制发展报告 No.12(2014)[G].北京:社会科学文献出版社,2014.
[30] 刘易斯·芒福德.城市发展史:起源、演变和前景[M].宋俊岭,倪文彦,译.北京:中国建筑工业出版社,2005.
[31] 刘智勇,等.邻避冲突治理研究[M].成都:电子科技大学出版社.2017.
[32] 陆铭.空间的力量:地理、政治与城市发展[M].上海:格致出版社;上海人民出版社,2017.
[33] 马克·H.穆尔.创造公共价值:政府战略管理[M].伍满桂,译.北京:商务印书馆,2016.
[34] 宁骚,李玉,晏智杰.现代化与政府科学决策[M].北京:经济科学出版社,2000.
[35] 乔纳森·H.特纳.社会学理论的结构(第7版)[M].邱泽奇,张茂元,等译.北京:华夏出版社,2006.

[36] 乔纳森·S.戴维斯,戴维·L.英布罗肖.城市政治学理论前沿(第二版)[M].何艳玲,译.上海:格致出版社;上海人民出版社,2013.

[37] 丘昌泰,等.解析邻避情结与政治[M].台北:翰卢图书出版有限公司,2006.

[38] 邱均平.文献计量学[M].北京:科学技术文献出版社,1988.

[49] 苏珊·S.费恩斯坦.正义城市[M].武烜,译.北京:社会科学文献出版社,2016.

[40] 塔尔科特·帕森斯.社会行动的结构[M].张明德,等译.南京:译林出版社,2003.

[41] 汤姆·米勒.中国十亿城民[M].李雪顺,译.厦门:鹭江出版社,2014.

[42] 王佃利,等.邻避困境:城市治理的挑战与转型[M].北京:北京大学出版社,2017.

[43] 王丽.全球风险社会下的公共危机治理:一种文化视阈的阐释[M].北京:社会科学文献出版社,2014.

[44] 乌尔里希·贝克.风险社会[M].何博闻,译.南京:译林出版社,2004.

[45] 吴涛.城市化进程中的邻避危机与治理研究[M].上海:格致出版社;上海人民出版社.2018.

[46] 西美尔.社会学——关于社会化形式的研究[M].林荣远,译.北京:华夏出版社,2002.

[47] 肖金成,欧阳慧,等.优化国土空间开发格局研究[M].北京:中国计划出版社,2015.

[48] 谢建社,朱明.社会冲突管理的理论与实践[M].江西人民出版社,2005.

[49] 谢岳.城之国治:城市政治的中国叙事[M].北京:北京大学出版社,2018.

[50] 徐祖迎,朱玉芹.邻避治理:理论与实践[M].上海:上海三联书店.2018.

[51] 亚里士多德.政治学[M].吴寿彭,译.北京:商务印书馆,2017.

[52] 姚尚建.城市权利:公共治理的历史演进与角色回归[M].北京:北京大学出版社,2019.

[53] 姚尚建.城市政治:正义的供给与权利的捍卫[M].北京:北京大学出版社,2015.

[54] 易承志.大城善治:中国大都市发展中的政府治理机制创新研究[M].北京:北京大学出版社.2017.

[55] 约翰·R.洛根,哈维·L.莫洛奇.都市财富:空间的政治经济学[M].陈那波,等译.上海:格致出版社;上海人民出版社,2016.

[56] 张乐.邻避冲突解析与源头治理[M].北京:社会科学文献出版社.2017.

[57] 张振华.社会冲突与制度回应:转型期中国政治整合机制的调适研究[M].天津:天津人民出版社,2016.

[58] 中共中央党校(国家行政学院)应急管理培训中心.应急管理典型案例研究报告

(2018)[M].北京:社会科学文献出版社,2018.

[59] 朱健刚.国与家之间:上海邻里的市民团体与社区运动的民族志[M].北京:社会科学文献出版社,2010.

[60] 朱丽叶·M.科宾,安塞尔姆·L.施特劳斯.朱光明译.质性研究的基础:形成扎根理论的程序与方法(第3版)[M].朱光明,译.重庆:重庆大学出版社.2015.

二、中文论文

[1] 陈宝胜.邻避冲突治理的地方政府行为逻辑[J].中国行政管理,2018(8).

[2] 陈佛保,郝前进.环境市政设施的邻避效应研究——基于上海垃圾中转站的实证分析[J].城市规划,2013(8).

[3] 陈佛保,郝前进.美国处理邻避冲突的做法[J].城市问题 2013(6).

[4] 陈进华.中国城市风险化:空间与治理[J].中国社会科学,2017(8).

[5] 陈玲,李利利.政府决策与邻避运动:公共项目决策中的社会稳定风险触发机制及改进方向[J].公共行政评论,2016(1).

[6] 崔晶.中国城市化进程中的邻避抗争:公民在区域治理中的集体行动与社会学习[J].经济社会体制比较,2013(3).

[7] 邓集文.中国城市环境邻避风险治理的转型[J].湖南社会科学,2019(3).

[8] 邓可祝.邻避设施选址立法问题研究——以邻避冲突的预防与解决为视角[J].法治研究,2014(7).

[9] 丁进锋,诸大建,田园宏.邻避风险认知与邻避态度关系的实证研究[J].城市发展研究,2018(5).

[10] 董红亚.中国政府养老服务发展历程及经验启示[J].人口与发展,2010(5).

[11] 樊红敏.城镇化进程中的社会风险[J].人民论坛,2011(14).

[12] 郭少青.环境邻避的冲突原理及其超越——以双重博弈结构为分析框架[J].城市规划,2019(2).

[13] 郭巍青.政治文明标尺下的公共决策制度[J].中山大学学报(社会科学版),2003(3).

[14] 郝亮,郭红燕,王璇.由"破"到"立":动力学视角下中国环境社会风险化解机制研究——以杭州九峰、湖北仙桃垃圾焚烧发电项目为例[J].生态经济,2020(4).

[15] 何文盛.转型期我国公共价值冲突的内涵辨析、机理生成与治理策略[J].南京社会科学,2015(4).

[16] 何艳玲."公共价值管理":一个新的公共行政学范式[J].政治学研究,2009(6).

[17] 何艳玲.后单位制时期街区集体抗争的产生及其逻辑——对一次街区集体抗争事件的实证分析[J].公共管理学报,2005(3).

[18] 何艳玲."中国式"邻避冲突:基于事件的分析[J].开放时代,2009(12).
[19] 何艳玲,陈晓运.从"不怕"到"我怕":"一般人群"在邻避冲突中如何形成抗争动机[J].学术研究,2012(5).
[20] 侯光辉,王元地."邻避风险链":邻避危机演化的一个风险解释框架[J].公共行政评论,2015(1).
[21] 侯光辉,王元地.邻避危机何以愈演愈烈——一个整合性归因模型[J].公共管理学报,2014(3).
[22] 胡象明,刘浩然.敏感人:一项分析邻避效应的人性假设[J].理论探讨,2017(1).
[23] 皇甫鑫.邻避型群体事件的生成机理及规避对策——以价值累加理论为视角[J].湖南行政学院学报,2017(6).
[24] 黄振威."半公众参与决策模式"——应对邻避冲突的政府策略[J].湖南大学学报(社会科学版),2015(4).
[25] 黄震,张桂蓉.居民对垃圾焚烧发电项目风险感知的影响因素研究——基于H省J市垃圾焚烧发电项目的实证分析[J].行政论坛,2019(1).
[26] 黄峥.金钱、公园还是养老保障:邻避设施的补偿效应研究[J].中国行政管理,2017(10).
[27] 靳永翥,李春艳.危机何以化解:基于危机公关的政府工具研究——以环境型邻避事件为例[J].北京行政学院学报,2019(6).
[28] 李黎丹,王培志.突发公共事件网络舆论演化因素探析——以"校长开房"事件的微博传播为例[J].当代传播,2014(3).
[29] 李理.基于扎根理论的网络事件信任传递机制研究:以罗尔事件为例[J].全球传媒学刊,2018(1).
[30] 李晟."地方法治竞争"的可能性:关于晋升锦标赛理论的经验反思与法理学分析[J].中外法学,2014(5).
[31] 李文姣.核电项目引发邻避型群体性事件的预防治理机制研究[J].领导科学,2018(23).
[32] 李小敏,胡象明.邻避现象原因新析:风险认知与公众信任的视角[J].中国行政管理,2015(3).
[33] 李永展,何纪芳.台北地方生活圈都市服务设施之邻避效果[J].都市与计划,1996(1).
[34] 李永展.邻避症候群之解析[J].都市与计划,1997(1).
[35] 李宇环,梁晓琼.社会心态理论视阈下中国邻避冲突的发生机理与调适对策[J].中国行政管理,2018(12).
[36] 李云新,杨磊.快速城镇化进程中的社会风险及其成因探析[J].华中农业大学学

报(社会科学版),2014(3).

[37] 林卡,朱浩.应对老龄化社会的挑战:中国养老服务政策目标定位的演化[J].山东社会科学,2014(2).

[38] 刘阿荣,石慧莹.社群意识与永续发展:邻避现象及补偿金之分析[J].中国行政评论,2004(2).

[39] 刘冰.复合型邻避补偿政策框架建构及运作机制研究[J].中国行政管理,2019(2).

[40] 刘冰,苏宏宇.邻避项目解决方案探索:西方国家危险设施选址的经验及启示[J].中国应急管理,2013(8).

[41] 刘兵,江洋.对共识会议之"共识"的反思[C]// 中国科普研究所.中国科普理论与实践探索——2010科普理论国际论坛暨第十七届全国科普理论研讨会论文集.北京:科学普及出版社,2010.

[42] 刘超.邻避冲突复合治理:理论特征与实现途径[J].中国行政管理,2020(1).

[43] 刘建平,杨磊.中国快速城镇化的风险与城市治理转型[J].中国行政管理,2014(4).

[44] 刘晶晶.国内外邻避现象研究综述[J].生产力研究,2013(1).

[45] 刘能.当代中国群体性集体行动的几点理论思考——建立在经验案例之上的观察[J].开放时代,2008(3).

[46] 刘培,于晶.风险沟通的关键因素与策略框架——基于2007至2016年中国邻避事件的观察[J].当代传播,2017(5).

[47] 刘玮,李好,曹子璇.多维信任、信息披露与邻避冲突治理效果[J].重庆社会科学,2020(4).

[48] 刘智勇,陈立,郭彦宏.重构公众风险认知:邻避冲突治理的一种途径[J].领导科学,2016(32).

[49] 陆海刚.从科层制管理到网络型治理——中国邻避冲突治理结构研究[D].南京大学,2016.

[50] 吕书鹏,王琼.地方政府邻避项目决策困境与出路——基于"风险—利益"感知的视角[J].中国行政管理,2017(4).

[51] 骆丽,吴云清.基于结构方程模型的城市邻避设施风险可接受度研究——以天长市为例[J].干旱区地理,2019(2).

[52] 骆丽,吴云清.邻避空间与城市空间互动中的公共风险认知——以南京石子岗殡仪馆为例[J].江苏城市规划,2017(10).

[53] 孟薇,孔繁斌.邻避冲突的成因分析及其治理工具选择——基于政策利益结构分布的视角[J].江苏行政学院学报,2014(2).

[54] 彭小兵,谢虹.应对信息洪流:邻避效应向环境群体性事件转化的机理及治理[J].情报科学,2017(2).

[55] 任丙强.邻避冲突作为公众议程:一个描述性框架[J].地方治理研究,2017(4).

[56] 芮国强,宋典.信息公开影响政府信任的实证研究[J].中国行政管理,2012(11).

[57] 施巍巍,罗新录.我国养老服务政策的演变与国家角色的定位——福利多元主义视角[J].理论探讨,2014(2).

[58] 谭爽,胡象明.中国大型工程社会稳定风险治理悖论及其生成机理——基于对B市A垃圾焚烧厂反建事件的扎根分析[J].甘肃行政学院学报,2015(6).

[59] 汤汇浩.邻避效应:公益性项目的补偿机制与公民参与[J].中国行政管理,2011(7).

[60] 汤玺楷,凡志强,韩啸.行动策略、话语机会与政策变迁:基于邻避运动的比较研究[J].西南交通大学学报(社会科学版),2019(3).

[61] 田亮,郭佳佳.城市化进程中的地方政府角色与"邻避冲突"治理[J].同济大学学报(社会科学版),2016(5).

[62] 万筠,王佃利.中国邻避冲突结果的影响因素研究——基于40个案例的模糊集定性比较分析[J].公共管理学报,2019(1).

[63] 汪伟全.风险放大、集体行动和政策博弈——环境类群体事件暴力抗争的演化路径研究[J].公共管理学报,2015(1).

[64] 王冰,韩金成.公共价值视阈下的中国邻避问题研究——一个整合性理论框架[J].中国行政管理,2017(12).

[65] 王佃利.化"邻避"为"邻利"的空间补偿和政策创新[N].济南日报,2018-02-27(A05).

[66] 王佃利,王庆歌.风险社会邻避困境的化解:以共识会议实现公民有效参与[J].理论探讨,2015(5).

[67] 王佃利,王庆歌,韩婷."应得"正义观:分配正义视角下邻避风险的化解思路[J].山东社会科学,2017(3).

[68] 王佃利,王玉龙."空间生产"视角下邻避现象的包容性治理[J].行政论坛,2018(4).

[69] 王佃利,王玉龙."议题解构"还是"工具建构":比较视角下邻避治理的进展[J].河南师范大学学报(哲学社会科学版),2020(4).

[70] 王佃利,王玉龙,于棋.从"邻避管控"到"邻避治理":中国邻避问题治理路径转型[J].中国行政管理,2017(5).

[71] 王佃利,王铮.城市治理中邻避问题的公共价值失灵:问题缘起、分析框架和实践逻辑[J].学术研究,2018(5).

[72] 王佃利,王铮.国外公共价值理论研究的知识图谱、研究热点与拓展空间——基于SSCI(1998—2018)的可视化分析[J].中国行政管理,2019(6).

[73] 王佃利,邢玉立.空间正义与邻避冲突的化解——基于空间生产理论的视角[J].理论探讨,2016(5).

[74] 王佃利,邢玉立.空间正义与邻避冲突的化解——基于空间生产理论的视角[J].理论探讨,2016(5).

[75] 王佃利,于棋.高质量发展中邻避治理的尺度策略:基于城市更新个案的考察[J].学术研究,2022(1).

[76] 王刚,宋锴业.技术路径嵌入:邻避运动治理反思与路径拓展[J].北京理工大学学报(社会科学版),2018(1).

[77] 王婕,戴亦欣,刘志林,廖露.超越"自利"的邻避态度的形成及其治理路径[J].城市问题,2019(2).

[78] 王军洋.超越"公民"抗议:从企业竞争的角度理解邻避事件[J].中国行政管理,2017(12).

[79] 王奎明,张贤桦.邻避设施回馈金制度:重塑政府公信力的路径借鉴——来自台湾的经验[J].台湾研究集刊,2018(1).

[80] 王学军,张弘.公共价值的研究路径与前沿问题[J].公共管理学报,2013(2).

[81] 王英伟.权威应援、资源整合与外压中和:邻避抗争治理中政策工具的选择逻辑——基于(fsQCA)模糊集定性比较分析[J].公共管理学报,2020(2).

[82] 王莹,王义保.基于整体性治理理论的城市应急管理体系优化[J].城市发展研究,2016(2).

[83] 王煜,刘朝晖,王仲昀.直击响水爆炸现场 大爆炸摧毁的不仅是生命和财产[J].新民周刊,2019(12).

[84] 王铮,王佃利.重大邻避型项目合法性危机与冲突逻辑:基于扎根理论的PX案例研究[J].山东行政学院学报,2019(4).

[85] 王郅强,彭睿.邻避项目如何冲出"一闹就停"的怪圈?基于H市Z区政府"双环危机学习"的纵向案例观察[J].公共管理学报,2020(2).

[86] 吴一鸣.参与式治理应对邻避冲突问题探究[J].中国行政管理,2017(11).

[87] 吴宜灿,等.国际放射性废物处置政策及经验启示[J].中国科学院院刊,2020(1).

[88] 夏志强,罗书川.分歧与演化:邻避冲突的博弈分析[J].新视野,2015(5).

[89] 项一嶷,张涛甫.试论大众媒介的风险感知——以宁波PX事件的媒介风险感知为例[J].新闻大学,2013(4).

[90] 辛方坤.基于风险社会放大框架理论的邻避舆情传播[J].情报杂志,2018(3).

[91] 辛方坤.邻避风险社会放大过程中的政府信任:从流失到重构[J].中国行政管理,2018(8).

[92] 熊烨.我国地方政策转移中的政策"再建构"研究——基于江苏省一个地级市河长制转移的扎根理论分析[J].公共管理学报,2019(3).

[93] 薛可,何佳,余明阳.突发公共事件中用户生成内容的差异化研究:基于舆论场域的视角[J].西南民族大学学报(人文社会科学版),2017(4).

[94] 鄢德奎,李佳丽.中国邻避冲突的设施类型、时空分布与动员结构——基于531起邻避个案的实证分析[J].城市问题,2018(9).

[95] 杨冬梅."互联网+"时代公众参与城市风险治理探析[J].行政论坛,2016(6).

[96] 杨宏山.澄清城乡治理的认知误区——基于公共服务的视角[J].探索与争鸣,2016(6).

[97] 杨槿,朱竑."邻避主义"的特征及影响因素研究——以番禺垃圾焚烧发电厂为例[J].世界地理研究,2013(1).

[98] 杨磊,陈璐,刘海宁.空间正义视角下的邻避冲突与邻避设施供给要件探析——以武汉某临终关怀医院抗争事件为例[J].华中科技大学学报(社会科学版),2018(1).

[99] 杨述明.现代社会治理体系的五种基本构成[J],江汉论坛,2015(2).

[100] 杨雪锋,何兴斓,徐周芳.环境邻避效应感知风险的建构逻辑与影响因素[J].甘肃行政学院学报,2018(2).

[101] 杨雪锋,章天成.环境邻避风险:理论内涵、动力机制与治理路径[J].国外理论动态,2016(8).

[102] 杨振华.环境类"邻避"风险化解的三重价值之维[J].人民论坛,2020(3).

[103] 杨志军,欧阳文忠.消极改变政策决策:当代中国城市邻避抗争的结果效应分析[J].甘肃行政学院学报,2017(1).

[104] 詹承豫,宣言.城市风险治理中的风险沟通制度——基于30部法律规范的文本分析[J].行政法学研究,2016(4).

[105] 张紧跟.邻避冲突何以协商治理:以杭州九峰垃圾焚烧发电项目为例[J].行政论坛,2018(4).

[106] 张紧跟,叶旭.邻避冲突何以协商治理——以广东茂名PX事件为例[J].中国地质大学学报(社会科学版),2018(5).

[107] 张荆红.价值主导型群体事件中参与主体的行动逻辑[J].社会,2011(2).

[108] 张乐,童星."邻避"冲突管理中的决策困境及其解决思路[J].中国行政管理,2014(4).

[109] 张乐,童星."邻避"冲突中的社会学习——基于7个PX项目的案例比较[J].学

术界,2016(8).

[110] 张勇杰.邻避冲突中环保 NGO 参与作用的效果及其限度——基于国内十个典型案例的考察[J].中国行政管理,2018(1).

[111] 赵静,陈玲,薛澜.地方政府的角色原型、利益选择和行为差异——一项基于政策过程研究的地方政府理论[J].管理世界,2013(2).

[112] 郑旭涛.改革开放以来我国邻避问题的演变趋势及其影响因素——基于365起邻避冲突的分析[J].天津行政学院学报,2019(5).

[113] 郑旭涛.涟漪效应与官民共鸣:城市大型邻避冲突演变过程中的信息传播与动员[J].甘肃行政学院学报,2019(6).

[114] 钟开斌,林炜炜,翟慧杰.中国城市风险治理研究述评(1979—2018年)——基于CiteSpace V 的可视化分析[J].贵州社会科学,2020(3).

[115] 周利敏.韧性城市:风险治理及指标建构——兼论国际案例[J].北京行政学院学报,2016(2).

[116] 周文辉.知识服务、价值共创与创新绩效——基于扎根理论的多案例研究[J].科学学研究,2015(4).

[117] 周亚越,李淑琪,张芝雨.正义视角下邻避冲突主体的对话研究——基于厦门、什邡、余杭邻避冲突中的网络信息分析[J].浙江社会科学,2018(7).

[118] 朱正威,刘泽照,张小明.国际风险治理:理论、模态与趋势[J].中国行政管理,2014(4).

三、外文著作

[1] A. Flint. This Land: The Battle over Sprawl and the Future of America[M]. Baltimore: Johns Hopkins University Press,2006.

[2] Bernard H. Ross, Myron A. Levine. Urban Politics: Cities and Suburbs in a Global Age[M]. London: Routledge,2015.

[3] Daniel Yankelovich Group. Public Attitudes Toward People with Chronic Mental Illness: Executive Summary [M]. Princeton: The Robert Wood Johnson Foundation,1990.

[4] Deborah Stone. Policy Paradox: The Art of Political Decision Making[M]. New York: W. W. Norton & Company,2001.

[5] Jon Pierre. The Politics of Urban Governance [M]. New York: Macmillan International Higher Education,2011.

[6] Leon van den Dool, Frank Hendriks, Alberto Gianoli, et al. The Quest for Good Urban Governance: Theoretical Reflections and International Practices [M].

Wiesbaden: Springer VS, 2015.

[7] Lydia R. Otero. La Calle: Spatial Conflicts and Urban Renewal in a Southwest City[M]. Tucson: University of Arizona Press, 2010.

[8] Mark H. Moore. Creating Public Value: Strategic Management in Government [M]. Cambridge: Harvard University Press, 1995.

[9] M. Castells. The Urban Question: A Marxist Approach[M]. London: Hodder Education, 1977.

[10] Niels Åkerstrøm Andersen, Inger-Johanne Sand, eds. Hybrid Forms of Governance: Self-Suspension of Power[M]. London: Palgrave Macmillan, 2012.

[11] Paul A. Sabatier, Hank C. Jenkins-Smith, eds. Policy Change and Learning: An Advocacy Coalition Approach[M]. Boulder: Westview Press, 1993.

[12] R. Likert. New Patterns of Management[M]. New York: McGraw-Hill, 1961.

[13] Ronald K. Vogel, ed. Handbook of Research on Urban Politics and Policy in the United States[M]. Westport: Greenwood Publishing Group, 1997.

[14] Talcott Parsons. The Social System[M]. London: Routledge, 2013.

[15] United States Development Programme. Governance for Sustainable Human Development[M]. New York: UNDP, 1997.

四、外文论文

[1] A. R. Matheny, B. A. Williams. Knowledge Vs. NIMBY: Assessing Florida's Strategy for Siting Hazardous Waste Disposal Facilities[J]. Policy Studies Journal, 1985(1).

[2] Bart W. Terwel, Dancker D. L. Daamen. Initial Public Reactions to Carbon Capture and Storage (CCS): Differentiating General and Local Views[J]. Climate Policy, 2012(3).

[3] B. Bozeman, D. Sarewitz. Public Value Mapping and Science Policy Evaluation [J]. Minerva, 2011(1).

[4] B. S. Frey, F. Oberholzer-Gee. The Cost of Price Incentives: An Empirical Analysis of Motivation Crowding-Out[J]. The American Economic Review, 1997 (87).

[5] C. Barnett. Geography and the Priority of Injustice[J]. Annals of the American Association of Geographers, 2018(2).

[6] C. Klaufus. "The Dead Are Killing the Living": Spatial Justice, Funerary Services, and Cemetery Land Use in Urban Colombia[J]. Habitat International,

2016(54).

[7] C. Mansfield, G. V. Houtven, J. Huber. The Efficiency of Political Mechanisms for Siting Nuisance Facilities: Are Opponents More Likely to Participate than Supporters? [J]. The Journal of Real Estate Finance and Economics, 2001(2-3).

[8] C. McLachlan. "You Don't Do a Chemistry Experiment in Your Best China": Symbolic Interpretations of Place and Technology in a Wave Energy Case[J]. Energy Policy, 2009(12).

[9] C. R. Jones, J. R. Eiser. Identifying Predictors of Attitudes Towards Local Onshore Wind Development with Reference to an English Case Study[J]. Energy Policy, 2009(11).

[10] C. Schively. Understanding the NIMBY and LULU Phenomena: Reassessing Our Knowledge Base and Informing Future Research[J]. Journal of Planning Literature, 2007(3).

[11] Daniel P. Aldrich. Controversial Project Siting: State Policy Instruments and Flexibility[J]. Comparative Politics, 2005(1).

[12] Dan van der Horst. NIMBY or Not? Exploring the Relevance of Location and the Politics of Voiced Opinions in Renewable Energy Siting Controversies[J]. Energy Policy, 2007(5).

[13] Dear Michael. Understanding and Overcoming the NIMBY Syndrome [J]. Journal of the American Planning Association, 1992(3).

[14] D. Easterling. Fair Rules for Siting a High-Level Nuclear Waste Repository[J]. Journal of Policy Analysis and Management, 1992(3).

[15] D. G. Martin. Regional Urbanization, Spatial Justice, and Place[J]. Urban Geography, 2011(4).

[16] D. J. Lober. Resolving the Siting Impasse: Modeling Social and Environmental Locational Criteria with a Geographic Information System[J]. Journal of the American Planning Association, 1995(4).

[17] D. J. Lober. Why Not Here? The Importance of Context, Process, and Outcome on Public Attitudes Toward Siting of Waste Facilities[J]. Society & Natural Resources, 1996(4).

[18] D. Minehart, Z. Neeman. Effective Siting of Waste Treatment Facilities[J]. Journal of Environmental Economics and Management, 2002(43).

[19] E. Soja. The City and Spatial Justice[J]. Justice Spatiale/Spatial Justice, 2009(1).

[20] F. Armstrong. Landscapes, Spatial Justice and Learning Communities[J]. International Journal of Inclusive Education, 2012(5-6).

[21] Frank Fischer. Citizen Participation and the Democratization of Policy Expertise: From Theoretical Inquiry to Practical Cases[J]. Policy Sciences, 1993(3).

[22] G. Ellis, J. Barry, C. Robinson. Many Ways to Say "No", Different Ways to Say "Yes": Applying Q-Methodology to Understand Public Acceptance of Wind Farm Proposals[J]. Journal of Environmental Planning and Management, 2007(4).

[23] G. H. Pirie. On Spatial Justice[J]. Environment and Planning A, 1983(4).

[24] G. Rosen, A. B. Shlay. Whose Right to Jerusalem?[J]. International Journal of Urban and Regional Research, 2014(3).

[25] G. Smith, W. Maloney, G. Stoker. Building Social Capital in City Politics: Scope and Limitations at the Inter-Organisational Level[J]. Political Studies, 2004(3).

[26] G. Stoker. Public Value Management: A New Narrative for Networked Governance?[J]. The American Review of Public Administration, 2006(1).

[27] Guang-she Jia, Song-yu Yan, Wen-jun Wang, et al. An Empirical Study on the Generation Mechanism of NIMBY Conflicts of Construction Projects[J]. Frontiers of Engineering Management, 2016(1).

[28] H. Kunreuther, D. Easterling. Are Risk-Benefit Tradeoffs Possible in Siting Hazardous Facilities?[J]. The American Economic Review, 1990(80).

[29] H. Kunreuther, et al. A Compensation Mechanism for Siting Noxious Facilities: Theory and Experimental Design[J]. Journal of Environmental Economics and Management, 1987(14).

[30] H. Kunreuther, K. Fitzgerald, T. D. Aarts. Siting Noxious Facilities: A Test of the Facility Siting Credo[J]. Risk Analysis, 1993(13).

[31] J. Barry, G. Ellis, C. Robinson. Cool Rationalities and Hot Air: A Rhetorical Approach to Understanding Debates on Renewable Energy[J]. Global Environmental Politics, 2008(2).

[32] J. Brewer, D. P. Ames, D. Solan, et al. Using GIS Analytics and Social Preference Data to Evaluate Utility-Scale Solar Power Site Suitability[J]. Renewable Energy, 2015, 81.

[33] Ji Bum Chung, Hong-Kyu Kim. Competition, Economic Benefits, Trust, and Risk Perception in Siting a Potentially Hazardous Facility[J]. Landscape and

Urban Planning, 2009 (1).

[34] J. M. Berry, K. E. Portney. Sustainability and Interest Group Participation in City Politics[J]. Sustainability, 2013(5).

[35] J. Swofford, M. Slattery. Public Attitudes of Wind Energy in Texas: Local Communities in Close Proximity to Wind Farms and Their Effect on Decision-Making[J]. Energy Policy, 2010(5).

[36] J. Trounstine. All Politics Is Local: the Reemergence of the Study of City Politics[J]. Perspectives on Politics, 2009(3).

[37] K. A. Kemp. Race, Ethnicity, Class and Urban Spatial Conflict: Chicago As a Crucial Test Case[J]. Urban Studies, 1986(3).

[38] K. Bickerstaff, J. Agyeman. Assembling Justice Spaces: The Scalar Politics of Environmental Justice in North-East England[J]. Antipode, 2009(4).

[39] K. Burningham, J. Barnett, G. Walker. An Array of Deficits: Unpacking NIMBY Discourses in Wind Energy Developers' Conceptualizations of Their Local Opponents[J]. Society & Natural Resources, 2015(3).

[40] K. Yenneti, R. Day, O. Golubchikov. Spatial Justice and the Land Politics of Renewables: Dispossessing Vulnerable Communities Through Solar Energy Mega-Projects[J]. Geoforum, 2016,76.

[41] L. E. Harrie. The Constraint Method for Solving Spatial Conflicts in Cartographic Generalization [J]. Cartography and Geographic Information Science, 1999(1).

[42] Linlin Sun, Esther H. K. Yung, Edwin H. W. Chan, et al. Issues of NIMBY Conflict Management from the Perspective of Stakeholders: A Case Study in Shanghai[J]. Habitat International, 2016,53.

[43] L. M. Takahashi. Information and Attitudes Toward Mental Health Care Facilities: Implications for Addressing the NIMBY Syndrome[J]. Journal of Planning Education and Research, 1997(2).

[44] M. Dikeç. Justice and The Spatial Imagination[J]. Environment and Planning A, 2001(10).

[45] M. E. Vittes, P. H. Pollock, S. A. Lilie. Factors Contributing to NIMBY Attitudes[J]. Waste Management, 1993(2).

[46] Michael Dear. Understanding and Overcoming the NIMBY Syndrome [J]. Journal of the American Planning Association, 1992(3).

[47] M. Purcell. A Place for the Copts: Imagined Territory and Spatial Conflict in

Egypt[J]. Ecumene, 1998(4).

[48] M. Wolsink. Invalid Theory Impedes Our Understanding: A Critique on the Persistence of the Language of NIMBY[J]. Transactions of the Institute of British Geographers, 2006(1).

[49] P. A. Groothuis, G. Miller. Locating Hazardous Waste Facilities: The Influence of NIMBY Beliefs[J]. American Journal of Economics and Sociology, 1994(3).

[50] Patrick Devine-Wright. Explaining "NIMBY" Objections to a Power Line: The Role of Personal, Place Attachment and Project-Related Factors [J]. Environment and Behavior, 2013 (6).

[51] Patrick Devine-Wright. Place Attachment and Public Acceptance of Renewable Energy: A Tidal Energy Case Study[J]. Journal of Environmental Psychology, 2011 (4).

[52] Patrick Devine-Wright. Rethinking Nimbyism: The Role of Place Attachment and Place Identity in Explaining Place-Protective Action [J]. Journal of Community & Applied Social Psychology, 2009(6).

[53] Patrick Devine-Wright, Yuko Howes. Disruption to Place Attachment and the Protection of Restorative Environments: A Wind Energy Case Study[J]. Journal of Environmental Psychology, 2010(3).

[54] P. Burns. Regime Theory, State Government, and a Takeover of Urban Education[J]. Journal of Urban Affairs, 2003(3).

[55] P. Eisinger. City Politics in an Era of Federal Devolution[J]. Urban Affairs Review, 1998(3).

[56] P. Marcuse. Spatial Justice: Derivative but Causal of Social Injustice[J]. Justice Spatiale/Spatial Justice, 2009(1).

[57] Rachel A. Wright, Hilary Schaffer Boudet. To Act or Not to Act: Context, Capability, and Community Response to Environmental Risk[J]. American Journal of Sociology, 2012(3).

[58] Rachel M. Krause, Sanya R. Carley, David C. Warren, et al. "Not in (or Under) My Backyard": Geographic Proximity and Public Acceptance of Carbon Capture and Storage Facilities[J]. Risk Analysis, 2014 (3).

[59] R. D. Benford, H. A. Moore, J. A. Williams Jr. In Whose Backyard? Concern About Siting a Nuclear Waste Facility[J]. Sociological Inquiry, 1993(1).

[60] Renée J. Johnson, Michael J. Scicchitano. Don't Call Me NIMBY: Public Attitudes Toward Solid Waste Facilities[J]. Environment and Behavior, 2012

(3).

[61] R. G. Kuhn, K. R. Ballard. Canadian Innovations in Siting Hazardous Waste Management Facilities[J]. Environmental Management, 1998(4).

[62] R. Gregory, et al. Incentives Policies to Site Hazardous Waste Facilities[J]. Risk Analysis, 1991(11).

[63] Robert Wilton. Grounding Hierarchies of Acceptance: The Social Construction of Disability in Nimby Conflicts[J]. Urban Geography, 2000(7).

[64] Ruth E. Fassinger. Paradigms, Praxis, Problems, and Promise: Grounded Theory in Counseling Psychology Research [J]. Journal of Counseling Psychology, 2005(2).

[65] R. W. Lake. Planners' Alchemy Transforming NIMBY To YIMBY: Rethinking NIMBY[J]. Journal of the American Planning Association, 1993(1).

[66] R. W. Lake. Rethinking NIMBY [J]. Journal of the American Planning Association, 1993(1).

[67] S. A. Carnes, et al. Incentives and Nuclear Waste Siting: Prospects and Constraints[J]. Energy Systems and Policy, 1983(7).

[68] S. Fainstein. Spatial Justice and Planning[J]. Justice Spatiale/Spatial Justice, 2009(1).

[69] S. Hunter, K. M. Leyden. Beyond NIMBY: Explaining Opposition to Hazardous Waste Facilities[J]. Policy Studies Journal, 1995 (4).

[70] S. J. Elliott. A Comparative Analysis of Public Concern over Solid Waste Incinerators[J]. Waste Management & Research, 1998(4).

[71] S. K. Olson-Hazboun, R. S. Krannich, P. G. Robertson. Public Views on Renewable Energy in the Rocky Mountain Region of the United States: Distinct Attitudes, Exposure, and Other Key Predictors of Wind Energy[J]. Energy Research & Social Science, 2016, 21.

[72] Sue Cowan. NIMBY Syndrome and Public Consultation Policy: The Implications of a Discourse Analysis of Local Responses to the Establishment of a Community Mental Health Facility[J]. Health and Social Care in the Community, 2003(5).

[73] T. A. Steelman, J. Carmin. Common Property, Collective Interests, and Community Opposition to Locally Unwanted Land Uses[J]. Society & Natural Resources, 1998(5).

[74] T. Enright. Transit Justice as Spatial Justice: Learning from Activists[J]. Mobilities, 2019(5).

[75] Timothy Hawthorne, John Krygier, Mei-Po Kwan. Mapping Ambivalence: Exploring the Geographies of Community Change and Rails-to-Trails Development Using Photo-Based Q Method and PPGIS[J]. Geoforum, 2008(2).

[76] T. O'Garra, S. Mourato, P. Pearson. Investigating Attitudes to Hydrogen Refuelling Facilities and the Social Cost to Local Residents[J]. Energy Policy, 2008(6).

[77] W. D. Ruckelshaus. Science, Risk, and Public Policy[J]. Science, 1983(221).

[78] Wei Li, Huiling Zhong, Nan Jing, et al. Research on the Impact Factors of Public Acceptance Towards NIMBY Facilities in China—A Case Study on Hazardous Chemicals Factory[J]. Habitat International, 2019, 83.

[79] Yi Sun. Facilitating Generation of Local Knowledge Using a Collaborative Initiator: A NIMBY Case in Guangzhou, China[J]. Habitat International, 2015, 46.

[80] Yunqing Wu, Guofang Zhai, Shasha Li, et al. Comparative Research on NIMBY Risk Acceptability Between Chinese and Japanese College Students [J]. Environmental Monitoring and Assessment, 2014(10).

后　　记

　　本书是对国家社科基金重点项目"城市治理中邻避风险处置机制研究"结题成果的完善,体现了我们对于邻避问题研究的新进展。

　　在中国快速的城市化进程中,邻避设施的建设一度成为社会关注的热点问题之一,同时也对政府管理、社会治理提出了诸多挑战。随着时间的推移,邻避问题在社会中的热点效应明显下降。这种变化是如何发生的?变化背后的深层次原因是什么?邻避困境应如何化解?这些问题引起了我们的研究兴趣。

　　如果说,以前邻避现象带来的是"不建不闹,一建就闹,一闹就停,再建再闹"的困境和挑战,那么近年来在城市治理实践中,已经探索出推动邻避设施落地、赢得公众支持、化解邻避困境的有效举措。研究者的关注点也从"困境如何生成"转向了"治理如何开展",这一转变无疑令人兴奋不已。这本《邻避治理:城市邻避风险的情景识别及应对》(以下简称《邻避治理》),就是我们对此思考的结果。

　　邻避现象是我们团队持续研究的领域之一。2017年,我们出版了《邻避困境:城市治理的挑战与转型》(以下简称《邻避困境》),对邻避问题的困境生成机理、内在演化逻辑等问题进行了探讨。该书出版后不仅获得了山东省社会科学优秀成果奖一等奖,还获得了教育部高等学校科学研究优秀成果奖(人文社会科学)二等奖。这既是对我们以往研究的肯定,也是我们持续展开研究的动力。

　　当初我们在《邻避困境》中提出了"邻避治理"的理念,以期指引在治理现代化中有效化解邻避困境。这一理念在实践中如何落实、与相关的政策发展是否吻合等，都值得持续观察。我们发现，随着治理体系的完善，城市邻避现象的影响程度和政策热度有所降低。尽管邻避设施的建设数量并未减少，但是邻避冲突明显弱化。这是因为针对邻避问题已经有了明确的理念、清晰的思路和较为完善的政策应对举措，已经逐渐融入到行业监管、基层治理等日常管理中，并成为常态化的治理活动。

如今我们在这本《邻避治理》中，对邻避治理理念在实践中的表现进行了总结提炼。把握邻避风险的建构性是邻避治理的前提，按照这一逻辑，我们梳理了一段时期内公开报道过的邻避事件，构建了"中国城市邻避案例库"，从宏观上识别我国城市邻避风险及其治理的情景特征；我们从治理的视角出发，发现政府作为邻避治理的关键主体，其行动贯穿在邻避风险的各个环节，包括议题演进、风险防控、事前监管、应急处置等；我们从邻避治理的价值愿景和治理体系两个方面，对不同类型邻避问题的治理举措进行梳理和考察，进而提炼出邻避治理的实现之道。

我们在研究过程中越来越清楚地意识到，有效、可行的邻避治理，已经从抽象的理论概括，转变为可提炼、可构建的理论图景，并成为在实践中可操作、有成效的应对举措。在这一具体而微的治理活动中，可以确切感受到城市治理理论与实践的巨大进步。我们以此为主线，注重对政府行为和监管法治的总结，找出邻避治理的实现路径，这也是从《邻避困境》到《邻避治理》转变的思考逻辑和乐观面向。

《邻避治理》是团队合作的结果。从2013年徐晴晴的硕士论文到2020年王玉龙的博士论文，众多同学都对这一议题的研究做出了自己的努力。在案例库建构中，孙悦、张婧琦、陈安庆、赵燕、毛启元等承担了案例收集、数据分析的工作；在课题研究中，徐晴晴、王玉龙、于棋、洪扬、刘洋、王铮承担了具体的写作工作。在成书修订中，王玉龙、于棋承担了大量的工作。博士生滕蕾、徐静冉、王文婷、张岱楠、潘羲承、王成等参与了相应的研究。团队在研究中不断成长，个人也在团队中实现了自己的成长，这是在邻避本身的智识之外我们最大的收获和成绩。

感谢山东大学政治学与公共管理学院、山东大学国家治理研究院,给我们的研究提供了坚实的支撑。感谢曹现强教授、马奔教授、楼苏萍副教授、孙宗锋教授等,在我们的研究推进中不断提供新的思想启发。感谢中国环境科学学会环境社会治理专业委员会的专家,让我们对环境社会治理问题有了更真切的感受。感谢朱梅全编辑高度的专业、敬业、乐业精神,在督促的同时也让我们认识到研究工作的价值。

由于水平所限,本书难免还存在一些不足,敬请方家指正。

2023 年 12 月